KB122298

내 머릿속에서
이 생각 좀 치워주세요

내 머릿속에서
이 생각 좀 치워주세요

초판 1쇄 펴낸날 2023년 9월 25일

지은이 클라우스 베른하르트
옮긴이 추미란
펴낸이 조영혜
펴낸곳 동녘라이프

책임편집 김혜윤
편집 구형민 이지원 홍주은
디자인 김태호
마케팅 임세현
관리 서숙희 이주원

등록 제311-2003-14호 1997년 1월 29일
주소 (10881) 경기도 파주시 회동길 77-26
전화 영업 031-955-3000 편집 031-955-3005 **전송** 031-955-3009
홈페이지 www.dongnyok.com **전자우편** editor@dongnyok.com
페이스북·인스타그램 @dongnyokpub
인쇄 새한문화사 **라미네이팅** 북웨어 **종이** 한서지업사

ISBN 978-89-90514-87-5 (03180)

• 잘못 만들어진 책은 바꿔드립니다.
• 책값은 뒤표지에 쓰여 있습니다.

내 머릿속에서 — 이 생각 좀 치워주세요

클라우스 베른하르트 지음
추미란 옮김

불안과 강박을 멈추고 싶은
당신을 위한 뇌과학

동녘라이프

들어가는 말
블랙홀에서 빠져나오는 방법

1993년 개봉한 〈사랑의 블랙홀Groundhog day〉은 내가 제일 좋아하는 영화 중 하나다. 이 영화의 주인공인 이기적인 기상 캐스터 필 코너스는 어떤 시간대에 갇혀 똑같은 날을 반복해서 살게 된다. 그는 이 상황에서 벗어나기 위해 별짓을 다 해보지만 아침이면 또 그날로 돌아와 있다. 그러다 세상에 대한 자신의 시각을 근본적으로 바꾸고 나서야 영원할 것 같던 반복에서 벗어난다. 필은 더 행복한 인생을 살게 되었을 뿐만 아니라 흠모했던 동료의 마음까지 얻는다.

강박증 환자들도 자신만의 블랙홀 속에 갇힌다. 그들에게는 영화에서처럼 어떤 하루가 아니라, 특정 행동과 생각이 반복된다. 하지만 강박증 환자에게도 시각을 바꿔 접근하는 것이 도움이 되고, 드물지 않게 해피엔딩을 맞기도 한다. 다시 말해 강박적인 생각과 행동 없이 아주 정상적인 삶을 영위하게 된다.

강박증과 그 치료에 새로운 시선으로 접근하는 것은 사실 늦은 감이 없지 않다. 코로나19 팬데믹 이전부터 상황이 심상치 않았기 때문이다. '독일 정신의학·심리 치료·정신신체의학 및 신경 학회DGPPN'의 발표에 따르면 2015년에 이미 독일인 약 230만 명이 강박증에 시달리고 있었다.[1] 코로나19 이후 이 수치는 한 번 더 극적으로 상승해 괴팅겐의 한 사립 대학의 연구에 따르면 2023년 현재 그 수가 네 배나 증가했다.[2] 코로나19 덕분에 위생 규칙이란 게 생겼으니, 의사나 정신 요법 의사들은 이제 강박증 환자에게 치료 차원에서 강박적으로 손을 씻지 말라고 말하기도 곤란해졌다. 몇 년 전만 해도 접촉을 피하고 손을 자주 소독하는 건 청결 강박이나 강박적인 인격 장애가 분명하다고 봤는데, 지금은 바람직한 행동에 속한다. 그런 행동을 하게 만드는 표시들이 공공장소에 크게 붙어 있으니 말이다.

그렇다면 어디까지가 책임감 있는 손 소독이고, 어디서부터가 강박증인 걸까? 씻기 강박, 통제 강박, 접촉 강박, 정리 강박, 반복 강박 등은 대체 어디서부터 무해한 틱Tic 그 이상이 되는 걸까? 자꾸 끈질기게 떠오르는 생각은 어느 시점부터 치료를 받아야 할 질병이 되는 걸까? 이 경계는 원래도 매우 불분명했지만, 이제는 유의미한 경계를 확정하기가 그 어느 때보다 어려워진 것 같다. 하지만 구분을 위한 대강의 기준은 예전이나 지금이나 같다.

강박적인 생각이나 행동이 불편하다고 느끼거나 혹은 불안감을 불러일으키는 순간 더 지체하지 말고 도움을 요청해야 한다.

강박 행동을 하지 않으면 금방 불안해질 때도 마찬가지다. 강박 행동을 꼭 해야만 잠시나마 마음의 안정이 찾아오고 편안해진다면 더 이상 미루지 말고 전문가의 도움을 받기를 바란다. 일반적으로 치료를 빨리 받을수록 그만큼 완치 가능성도 커진다. 누구나 하는 말처럼 들릴 수 있지만, 이것은 정말 중요한 점이다. 강박증 환자들은 대부분 강박증이 한참 진행될 때까지 도움을 요청하지 않는다. 강박증 환자가 의사나 정신 요법 의사를 찾기까지 평균 7년 반이 걸린다고 한다. 그렇게나 오랫동안 수치심이나 무지 때문에 혹은 단순히 치료받을 수 있는 곳이 부족해서 받지 않아도 될 고통을 받는 것이다. 강박증은 치료가 잘 되는 병이며 금방 치료되는 경우도 드물지 않다. 전문가의 도움을 늦게 받는 것은 장기적인 문제를 부른다. 치료가 늦어질수록 강박증이 뇌신경세포 속에 더 깊이 자리 잡기 때문에 되돌리기까지 시간이 더 많이 걸리게 된다.

이 책은 강박증 환자가 '예전처럼 다시 정상적으로 행동하게 되는 것'이라는 목표에 최대한 빨리 도달하는 데 도움을 주고자 한다. 따라서 현재 통용되는 강박증 치료법들을 알려주고, 새롭고 전망도 좋은 연구 결과들을 소개할 것이다. 나아가 검증되었고 효과도 좋은 자가 치료법도 다수 소개하려 한다.

독자들이 이 책을 흥미롭게 읽기를 바란다. "아하!" 하고 깨닫게 되는 순간도 여러 번 갖게 되기를 바란다. 보는 눈이 달라지면, 강박증 없는 더 나은 삶으로 가는 길이 생각보다 훨씬 간단하고 짧을 수도 있으니까 말이다.

차례

1장

특이한 생각일 뿐일까, 강박증일까?

누구에게나 남들에게는 별나 보일 수 있는 자기만의 루틴과 습관이 있다. 예를 들어 나는 아침에 커피를 마실 때 꼭 특정 머그컵만 쓴다. 그리고 (다행히 자주 있는 일은 아니지만) 무언가에 대해 정말 화가 날 때는 최소한 한 시간은 곧장 내 개와 함께 근처 숲을 산책해야 한다. 다른 방법으로는 도저히 마음이 진정되지 않는다. 하지만 이런 특이한 습관들이 나나 내 주변 사람들에게 문제가 되지는 않는다. 오히려 그 반대다. 나의 털뭉치 개는 산책을 아주 좋아하니, 아마도 내게 화나는 일이 많으면 많을수록 더 좋아할 것이다.

특정 행동이 단지 사랑스러운 기벽이나 무해한 틱인지, 아니면 심각한 강박증으로 바뀌었는지 어떻게 알 수 있을까? 누구나 때로 약간의 강박을 보인다는 것만큼은 확실하다. 그건 완전히 정상이고 따라서 전혀 걱정할 일이 아니다. 그런데 강박적인 행동을 할 때마다 불안감과 걱정이 함께 일어난다면 어떨까? 그렇다면 그건 이제 치료가 필요한 때라는 뜻이다. 강박증이 발생하는 빈도가 부쩍 높아질 때도 그렇다. 어떤 부정적인 생각이 자꾸 들고, 부쩍 자주 특정 행동을 반복해야 한다면 치료가 필요한 때다.

이미 강박증 진단을 받은 상태라면 힘을 내라고 말하고 싶다. 앞으로 이 책에서 여러 치료법을 읽게 될 것이다. 이 치료법들로 수많은 당신의 동료 강박증 환자들이, 심지어 끈질긴 강박증조차 극복해냈다. 하지만 이 책은 이제 막 강박증이 생겨난 사람들을 위한 책이기도 하다. 사실 강박증을 진단받아야 하는 사람보다는 강박증 전 단계에 있는 사람이 훨씬 더 많다. 다음은 강박증 진단에 쓰이는 세 가지 기준이다.

- 지난 2주 내내 거의 하루도 빠짐없이 강박 행동을 해왔다.
- 스스로 강박 행동을 부르는 생각을 하고 있다는 사실을 잘 안다.
- 극단적으로 불편함을 느끼면서도 도저히 강박 행동을 멈출 수 없다.

이 세 기준에 부합하는 사람이라면 대부분 벌써 몇 년 동안 혼자 강박증과 싸우며 좌절을 거듭했을 것이다. 그리고 강박 행동이나 루틴에 일상의 많은 시간을 들여야 하니 다른 일정이나 약속에 번번이 늦을 것이다. 시간을 지키려 해도 강박적인 생각에서 벗어나려면 꼭 특정 행위를 반복해야 하니 말이다.

반면 강박증 전 단계에 있는 사람은 대부분 생각만 강박적으로 한다. 대체로 다음의 주제들을 둘러싸고 매우 당황스러운 상상들을 하게 된다.

- 더러움과 감염
- 정리와 혼돈
- 종교와 미신
- 섹슈얼리티sexuality
- 공격성과 폭력

강박증 환자에게 극도로 괴롭고 매우 흔한 생각 가운데 하나가 자신이나 다른 누군가를 해칠 수도 있다는 생각이다. 조금은 위안이 될까 해서 하는 말인데, 이런 망상이 실행될 일은 절대로 없다. 강박적 생각이 그대로 강박 행동으로 이어지는 일은 드물다. 강박적인 생각과 행동은 사실 우리의 머릿속을 좀 더 통제하려는 무의식적인 전략에 가깝다. 반복 강박, 숫자 강박, 정리 강박, 씻기 강박 등이 더할 수 없이 신경을 긁지만, 그만큼 안정을 부르고 다시 기분을 좋아지게 만들기도 한다. 우리가 불안할 때 아드레날린 등 여러 신경전달물질이 분출되고, 이것들이 우리 몸을 몇 초 안에 싸움 혹은 도주 모드로 들어가게 만드는데, 이 신경전달물질들을 다시 없애는 데 강박증이 도움이 되기 때문이다. 하지만 안타깝게도 이런 자가 치유에는 심각한 부작용이 있다. 진정 효과를 계속 유지하려면 복용량을 끊임없이 늘려야 한다는 것이다. 그러다 보면 강박 행동에 너무 많은 시간을 할애하게 되고, 그 결과 일상뿐만 아니라 건강까지 심각하게 해를 입는 때가 오고야 만다. 너무 많이 씻어서 갈라지고 피가 나는 손은 사소한 예시다.

과유불급이라는 말처럼 아무리 좋은 것도 너무 많이 취하면 역효과를 낼 수 있다. 의학에는 다중 약물 요법Polypharmazie이라는 요법이 있다. 간단히 말해 다양한 약으로 치료하는 것인데, 강박 행동은 이런 약이나 마찬가지다. 약을 가끔 먹는다면 우리 몸과 정신은 대체로 잘 대처한다. 하지만 장기적으로 막대한 양을 복용하면 그만큼 자주 달갑지 않은 부작용이 발생하고, 약으로 인한 효과보다 피해가 더 클 수 있다. 이것은 과학 전문 잡지 《네이처Nature》에서 300만 명 이상 환자의 자료를 평가한 2020년 연구에서도 증명한 사실이다.[3] 만약 다섯 종류의 서로 다른 약을 장기 복용한 노약자라면 의사에게 처방약 전부를 들고 가 확인해보아야 할 것이다. 장기간에 걸쳐 조금씩 더하게 된 조제약들이 서로 나쁜 영향을 주고 있다는 걸 확인하게 되는 일도 적지 않다. (참고로 이때는 평소 가던 가정의가 아닌 다른 의사를 찾아가라고 조언하고 싶다. 그래야 기존의 가정의가 놓치고 보지 못한 부분을 껄끄러움 없이 확인하고 더 잘 맞는 약을 처방받을 수 있다.)

강박증 치료에 적절한 시점

강박증이 오래될수록 강박 행동으로 얻는 효과보다 부작용이 더 커질 것이다. 그러므로 강박증이 분명해지기 전에 최대한 정상 상태로 돌아가려 노력해야 한다. 그런데 치료에 적절한 시점을 확신하기는 쉽지 않다. 자신이 아직 괜찮은 상태인지, 아니면 이미 돌이킬 수 없을 정도로 강박증에 가까워졌는지 어떻게 알 수 있을까?

약간의 강박은 매우 정상이다

누구나 집 현관문이나 자동차 문이 제대로 닫혔는지 여러 번 확인해본 적이 있을 것이다. 알람이 잘 설정되었는지, 다리미가 꺼졌는지 되풀이해서 확인하는 사람도 많을 것이다. 스트레스가 심할수록 이미 여러 번 확인한 손잡이를 다시금 확인하게 된다.

이런 행동을 하는 이유는 대체로 지금 해야 할 일이 채 끝나기도 전에 다음 일을 생각하기 때문이다. 무의식이 조종하는 우리 몸이 첫 번째 일을 아주 잘 해내도, 우리의 의식이 '완수'라는 말을 그 뒤에 적어넣지 못한 상태로 다음 일로 넘어가고는 한다. 의식이 이미 다음 일에 묶여 있으므로 첫 번째 일의 성공적인 완수를 알아차리지 못하는 것이다. 참고로 이것은 사람들이 힘들고 불행하다고 느끼는 이유 중 하나이기도 하다. 머리가 항상 한 단계 혹은 여러 단계 앞서가는 사람은 상을 받으려고 죽도록 애쓰지만 기껏 받은 상은 언제나 깜빡 잊어버리는 것과 같다.

이 책에서 우리가 중요하게 살펴봐야 할 '상'은 행복 호르몬인 도파민이다. 어떤 계획이나 해결해야 하는 과제를 끝내면 도파민이 분출되고, 우리는 좋은 기분이라는 상을 받게 된다. 하지만 우리가 그 목적을 달성했음을 의식하고 기억 속으로 저장했을 때만 그럴 수 있다. 간단한 예를 하나 들어보자.

나는 다림질이 잘 된 와이셔츠 입기를 좋아한다. 그런데 가끔 와이셔츠를 세탁소에 맡기는 걸 깜빡하곤 한다. 그럴 때는 집에서 세탁기를 돌린 다음, 게으름을 피우고 싶은 마음을 극복하고 다리미와 녹말 스프레이를 꺼내 내가 원하는 만큼 빳빳하게 와이셔츠를 다린다. 당신은 '세상에, 녹말 스프레이라고? 참 꼬장꼬장한 할아버지로군!' 하고 생각할지도 모르겠다. 하지만 녹말 스프레이를 뿌리면 풀 먹인 듯한 기분 좋은 냄새가 나고 다림질도 더 잘 된다. 나는 다림질에 서툰 편이지만 이 힘든 일을 아내에게 미루고 싶지 않다. 어쨌든 와이셔츠를 세탁소에 제때 맡기지 못한 사람은 바로 나니까 말이다.

서너 개의 와이셔츠를 어느 정도 괜찮은 상태가 되도록 다리는데 나는 30분도 걸리지 않는데, 그렇게 다리고 나면 참 만족스럽고 심지어 나 자신이 조금 자랑스럽기도 하다. 그러면 나는 다리미와 다리미대를 정리한 다음 근사한 찻잔에 커피를 타와서 스스로를 제대로 칭찬하는 시간을 갖는다. 내가 제일 좋아하는 안락의자에 앉아 내가 제일 좋아하는 컵을 들고 그 속의 검고 향기로운 내용물을 한 모금씩 즐긴다. 한 가지 일을 끝내고 이렇게 의식적으로 스스로에게 상을 줄 때, 아주 실질적인 부수 효과도 하나 일어난다. 바로 다리미가 꺼져 있다는 사실을 절대적으로 확신할 수 있다는 것이다. 정확히 왜 그런지는 곧 설명하겠다.

당신도 와이셔츠 다림질 같은 평범한 일을 마친 후 나처럼 행복한가? 혹시 그 일을 제대로 끝내기도 전에 이미 머릿속으로 다음 해야 할 일을 생각하고 있지는 않은가? 나도 이렇게 행복감을 느끼게 되기까지 힘든 훈련 과정을 거쳤음을 알아주길 바란다. 하지만 분명 그럴 만한 가치가 있는 일이었다.

일을 끝마쳤을 때 느껴지는 행복

당신이 작은 계획을 하나 실행했을 때, 심지어 노력이 필요한 큰일을 끝마쳤을 때도 전혀 행복하지 않다면 그 이유는 간단하다. 당신의 뇌에게 도파민 수도꼭지를 열지 못하게 한 것이다. '행복을 허락하는 것'은 주의력(혹은 알아차림)과 매우 관계가 깊기 때문이다.

나의 경우 다음과 같이 스스로에게 행복을 허락한다. 다린 와이셔츠들을 장엄하게, 아주 의식적으로 옷장에 건다. 그다음 서너 개의 금방 다린 셔츠를 보며 잠시 음미하는 시간을 갖는다. 그리고 중요한 게 또 있는데, 바로 만족스러운 미소를 짓는 것이다. 혹시 당신이 잊어버렸을까 봐 하는 말이지만 미소는 입을 다문 채 양쪽 입꼬리만 위로 살짝 올린 상태를 말한다. 그렇게 하면 대개 기분이 좋아진다. 그리고 눈가 주름도 깊어지는데 그렇지 않으면 그것은 진짜 미소가 아니다. 이때 얼굴 근육이 뇌에게 내가 만족하고 있으며 도파민 상을 받을 준비가 되었다고 알린다.

진짜 행복 전문가라면 여기서 나아가 며칠 동안 옷장을 열 때마다 깨끗하게 다림질된 셔츠 한두 벌이 있음을 보고 매우 기뻐하고 감사할 자신의 모습을 미리 상상할 것이다. 이때 주의할 점이 있다. 행복 전문가라면 마지막 셔츠를 옷장에서 꺼내 입고 다시 다림질을 해야 하는 상황에 느낄 실망감을 지금부터 미리 생각하지 않는다. 그런 상상은 무슨 수를 써서라도 우울해지고 싶은 사람에게 양보하기를.

당신이 방금 풀 먹인 옷의 부드러운 향기를 의식적으로 깊이 들이마신 다음 마땅한 상으로 주어진 뜨거운 차를 만끽할 때, 당신의 머릿속에서는 뭔가 아주 놀라운 일이 일어난다. 만족한 채 다리미 줄을 콘센트에서 빼고 다리미대와 함께 제자리에 정리하는 동안 당신의 몸은 도파민을 쏟아내고, 그 결과 "다림질을 성공적으로 끝낸 후 다리미 줄을 콘센트에서 뽑았고 상을 받을 준비가 됐다"라는 정보가 당신의 뇌에 아주 단단히 박힌다. 그 일을 끝낸 당신은 불만과 불안 대신 만족감과 뿌듯함을 느끼며 좋아하는 음료를 마실 수 있다. 그리고 다리미가 안전하게 치워졌다는 확신도 얻는다. 약간의 주의력(알아차림)이 충분한 도파민을 분출했고, 그래서 특정 정보가 기분 좋은 느낌과 함께 잘 저장되어 언제든 기억할 수 있게 된 덕분이다.

그런데 나쁜 감정도 마찬가지다. 뇌과학의 발전 덕분에 우리는 이제 강한 감정과 함께 저장된다면 긍정적인 정보든 부정적인 정보든 모두 신경세포들의 연결을 매우 안정적으로 만든다는 사실을 알게 되었다. 강박적 생각이 아주 빠르게 제멋대로 일어나는 하나의 독립적인 생각이 되는 것도 바로 이런 이유 때문이다.

도파민의 좋은 원천과 나쁜 원천

뇌가 도파민을 더 많이 분출하게 만드는 가장 간단한 방법은 미리 즐거워하는 것이다. 물론 계획한 일을 실행했을 때나 노력이 필요한 과제를 끝냈을 때도 도파민은 분출된다. 그리고 내면의 압박이 시키는 대로 행동할 때도 (압박이 해소되므로) 분출되고, 심지어 내면의 강박에 무너질 때도 (강박이 해소되므로) 분출된다. 도파민은 이 모든 경우에서 우리의 기분을 좋아지게 만든다. 나는 첫 번째와 두 번째의 경우를 도파민의 좋은 원천이라고 부르고, 세 번째와 네 번째를 도파민의 나쁜 원천이라고 부른다. 후자는 좋은 기분에 대한 대가를 나중에 더 비싸게 치러야 하기 때문이다. 일의 완수 없이 분출되는 도파민은 중독성이 있을 뿐만 아니라 신경학적으로 다른 감정들까지 강화한다. 그래서 처음에 느껴지던 편안함이 긴장이나 불만 같은 감정으로 변하는 것이다. 이런 나쁜 흐름은 강박증 환자뿐만 아니라 스마트폰 중독자나 포르노 중독자들에게도 익숙한 것이다. 우리는 스마트폰이나 특정 웹사이트를 아주 잠깐만 보려 한다. 해야 할 일을 하기 전에 잠시 휴식하는 것도 괜찮으니까 말이다. 하지만 눈 깜짝할 새에 30분 혹은 1시간이 지나가 버리고, 해야 할 일은 그대로다. 이때 느끼는 좌절감은 과연 도파민 금단 현상이라 할 만하다.

강박과 중독이 통제할 수 없을 정도로 커지기 전에 좋은 도파민을 분비하는 방법을 알아야 한다. 가장 좋은 방법은 계획과 노력이 필요한 일을 만들고, 그 일을 해냈을 때 의식적으로 자신에게 상을 주며 즐기는 것이다. 이때 그 일의 결과를 높이 평가하고 충분히 뿌듯해하는 것이 중요하다. 그래야 그 일이 신경학적으로 뇌에 긍정적으로 저장될 수 있고, 강박증을 극복하는 데도 도움이 되기 때문이다.

하지만 주의할 점이 있다. 이때 자신에게 상을 준답시고 강박 행동을 마음껏 하거나 포르노 사이트를 방문하거나 스마트폰을 만지작거리려서는 안 된다. 자신에게 정말 이로운 일인데 그동안 시간이 없어서 하지 못했던 일들로 구성된 '상 목록'을 미리 만들어놓는 것도 좋은 방법이다. 스스로에게 제대로 상을 줄 때에만 도파민 분출이 신경학적으로 건강한 일상을 다시 부를 수 있고, 강박증은 물론이고 중독에서도 벗어날 수 있다. 어떻게 해야 자신에게 바람직한 상을 내릴 수 있는지에 대해서는 6장에서 좀 더 자세히 살펴보자.

강박적 생각이 만들어지는 과정

강박적 생각을 할 수밖에 없다고 해서 정신 나간 사람인 것은 아니다. 사실은 그 반대다. 이런 사람의 이성은 더할 수 없이 온전하며, 불청객처럼 찾아오는 강박적 생각이 얼마나 비합리적이고 불편한지도 금방 알아차린다. 하지만 특이하고 이상한 생각에 소스라치게 놀라면 놀랄수록, 심지어 역겨워할수록 그 생각은 더 자주, 더 강렬하게 돌아온다. 왜 그런 걸까?

인간의 뇌는 부정어로는 생각하지 못한다

'아니다', '않다', '전혀 ~하지 않다', '~없이', '~가 아닌' 같은 말을 부정어라고 한다. 예를 들어 '사랑하는 사람에게 고통을 줄 수 있을까?' 같은 생각을 하고 싶지 않은 사람은 일단 그 만행을 아주 짧게라도 상상(긍정)해야 한다. 그렇지 않으면 우리 뇌는 그 만행을 만행으로 소화할 시간조차 갖지 못한다. 그렇게 상상한 다음에야 우리는 스스로에게 '나는 그런 일을 절대 하지 않아!'라고 말할 수 있다. 하지만 이미 비밀은 다 누설되었다. 사랑하는 사람을 해하는 그 끔찍한 장면이 이미 우리 뇌 속에 강하게 박혀버린 것이다.

강력한 감정이 동반된 생각이 긍정적인 것이든 부정적인 것이든 그 생각은 우리 뇌 속에서 우선적으로 처리된다. 기쁨, 사랑, 불안, 수치심, 혐오, 미움 같은 감정들은 증폭기처럼 작동하며, 그 감정과 연결된 경험과 생각을 우리 뇌 회백질 속에 깊이 박히게 한다. 이 과정은 나름의 역할을 해왔다. 덕분에 우리는 특정 정보들을 더 빨리 소급할 수 있다. 진화 과정에서 우리 뇌는 강한 감정을 동반하는 경험과 생각이 대개 사활이 걸린 중대한 일임을 배웠던 것이다. 하지만 강박적 생각의 경우 우리 뇌의 이런 작동법이 오히려 비실용적이다. 원치 않는 생각도 극단적으로 강력하게 저장되기 때문이다. 그런데 이런 일은 두려운 생각을 한 후 바로 이어서 겁에 질려 걱정할 때 발생한다. 산발적으로 흘러가던 끔찍한 생각은 강력한 감정이 동반될 때 반복적이고 강박적인 생각이 된다.

누구나 가끔 이상한 생각을 한다

사람은 누구나 살면서 종종 이상한 생각을 한다. 예를 들어 비싼
식기를 바닥에 내던져 박살내는 장면이나 자동차를 타고 나무를
향해 돌진하는 장면을 상상할 수 있다. 자신이 가진 도덕성으로는
도저히 행할 수 없는, 타인을 해치거나 심지어 죽이는 상상도 드물
지 않게 한다. 이런 생각은 누구나 하지만 아무도 입 밖에 내지는
않는다. 그렇다면 우리는 흥미로운 질문을 하지 않을 수 없다. 누
구나 이런 생각을 한다면 왜 2~3퍼센트의 사람들은 이런 생각을
강박적으로 하게 되는 걸까?

이 질문을 다음과 같이 바꿔 보면 더 흥미롭다.

누구나 때로는 경악할 만한 생각을 하는데, 97퍼센트의 사람은 강박
증 환자와 무엇이 어떻게 다르기에 강박증이 생기지 않는가?

이 질문에 대한 대답은 여러 가지가 있을 수 있지만 가장 분명한 답은 이것이다. 97퍼센트의 사람들은 그런 망상에 대해 더 이상 깊이 생각하지 않는다. 그런데 2~3퍼센트의 사람들은 그런 망상이 다시 떠오르는 것을 어떻게 해서든 막으려 한다. 방금 설명했듯이 우리 뇌는 부정어로는 생각할 수 없다. 이런 노력이 어떤 결과로 이어질지는 충분히 상상할 수 있을 것이다.

그런데 이미 강박적 생각의 악순환에 빠진 사람에게 이런 말이 도움이 될까? 놀랄 준비를 하길 바란다. 믿든 믿지 않든, 당신은 당신 뇌의 자동적인 흐름에 생각보다 훨씬 더 많은 영향을 줄 수 있다.

뇌는 비합리를 사랑한다

우리의 뇌가 어떻게 학습하는지 궁금했던 적 있는가? 우리는 왜 어떤 정보는 쉽게 기억하는데 단어나 수학 공식은 열 번 넘게 외워도 금방 잊어버릴까? 답은 아주 간단하다. 우리 뇌가 비합리를 사랑하기 때문이다. 무언가 기묘한 것일수록 뇌의 신경세포 깊이 들어가 박힌다. 그래서 연상 기호나 기억술 같은 방법이 효과가 있는 것이다. 지루한 사실들이 웃기거나 기묘한 이야기와 연결되는 순간 우리 뇌에서는 특별히 많은 신경 세포들이 결합되고, 정보를 확실히 저장한다.

그런데 안타깝게도 우리 뇌의 이 멋진 술수는 강박적 생각도 거듭해서 불러낸다. 기본적으로 강박적 생각도 상당히 기묘하기 마련이다. 망상은 떠오르기가 무섭게 또 자꾸 떠오르게 된다.

아이를 해칠까 봐 두려워하는 엄마

우리 클리닉을 찾아오는 환자들이 가장 많이 토로하는 흔한 강박적 생각 중의 하나는 자기 아이에게 뭔가 끔찍한 짓을 할지도 모른다는 생각이다. 한 젊은 엄마도 나에게 그런 상황을 토로했다. 그날 그녀는 부엌에 서서 커다란 칼로 야채를 썰고 있었다고 한다. 그녀의 세 살 난 아들은 바로 옆 바닥에 앉아 얌전히 블록 장난감을 갖고 놀고 있었다. 그런데 갑자기 그녀의 머릿속에 1초도 안 되는 순간 동안 자신이 칼을 들고 아이에게 덤비는 장면이 떠올랐다. 너무 놀란 그녀는 얼른 칼을 치웠고 아이 곁에 앉아 아이를 오래 안아주고 나서야 다시 진정할 수 있었다.

어쩌면 당신은 여기서 어떤 뉴스 헤드라인을 떠올릴지도 모르겠다. 부모가 아이를 죽인 다음 자신도 자살하는 일이 잊을 만하면 벌어지곤 하니까 말이다. 대부분의 사건에서 그 부모가 아주 착해 보였다는 이웃의 증언도 따라나온다. 그 부모가 그런 일을 저지를 거라고 예상한 사람은 한 명도 없다.

내 생각에 이런 뉴스에서 절대로 들을 수 없는 말이 있다. 바로 그 부모가 강박적인 생각이나 충동으로 힘들어했다는 말이다. 여기에는 그럴 만한 이유가 있다. 강박증은 대체로 불편한 상상을 실행에 옮기는 것을 어떻게든 막고 싶어서 생기는 증상이기 때문이다.

강박적 생각은 정상적인 것이다

왜 우리 뇌는 충격적이고 우리의 가치 기준에 어긋나는 생각들을 자꾸 떠올릴까? 싱겁지만 다음이 그 대답이다. 그렇게 할 수 있으니까. 그리고 때로는 그게 필요하니까.

그림자가 없다면 빛도 존재하지 않는 것처럼 도덕, 선한 행동, 세련된 예의범절 같은 것들도 그 반대가 있기에 존재할 수 있다. 사람들은 살면서 그림자 쪽은 최대한 멀리하겠다고 결심한다. 결심에는 결과가 뒤따른다. 이런 결심은 뇌에 방향을 제시하고, 무엇이 옳고 그른지 정의해주고, 우리에게 가능한 위험을 경고한다. 그런데 이런 것들은 결코 절대적일 수 없다. 예를 들어 대구경 권총은 취미로 사격을 즐기는 사람에게는 황홀한 물건이지만, 위에서 언급한 젊은 엄마에게는 불안과 공포를 부르는 물건일 수 있다.

위험으로 분류되는 모든 것에서 우리를 보호하는 일이 뇌의 역할이므로, 우리 뇌는 위험이 있는 것 같으면 빠르고 확실하게 알아차린다. 훌륭한 경호원이 되려면 훈련이 필요하듯이 뇌도 경호를 잘하려면 훈련을 해야 한다. 그렇다고 해서 뇌가 자기 훈련을 위해 의도적으로 우리를 위험에 빠트리지는 않는다. 위험한 상황을 짧게 상상하는 것만으로 충분하다. 특히 지루한 집안일 같은 부담 없는 일을 해야 할 때 우리 뇌는 때는 '이때다!' 하고 이런저런 극단적인 상황을 시뮬레이션한다. 상상 속 위험에도 우리 몸은 즉시 반응한다. 100만분의 1초 만에 아드레날린을 분출하며 싸움 혹은 도주 모드로 변한다. 보통의 경우 그렇게 시스템 점검이 성공적으로 끝나면 다시 집안일로 돌아간다. 그 짧은 훈련에 필요 이상의 의미를 부여하지 않는다면 말이다.

그런데 자신이 도덕적으로 문제가 있음을 의심하며 도대체 어떻게 그렇게 심란한 생각이 떠오를 수 있는지 모르겠다며 머리를 쥐어짠다면, 좋을 것 하나 없는 자체 동력을 가진 생각 하나가 작동에 들어간다. 우리 뇌가 산발적으로 하는 시험 운전에 불과했던 상상이, 자체 반복되는 강박적 생각이 되는 것이다. 그리고 강박적 생각이 힘들기 때문에 많은 사람이 도망치듯 강박 행동을 하게 된다. 자체 동력으로 움직이는 기묘한 생각을 몸을 바쁘게 움직여 없애보려는 것이다.

의도가 좋아도 방법이
나쁘면 강박이 된다

강박증 환자는 자신의 생각을 두려워한다. 통제력을 잃을 것 같아 불안해하고, 머릿속에 떠도는 생각을 결국 실행해 최악의 사태가 벌어질까 봐 두려워한다. 하지만 다행히 그런 일은 일어나지 않는다. 나는 우리 현대정신치료연구소Institut für moderne psychotherapie[*] 에서 강박증 환자들을 몇 년 동안 치료해왔지만 그런 일은 한 번도 일어나지 않았다. 충격적인 생각이 자꾸 들어 환자가 두려움에 빠진 상태여도 환자의 도덕적 기준은 완전히 정상임을 우리는 거듭 확인할 수 있었다. 강박증 환자는 정신이 나간 것도, 위험한 사람도 아니다. 오히려 다른 사람을 보호하기 위해 할 수 있는 한 최선을 다하는 사람이다. 바로 그렇기 때문에 강박 행동이 생겨나는 것

---

[*] 이 책에서는 문맥상 클리닉이라고 번역했다.

이다. 이들은 자신의 생각을 통제하고자 강박 행동으로 도망친다. 겉으로 말하진 않지만 이렇게 생각하면서 말이다.

무엇이든 하면서 바쁘게 지내야 뇌가 어리석은 짓을 하지 않겠지.

실제로 숫자·정리·씻기·반복·수집 강박으로 바쁘게 움직일 때 우리 뇌세포는 너무 바빠서 한동안은 강박적 생각을 하지 못한다. 하지만 안타깝게도 그런 상태에도 금방 익숙해진다. 강박 행동의 안정 효과를 계속 유지하려면 더 많은 숫자를 세고, 더 정리하고, 더 씻어야 한다. 강박적 생각을 줄이겠다고 강박 행동을 더 키우는 것이다. 그야말로 의도는 좋았으나 방법이 나쁜 상황이다.

본능적이라고 할 만한 강박증 환자들의 이런 자가 치유 시도는 여우를 피하려다 호랑이 굴로 들어가는 꼴이다. 하지만 희망적인 소식도 있다. 당신이 만약 강박적 생각과 싸우고 있을 뿐 아직 매일 강박 행동을 하지는 않는 단계라면 놀랍도록 빠르게 강박적 생각을 없앨 몇 가지 요법들이 있다. 그중 하나는 다음 장에서 살펴볼 것이다.

일상이 이미 강박적 생각과 행동의 지배로 들어간 지 오래되었더라도 희망은 있다. 여기서도 다시 한 단계씩 강박증 없는 삶으로 돌아갈 방법들이 있기 때문이다. 물론 이런 경우 치료에 몇 달 정도는 시간을 들여야 한다. 그 동안 몇 가지 특별한 정신 훈련 요법의 도움을 받으며 뇌를 다시 정상으로 돌릴 수 있다. 강박증은 다른 불안증들처럼 무의식적으로 배운 행동 양식이다. 다행히 우리는 무엇을 배우든 그것을 다시 잊어버릴 수 있다. 방법을 제대로 알기만 한다면 말이다. 이제부터 그 방법들에 대해 자세히 알아볼 것이다. 그러니 계속 이 책을 읽어나가기를 바란다. 분명 보람이 있을 것이다!

2장

강박적 생각을
떨쳐내는 응급 처치

자신의 아이를 칼로 해칠까 봐 불안했던 젊은 엄마는 다행히 늦지 않게 전문가에게 도움을 요청했다. 이미 일주일에 몇 번씩 그런 생각이 드는 상태였지만 아직 강박 행동으로 그 생각을 중립화Neutralization하는 단계로까지 나아가지는 않은 상태였다.

'중립화'란 환자들이 강박적 생각을 강박 행동으로 통제하는 행위를 뜻하는 전문 용어이다. 꼭 행동만이 아니라 머릿속으로 다른 생각을 하려고 애쓰는 것도 중립화인데, 이럴 때는 중립화 대신 '숨은 강박 행위Verdeckten zwanghandlungen'라는 표현을 쓰기도 한다. 사실 나는 '숨은 강박 행위'라는 표현은 좀 잘못됐다고 생각한다. 왜냐하면 강박적 생각을 없애기 위해 하는 '더 나은' 생각도 무언가 강박적인 것으로 치부할 수 있기 때문이다. 따라서 이 말은 단지 부분적으로만 옳다. 전혀 강박적이지 않은 '반대 생각'도 분명히 있다. 이런 생각을 잘 연습한다면 강박적인 생각을 더 빨리, 심지어 영원히 멈추게 할 수도 있다.

천장에 딱 붙어버리는 칼들

두 번째 상담 시간에 들어오던 그 젊은 엄마의 모습을 절대 잊을 수 없을 것 같다. 그녀는 너무도 밝아져 있었다. 그리고 내가 알려주었던 '스톱 기술Stop technik'이 강박적인 생각에서 벗어나는 데 아주 효과가 좋았다고 했다. 하지만 집으로 돌아가 처음 그 기술을 사용해보기 전까지는 아주 회의적이었다고 고백했다. 한 번도 들어본 적 없는 '기묘한' 치료법이었기 때문이다. 그녀에게 무슨 일이 일어났던 걸까?

나는 그녀에게 우리의 뇌가 부정어로는 생각할 수 없으며 비합리적인 상황을 사랑한다는 사실을 설명했다. 기묘하고 폭력적인 상상 때문에 두렵고 무섭다면, 더 기묘한 상상으로 대처할 때 가장 빨리 멈출 수 있다. 기묘한 상상이 꼭 무서울 필요는 없다. 강박증과 싸울 때 우리에게 가장 강력한 도움을 주는 것은 무서운 생각이 아니라 바로 유머다. 알다시피 유머도 똑같이 매우 기묘할 수 있다. 그래서 나는 그녀에게 이렇게 말했다.

"환자분의 뇌가 칼을 들고 아들에게 달려드는 모습을 상상할 수 있다면, 누군가 거대한 자석을 부엌 천장 안에 설치하는 모습도 상상할 수 있겠지요? 자동차 하나 정도는 가볍게 끌어올릴 수 있는 강력한 자석 말입니다. 다음에 칼로 아들을 해치는 무서운 생각이 또 들면, 그 즉시 부엌 천장에 그런 자석이 있다고 생각해보세요. 그러면 부엌에 있는 칼이란 칼은 다 2미터 높이의 천장으로 천천히 움직이겠지요. 그리고 천장에 가까워질수록 속도를 높이다가 '탁!'하고 칼날이 천장에 붙겠지요. 천장에 칼들이 너무 강하게 붙어서 다른 도구를 쓰거나 엄청나게 힘을 들여도 떼어낼 수가 없어요. 환자분은 새 칼을 한두 개, 아니 더 많이 사서 쟁여놓아야 하겠지요. 강박적인 생각이 떠오를 때마다 칼이 '슝!'하고 전부 올라가버릴 테니까요. 어쩌면 며칠 만에 백 개도 넘는 칼이 부엌 천장 회반죽 속으로 깊이 박혀들어가 있을 수도 있겠어요. 손님이 오면 뭐라 설명하실지 몹시 궁금하네요. 설치 미술 같은 거라고 말해보면 어떨까요?"

강박적 생각을
강박적 생각으로 물리치기

'어떻게 이런 말도 안 되는 생각으로 강박증을 없앨 수 있다는 거야?'라고 생각하는 사람이 많을 것이다. 그렇다면 나는 이렇게 묻고 싶다. 아들을 정말 사랑하는 엄마가 칼로 아들을 해친다는 생각도 기본적으로 말도 안 되는 생각 아닌가? 강박적 생각은 절대 실천하지 않을 생각이므로 말도 안 되는 생각이 맞다. 그런데도 두려움과 좌절 같은 강한 감정들을 불러일으킨다. 강한 감정들이 동반될 때, 안타깝게도 그 생각은 우리 뇌에 신경학적으로 더 강하게 굳어져서 원하지 않아도 계속 그 생각이 떠오를 수밖에 없다. 결국에는 다른 강박 행동을 하지 않는 한 조금도 안정을 찾을 수 없는 상태가 된다.

그렇다면 우리 뇌의 이런 특별한 저장 과정을 역이용하지 않을 이유가 있을까? 강박적 생각을 강박적 생각으로 물리치는 것이다.

뇌과학에 따르면 비합리적이거나 감정이 충분히 동반되기만 하면 어떤 일이든 기억 저장고에 더 빠르게, 더 안정적으로 저장된다. 그러니 더 나은 상상, 그러니까 한편으로는 너무 기묘해서 즉시 머릿속에 박힐 수밖에 없고 다른 한편으로는 아주 비현실적으로 보여서 우리 뇌가 진짜 위협으로 받아들이지는 않는 상상을 의도적으로 이용해보자는 것이다. '반대 상상'이 기묘하고 웃길수록 처음의 강박적 생각을 덮어버릴 가능성이 더 커진다.

가볍고 즐거운 삶을 살기에 어느 쪽이 더 좋을까? 다른 사람을 해치거나 죽일 수도 있다는 생각을 계속하는 것? 아니면 부엌 천장에 기괴한 예술 작품을 설치한다는 상상을 하는 것? 그리고 며칠 혹은 몇 주 뒤에 우리 뇌는 어느 쪽 상상을 더 쉽게 떠나보내고 '정상 상태'로 돌아갈까? 목숨을 위협하는 상상? 아니면 웃긴 상상?

그녀는 이 질문들에 대한 답을 잘 알고 있었다. 첫 번째 상담을 마친 날부터 리허설이 있었다. 그녀는 부엌에서 저녁을 준비 중이었다. 칼을 꽂아두는 나무 상자에 눈길을 주자마자 아들이 주인공인 그 위협적인 장면이 다시 상연되었다. 하지만 이번에는 아주 짧은 순간 동안만 그랬다. 그 즉시 그녀는 거대하고 강력한 자석을 상상하면서 나무 상자 속 칼들이 모두 천천히 위로 올라가다가 칼자루까지 천장 속으로 사라지게 했다. 나의 도움 없이도 그런 비합리적인 장면을 떠올릴 수 있음을 깨닫자 즉시 그녀의 입가에 미소가 떠올랐다. 게다가 그녀의 뇌는 그 이야기를 더 꾸미기까지 했다. 자신의 칼 여섯 자루를 폭탄이 터져도 날아가지 않을 만큼 천장에 단단히 박아놓는 것에서 나아가 자신의 아들도 그렇게 만들었던 것이다. 아들은 천장에 붙어서 아래를 보며 집안이 떠나가라 웃었다. "엄마, 한 번 더요. 한 번 더 해줘요. 너무 재밌어요!"

그 후 며칠 안에 원래의 강박적인 생각은 완전히 사라졌고, 그 반대 상상도 점점 하지 않게 되었다. 약 한 달 후에는 모든 상상이 완전히 사라졌다. 그녀는 열 문장 요법으로 뇌를 더 확실하게 '재프로그래밍'했기 때문에 강박증이 완전히 사라지기까지 세 번의 상담만으로 충분했고 그 후에도 재발하지 않았다. 열 문장 요법에 대해서는 조금 후에 다시 자세히 설명하겠다.

우스워 보일 용기

의사나 정신 요법 의사가 우스워 보일 때 강박증 환자가 더 빨리 치료될 수 있다고 한다면 당신은 의아할 것이다. 나는 젊은 엄마와의 첫 번째 상담 때 부엌의 칼들을 천장으로 열 번도 넘게 쏘아 올렸다. 되풀이할 때마다 점점 더 기묘한 디테일들이 첨가됐고 우리는 상담 내내 배꼽이 빠져라 웃었다. 이런 식으로 나는 더 건강하고 새로운 장면이 내 환자의 뇌 속에 더 깊이 박히도록 한다. 나는 상담을 마치고 그녀가 '이 사람, 정말 제정신이 아니군'이라고 생각했을 거라고 확신한다. 아무렴 어떠랴. 수많은 강박증 환자들을 보아온 덕분에 나는 그녀가 그날 집에서 다시 강박적인 생각을 하자마자 어떤 일이 일어날지 너무도 잘 알고 있기 때문이다.

우리 뇌는 정해진 규칙을 따른다

우리 뇌가 부정어로는 아무것도 생각할 수 없다고 했던 것 기억하는가? 지금쯤 당신도 확실히 이 말이 무슨 뜻인지 알 것이다. 이책을 집중해 읽고 있다면 당신도 원하든 원치 않든 머릿속으로 부엌 천장에 칼들이 박히는 장면을 보았을 테니까. 그렇지 않았다면애초에 내 글을 이해할 수조차 없었을 것이다. 어쩌면 당신도 내가처음으로 '반대 상상'을 제시했을 때 그 젊은 엄마처럼 미소를 지었을지도 모르겠다. 그 상상이 기묘하다는 건 인정하지만, 그 장면이 환자의 뇌 속에 신경학적으로 최대한 빨리 박혀 들어가려면 바로 그렇게 기묘해야 한다. 뇌에 더 깊이 박힐수록 나중에 혼자서도위협적인 장면을 비합리적인 장면으로 잘 대체할 수 있다. 이런 방식으로 늦지 않게 생각에 긍정적인 영향을 준다면 강박적인 행동을 하는 단계까지는 발전하지 않을 수도 있다.

유머는 위험을 사라지게 만든다

어떤 이유로든 강박적인 생각을 하게 된 뇌라면, 사실 지나친 상상이 어떻게 해서 생겨났는지는 중요하지 않다. 그 상상이 강력한 감정을 불러일으킨다는 사실이 중요하다. 그런데 그 강력한 감정을 두려움을 통해 불러일으킬지, 유머를 통해 불러일으킬지는 조금만 연습하면 당신 스스로 결정할 수 있다.

당신이 비판적인 사람이라면 여기서 "이건 질병을 진지하게 받아들이지 않는 행태야!" 하고 비판할 수도 있을 것이다. 맞는 말이다. 나는 이 문제를 진지하게 받아들이지 않는다. 그런데 왜 진지하게 받아들여야만 할까? 최근의 활발한 연구 덕분에 이제 우리는 강박증 환자들이 자신의 강박적인 생각을 실행에 옮기지는 않는다는 걸 잘 알고 있다. 그리고 강박증을 진지하게 받아들일수록 강박증은 더 커지기만 한다. 그보다는 뇌가 지칠 때까지 일할 수 있도록 좀 더 나은 것을 제시하라. 이 방식에는 두 가지 이점이 있다.

첫째, 위협적이고 강박적인 생각을 무턱대고 중화하려고 애쓰기보다는 비합리적이지만 무해한 생각으로 대체하는 것이 훨씬 쉽다. 둘째, 장기적으로 봤을 때 강박적인 생각보다 새롭고 기묘한 상상을 뇌에 눌러앉게 하는 것이 훨씬 덜 위험하다. 어처구니없는 상상일수록 비현실적으로 다가오기 때문에, 강박증 환자는 그것을 위험하지 않은 것으로 분류한다. 기묘한 유머와 위험한 상상은 우리 뇌에 똑같이 강력한 자극을 주지만 후자는 우리의 주의를 훨씬 더 오래 빼앗아간다. 위협을 느낄 때 우리는 그것이 지나갔음을 알게 될 때까지 다른 일을 하지 못한다. 반대로 유머가 넘치는 비합리적인 상상은 진짜로 위험을 느끼지는 않으므로 우리 주의를 아주 잠깐 잡아먹는다. 하지만 우리 뇌가 강박적 생각을 조금씩 몰아내는 데 필요한 자극으로는 충분하다.

ABS 요법

방금 설명한 이 치료법을 나는 'ABS 요법'이라고 부른다. 브레이크 잠김 방지 시스템Anti Blockier System이 아니고, '뇌 바탕의 비합리적인 스토리텔링Absourd Brain-based Storytelling'을 뜻한다. 이 치료법은 정신 치료 용도로 비합리적인 이야기를 적절히 들려주는 방법이다. 주제에 맞으면서도 최대한 비합리적인 이야기를 환자의 무의식 깊이 주입해서 기존의 강박적 생각을 확실히 쫓아내는 것이다.

ABS 요법의 기본 개념은 전혀 새로운 것이 아니다. 정신과 의사 빅터 프랭클Viktor Frankl이나 정신 요법 의사 폴 바츨라빅Paul Watzlawick처럼 현대의 저명한 정신 치료 선구자들이 '역설적 간섭Paradoxe intervention' 개념을 통해 이미 많은 치료 사례들을 남긴 바있다.

그런데도 이 방법이 강박증과 불안증 치료에 그다지 자주 이용되지 않고 있다는 사실이 나는 놀랍다. 게다가 역설적 간섭은 두 가지 중요한 점에서 다른 치료법들보다 우수하다. 첫째, 병이 심각한 경우 특히 더 잘 듣는 경향이 있다. 둘째, 치료 효과가 오래 간다. 이것은 역설적 간섭에 대한 총 12개 연구를 메타 분석[4]한 결과로, 의심할 바 없는 사실이다.

강박과 불안은 동전의 양면이다

강박증 환자와 불안증 환자는 공통점이 있다. 스트레스를 받을 때 즉각적으로 도주 혹은 싸움 모드로 들어가게 하는 신경전달물질, 아드레날린을 둘 다 굉장히 많이 분출한다. 그런데 불안증 환자는 기본적으로 도주를 선택하는 반면 강박증 환자는 거의 항상 싸움을 선택한다. 강박적 생각으로 스트레스를 받을 때 전자가 계속 피하는 행동으로 숨는다면 후자는 강박적 생각에 대한 통제권을 어떻게든 다시 찾으려고 말 그대로 할 수 있는 모든 일을 한다.

불안은 강박증 환자에게도 추진력으로 작용하고는 한다. 질병, 죽음, 통제력 상실, 무질서, 비도덕적인 행동에 대한 불안이 가져오는 위협에 대항해 (매우 비이성적이긴 해도) 어떤 행동을 취하게 되기 때문이다. 바로 이 점에서 강박증 환자는 불안증 환자와 다르다. 불안증 환자가 계속 수동적인 경향을 보인다면, 강박증 환자는 대개 매우 활동적이어서 급기야 강박 행동의 도움을 받아서라도 강박적 생각을 누르려고 한다. 스트레스를 받을 때 이 두 환자의 생각이나 내면의 대화도 서로 다른 양상을 보인다.

불안증 환자의 생각

- 나는 아무것도 할 수 없어.
- 무얼 해도 나빠지기만 할 거야.
- 무엇으로도 그 일을 막을 수 없어.

강박증 환자의 생각

- 나는 뭔가를 해야 해.
- 지금 아무것도 하지 않으면 더 나빠지기만 할 거야.
- 나만이 그 일을 막을 수 있고 반드시 내가 막아야 해.

하지만 둘 사이에 공통점도 있다. 둘 다 중대한 사고의 오류를 알아차리지 못하고 있다는 것이다. 상담 동안 환자 머릿속 사고의 오류를 바로잡아주는 것은 절대 쉽지 않은 일이다. 하지만 ABS 요법을 쓸 때면, 그것이 굉장히 즐거운 작업이 되기도 한다.

불안증 환자의 사례

엘리베이터 앞에만 서면 불안과 공포를 느끼던 여성 환자가 있었다. 그녀는 고층 건물에서 일했는데, 어느 날 엘리베이터에 갇히는 사고가 일어났다. 그녀는 기술자가 올 때까지 90분 동안 동료 한 명과 갇혀 있었다. 첫 상담에서 환자는 하필 동료 W와 같이 갇힌 탓에 상황이 더 안 좋아졌다고 말했다. W는 회사에서 쓸데없이 말이 많고 남의 험담을 잘하는 사람으로 유명했다. 엘리베이터에 갇히기 전까지 환자는 W를 곧잘 피해 다녔는데, 그때는 말 그대로 독 안에 든 쥐 꼴이었다. 동료의 수다를 무시하려고 애써봤지만 그럴수록 정신이 까마득해지면서 결국에는 살면서 처음으로 공황 발작을 일으켰다. 하필이면 W가 자기 공황 발작의 목격자라는 사실 때문에 환자는 그 모든 상황을 더더욱 참을 수 없었다. W가 나중에 그 일을 얼마나 떠들고 다닐지 뻔했다.

사건 후 그녀는 예전처럼 계속 엘리베이터를 이용하기는 했지만 시간이 지날수록 점점 더 불편한 기분을 느꼈다. 그 사건을 생각하고 싶지 않은데, 그러면 그럴수록 자꾸 더 생각났다. 그래서 자신이 일하는 7층까지 가기 위해 계단을 이용하는 경우가 잦아졌다. 사람들이 왜 그러느냐고 물으면 다이어트 핑계를 댔다. 사실 그건 불안증 환자가 보이는 전형적인 기피 행동이다. 결국 그녀는 꼭 어쩔 수 없는 때가 아니면 절대 엘리베이터를 타지 않게 되었다. 어쩔 수 없이 엘리베이터를 타야 할 때는 불안증이 너무 심해져서 또다시 공황 발작을 일으키곤 했다.

반복되는 숫자를 세는 환자

또 다른 젊은 남성 환자의 경우도 엘리베이터가 문제의 발단이었다. 어느 날 저녁 그는 술과 약물 파티를 벌이다가 텔레비전을 켜놓고 그 앞에서 잠이 들었다. 잠시 후 화들짝 잠에서 깼는데, 그때 마침 텔레비전에서 액션 영화가 상영 중이었다. 그가 마주한 것은 폭파로 인해 엘리베이터 안에 갇힌 사람들이 죽음을 맞이하는 장면이었다.

그는 아파트 11층에서 살고 있었고, 그때까지 그 사실은 문제 될 것이 없었다. 하지만 다음 날 집을 나서 엘리베이터를 타자 지난밤의 그 장면이 불현듯 떠올랐다. 그의 머릿속에서는 자신이 주인공이 되어 추락 중이었다. 그런 생각을 하고 싶지 않았던 그는 다른 생각을 하려고 했다. 여느 엘리베이터처럼 이 엘리베이터 안에도 1층부터 11층까지 숫자가 쓰여진 단추가 있었다. 그는 11층부터 차례대로 불이 들어오는 숫자를 따라 읽는 일에 집중했다. 효과는 아주 좋았고 그는 불편한 장면이 떠오르려고 할 때마다 같은 수법을 썼다.

그리고 7년 후에 이 환자는 처음으로 전문가의 도움을 구했다. 이제는 스트레스를 조금만 받아도 강박적으로 숫자를 셀 정도로 숫자 강박이 심해졌던 것이다. 자신의 예상과 조금만 다른 일이 일어나도 계단, 바닥 타일, 벽지 등 뭐든 반복되는 모양을 가진 것을 찾아내 세어야만 했다. 물론 그것이 무의미한 일임을 스스로도 잘 알고 있었지만, 조금이라도 마음을 진정시키려면 기어코 그렇게 해야만 했다.

54

조지 클루니와 함께 엘리베이터 안에 갇히다

불안증 환자의 치료는 놀랍도록 간단했다. 먼저 우리는 그 불안증 뒤에 어떤 진짜 내면의 대화와 장면이 숨어 있는지 찾아보았다. 그러는 과정에서 그녀가 참아내야 했던 동료 직원 W의 수다는 단지 기폭제에 불과했음을 알게 되었다. 사실은 다른 멈출 수 없는 생각이 따로 있었고, 그 생각이 최근 발생한 한 번의 공황 발작을 계기로 여러 번의 불안 발작과 함께 불안증으로 이어졌던 것이다. 이제 그녀의 눈앞에는 자신이 다시 엘리베이터에 갇히고 숨이 막혀 죽는 장면들이 거듭해서 나타나고 있었다. 나는 환자의 그런 상태를 알아낸 다음 제일 먼저 고전적인 '역설적 간섭 요법'을 쓰기로 했다. 그래서 약간 놀리듯이 이렇게 말했다.

"그렇죠. 사실 엘리베이터는 정말 위험해요. 엘리베이터가 기본적으로 공기가 통하지 않게 설계된다는 건 알 만한 사람들은 다 아는 사실이죠. 공기가 들어올 아주 작은 틈이라도 있을까요? 그럴 것 같지 않군요."

환자는 어리둥절해하며 나를 보더니 이렇게 말했다.

"지금 저를 놀리시는 거죠?"

바로 내가 듣고 싶었던 말이었다. 이제 아주 기쁘게 ABS 요법을 쓸 수 있으니 말이다.

"아닙니다. 아니에요. 환자분을 놀리려는 게 절대 아닙니다. 혹시 현재 엘리베이터 제조사가 대부분 마피아들이라는 것을 아세요? 눈엣가시 같은 놈을 시멘트에 담가 바다에 버리는 수법은 이제 한물갔어요. 이제는 훨씬 더 고상하게 엘리베이터로 처리한답니다. 요즘은 엘리베이터에 다 카메라가 설치돼 있어서 누구랑 언제 엘리베이터에 타는지 정확하게 알 수 있죠. 그래서 적당한 때가 오면 엘리베이터가 고장이 났다고 하고 희생자가 숨이 막혀 조용히 죽어가는 것을 편안하게 지켜보기만 하면 됩니다. 굉장하죠?"

그러자 환자는 웃음과 짜증이 반반씩 섞인 말투로 말했다.

"아휴, 선생님! 그만하세요. 저를 놀리는 짓은 저 스스로 이미 충분히 하고 있어요. 선생님까지 합세하지 않으셔도 된다고요."

그다음이 내가 진짜로 하고 싶은 말이었다.

"네, 알겠습니다. 하지만 저는 환자분을 놀린 것이 아니라 환자분이 늘 생각을 멈추는 지점에서 논리적으로 그 생각을 계속 전개해나간 것뿐입니다. 환자분을 불안증 환자로 만드는, 자꾸 떠오르는 그 생각이 엘리베이터에서 숨이 막혀 죽을지도 모른다는 생각이잖아요. 바로 그 지점에서 환자분은 생각을 멈춥니다. 그런데 그 생각을 논리적으로 끝까지 해봅시다. 그런 일이 실제로 가능하다고 가정한다면 해마다 수백 명의 사람이 엘리베이터에서 숨이 막혀 죽는 일이 벌어졌을 겁니다. 그런데도 그 긴 시간 동안 시간 사람들은 아무 조치도 취하지 않았어요. 심지어 유럽연합은 1988년에 시장에서 파는 오이가 어느 정도까지 굽어야 하는지조차 법으로 정했는데, 엘리베이터 사망 사고에 대해서는 아무 일도 하지 않아요. 그러니 마피아나 또 다른 나쁜 권력이 관련된 게 분명해요. 그렇지 않겠어요?"

내가 악당 같은 웃음을 흘리는 동안 환자는 나의 말도 안 되는 말에 조금씩 설득당하고 있었다. 그리고 잠시 후 활짝 웃더니 이렇게 말했다.

"아이쿠! 무슨 말씀인지 알겠어요. 그럼 이제 어떻게 하면 될까요?"

"환자분은 지금까지 말도 안 되는 생각으로 자신을 설득해왔고, 그게 너무 오래되어 불안증이라는 진짜 현실적인 문제를 갖게 되었어요. 이제 우리는 그 사실을 분명히 알게 된 것 같네요. 제가 환자분 머릿속 영화를 위해 더 나은 장면을 하나 선물해 드릴게요. 환자분 상상력이 탁월하신 듯하니 그 재능을 오히려 역이용해봅시다. 혹시 개인적으로 사귀어보고 싶은 사람이 있나요? 유명한 가수라든가, 배우도 좋습니다."

잠시 생각하던 환자는 조금 쑥스러운 듯 웃더니 자신은 조지 클루니가 참 멋진 것 같다고 고백했다.

"완벽해요! 다음에 또 엘리베이터에 갇히는 모습이 떠오른다면, 그때는 그 상상을 꼭 이어가서 우연히 조지 클루니와 같이 갇히는 모습을 상상해보세요. 조지 클루니가 환자분이 사는 지역에서 영화를 찍는데, 마침 우연히 환자분이 일하는 건물이 촬영지가 된 겁니다. 네, 이제 환자분은 엘리베이터에 갇혔습니다. 두 분이 같이 그 비좁은 공간에 머무르게 되었죠. 조지 클루니는 신사니까 당연히 그 불편한 상황을 멋진 말과 모두가 좋아하는 그 미소로 해소하려 하겠죠. 그런데 갇혀 있는 시간이 길어질수록 둘 사이에는 아주 깊은 대화들이 오갑니다. 두 분은 어쩔 수 없는 기다림의 순간을 가능한 한 덜 지루하게 보내기 위해 서로 돕습니다. 덕분에 환자분은 조지 클루니의 세세하고 개인적인 이야기들을 많이 알게 됩니다. 그리고 그런 상황이 너무도 기묘해서 한두 번 함께 크게 웃기도 하겠죠. 그의 미소가 영화에서보다 현실에서 더 멋지다는 사실도 알게 됩니다. 엘리베이터가 다시 작동하기 시작하면 조지는 주저 없이 당신을 자신의 촬영장에 초대할 겁니다. 편안한 친구가 되어줘서 너무 고맙다면서요."

인간을 진정으로 변화시키는 두 가지 동기

독자 여러분 가운데 정신 요법 의사가 있다면 내가 방금 묘사한 대화에서 작은 '추진 장치Propulsion system'를 썼음을 눈치챘을지도 모르겠다. 혹은 이를 '동력 장치'라고 부를 수도 있다. 바퀴 달린 수레를 한번 생각해보자. 앞에서 끌지만 뒤에서도 밀어주면 더 빨리 나아가는 수레 말이다.

정신 치료를 할 때, 환자들이 빨리 치료될 수 있도록 가능한 한 최선으로 지원해주는 것이 가장 중요하다. 그런데 환자들이 치료되려면 원칙적으로 어떤 형태로든 변화가 생겨야 한다. 그 변화는 생각이 되기도 하고 행동이 되기도 하며 자주 둘 다가 되기도 한다. 인간이 진정으로 변화하는 데는 두 가지 이유가 있다. 인간은 고통이 크거나 목표가 클 때 변한다. 어떤 일이 충분히 고통스럽다면 우리는 그런 상태에서 벗어나기 위해 최선을 다하게 된다. 꼭 이루고 싶은 큰 목표도 변화의 동기로 훌륭하게 작용한다.

이 두 동기를 이중으로 함께 이용하면 치료는 더 빨라진다. 마피아 이야기는 밀기, 그러니까 '고통에서 벗어나기'라는 동기를 불러일으키기 위한 것이었다. 그리고 끌기, 그러니까 '목표로 향하기'라는 동기를 위해서 우리는 수레에 조지 클루니를 매달았다. 우리가 하나의 이야기를 따라가기 시작하면, 그 이야기는 우리 머릿속에서 의도된 작용을 하기 시작한다.

이야기의 역사는 인간의 역사만큼이나 오래되었다. 쓰기와 인쇄술이 발명되기 훨씬 전부터 인간은 이미 불 주변에 둘러앉아 서로 이야기를 나누었다. 젊은 세대에 경험을 나눠주기 위해서든 단지 오락을 위해서든. 나중에는 조작된 이야기들이 인류를 조종하고 심지어 휘두르기도 했다. 왕을 위해 전쟁에 나가게 했고, 의심스러운 법령을 따르게 했다. 지난 세기 중반부터는 스토리텔링이 광고 산업을 점령했다. 자기 계발 코칭 분야와 최면 분야만 봐도 좋은 이야기가 얼마나 유용한지 우리 인간은 옛날부터 알고 있었던 것이 틀림없다.

그런데 강박증과 불안증 치료만큼 이 멋진 도구를 이토록 드물게 사용하는 분야도 없는 듯하다. 이만큼 스토리텔링 치료가 적절한 질병도 없을 텐데 말이다. 왜냐하면 강박증과 불안증은 본질적으로 스토리텔링에 기반한 질병이기 때문이다. 환자들이 떠올리기 싫어하는 그 모든 위협적인 생각들이 사실은 단지 이야기일 뿐이고, 계속 이야기로 남을 거라는 뜻이다. 그렇다면 왜 이야기로 이야기와 싸우지 않을까? 하나의 오롯한 상상이 한 인간을 아프게 할 수 있다면, 적절한 '반대되는 이야기'도 그 인간을 다시 건강하게 만들 수 있어야 한다. 그리고 이것은 수천 명의 환자를 다뤄온 우리 클리닉에서 경험으로 검증된 사실이다. 물론 때로는 용기가 필요하다. 강박증과 불안증은 대부분 굉장히 비합리적이고 기묘한 양상을 띤다. 이런 문제를 영구적으로 극복하려면 그만큼 굉장히 비합리적이고 기묘한 상상으로 싸워야 한다.

강박증과 중독

환자들이 자기가 스스로에게 하는 이야기나 의사가 하는 이야기를 맹신하지 않는다는 사실을 아는 것이 분명 치료에 도움이 된다. 불안증 환자들과 달리 강박증 환자들은 대부분 자신이 만들어낸 이야기조차 전혀 믿지 않는다. 숫자 강박 문제를 갖고 있던 그 젊은 남자도 자신의 숫자 세기(일종의 자기 스토리텔링)가 정말로 현실을 바꿔줄 수는 없음을 잘 알고 있었다. 그를 안도하게 만든 것은 강박을 충족시키는 행위지, 숫자 세기 그 자체가 아니었다. 이 점에서 강박증은 약물 중독과 매우 비슷하다. 약물 자체는 해롭지만, 약물을 복용하는 행위는 순간이나마 중독자의 긴장을 풀어준다. 약물 중독자도 약물이 좋지 않다는 걸 알지만, 조금이라도 참을 만해지려면 용량을 계속 늘려야 한다.

금단의 고통을 겪는 것은 약물 중독자나 강박증 환자나 마찬가지다. 강박 행위를 할 수 없을 때 느끼는 정신적·육체적 고통은 거의 고문에 가깝다. 그런 의미에서 강박증 환자가 노출 치료에 비판적인 것도 당연하다. 노출 치료는 대개 인지 행동 치료 가운데 하나로 이루어지는데, 강박증 환자가 강박적인 행동을 계속 줄여나가다가 마지막에는 더 이상 하지 않게 되는 것이 목표이다. 그 과정은 구체적으로 다음과 같다.

치료자의 감독 아래 환자는 불안감을 일으키는 일을 하거나 자신이 위협적이라고 분류한 상황에 스스로 들어간다. 그때 긴장감이 일어나더라도 강박 행동으로 그 즉시 해소하지 않고 단순히 지켜보기만 한다. 강박감에 굴복하지 않아도 불편한 느낌이 저절로 사라지는 경험을 해보는 것이다. 그런 다음 강박 행동 없이도 괜찮은 기간을 강박 행동을 더 이상 하지 않아도 될 정도로 조금씩 늘려간다.

실제로 이 치료는 효과가 꽤 좋은 편이다. 하지만 강박증 치료의 경우 중증 마약 중독 치료와 달리 작은 문제가 하나 있다. 마약 중독자는 병원에서 한동안 약물을 멀리할 수 있지만 강박증 환자는 자신의 '약물'과 계속 함께 살아야 한다. 강박증 환자의 약물은 그의 머릿속에 있거나, 강박 행동을 통해 스스로 생겨나기 때문이다. 마약 중독자는 며칠 혹은 몇 주만 지옥 같은 재활의 시간을 보내면 된다. 하지만 강박증 환자를 위한 노출 치료는 몇 달, 어떨 때는 몇 년이 걸리기도 한다. 이렇게 긴 시간 동안 환자는 스트레스를 받을 때마다 다시 강박 행동에 빠져들 가능성이 있다. 하지만 나는 충분히 검증되고 믿을 만한 이 치료법을 비판할 생각이 전혀 없다. 노출 치료는 분명 효과가 있는 방법이다. 단지 나는 상황에 따라 더 빠르고 더 쉽게 목적지에 도달할 수 있는 다른 길을 알고 있을 뿐이다. 그리고 당신도 원한다면 이 책을 읽으며 그런 길 한두 개는 찾게 될 것이다.

3장

다양한 강박 행동과
치료 사례들

강박증을 극복하려면 먼저 강박증이 어떻게 일어나는지를 이해해야 한다. 이성적으로 보면 전혀 유용하지도 적절하지도 않은 강박행동을 부르는 배후의 추진력은 과연 무엇인가?

홍미로운 질문은 '강박증 환자가 무엇을 생각하고 강박 행위를하느냐'가 아니라 '그가 어떻게 스스로 그 강박을 멈출 수 없게 만드느냐'다. 강박의 내용이 아니라 형식이 더 중요하다는 말이다. 강박 행동이 세척, 숫자, 통제, 정리, 반복, 수집, 천착 등 무엇으로 나타나는지는 거의 중요하지 않다. 자기 강박증의 형식을 이해한다면 그 즉시 생각지도 못한 가능성들이 열리고 강박에서 벗어날수 있다. 그러기 위해 당신이 해야 할 일은 단지 이 질문에 대답하는 것이다.

나는 어떻게 하는가?

좀 더 구체적으로 이렇게 물어볼 수도 있다.

나는 어떻게 강박 행동을 하지 않는 것보다 하는 것으로 더 마음의
안정을 찾는가?

추측하건대 강박의 내용에 관해서라면 당신은 이 질문을 이미
수백 번 곱씹었을 테고, 결국 아무런 결론도 얻지 못했을 것이다.
하지만 강박의 형식을 보면 놀라운 결론에 도달할 수 있다. 참고로
기본적으로 인간은 생각과 행동의 내용이 아니라 형식을 탐구하는
데는 그다지 익숙하지 않다.

생각의 청각적 형식

생소하게 들릴 수도 있지만 우리의 생각은 함께 혹은 따로 발생
할 수 있는 두 가지 서로 다른 형식으로 이루어진다. 그 첫째가 청
각적 형식이다. 생각의 이 형식에서 우리는 대개 우리 자신과 대화
를 나누고 우리 자신의 목소리를 듣는다. 무언가를 기억 중일 때는
부모나 배우자 같은 다른 사람의 목소리를 들을 수도 있다. 그리고
낯선 사람의 목소리를 상상해내고 그에게 적당한 말을 지정해줄
수도 있다.

누구나 혼잣말을 한다

혼잣말을 한다고 해서 걱정할 필요는 없다. 누구나 혼잣말을 한다. 지금 머릿속을 지나가는 생각이 감정적일수록 더 크게 말하기도 한다. 욕을 툭 내뱉거나 지금 집중한 일에 대해 일일이 말하는 것은 정신적 배출구 역할을 하며 강한 감정의 소화를 돕는다. 대부분의 혼잣말은 조용히, 그러니까 생각 속에서만 일어난다. 도덕관념이 특히 강한 사람은 강박증 초기처럼 보이는 행동 때문에 가끔 스스로에 대해 불안해질 수 있다. 이들은 강박적 생각을 낯선 자의 목소리로 듣게 되는데, 그것이 자신의 생각임을 모르지는 않는다. 특히 천사와 악마 메타포에 익숙한 환자들이 이런 양상을 자주 보인다. 이것에 대해 더 자세히 알아보기 전에, 만약 당신도 강박적인 생각을 할 때 낯선 목소리를 듣는다면 그렇다고 해서 당신이 심각한 정신질환자는 아님을 꼭 알기 바란다. 당신은 미친 것이 아니다. 당신은 아주 정상인데 당신의 뇌가 몇 가지 미친 짓을 하는 것뿐이다. 당신이 정상이 아니라면 머릿속에서 가끔 벌어지는 기묘한 일에 그렇게 불안해하지도 않을 것이다.

반면 조현병 등 심각한 정신질환을 앓는 사람은 상황을 아주 다르게 인식한다. 이 환자들은 현실에서 완전히 벗어난다. 누가 자신을 쫓아온다고 느끼고 자주 존재하지 않는 것들을 본다. 낯선 이의 위협적인 목소리를 들을 때 그것을 자신이 만들어낸 것으로 인지하지 않는다. 강박증 환자는 목소리가 어떻게 들리든 간에 자신이 스스로에게 말하는 것임을 잘 안다. 강박증 환자의 이성에는 문제가 없어서 강박적 생각은 물론이고 스스로 부과하는 강박적 행동까지 모두 얼마나 어처구니없는지도 잘 안다. 그리고 이런 내면의 갈등이 죄책감과 수치심을 일으킨다. 반면 심각한 정신질환자는 자신의 병증에 대해 완전히 다르게 반응한다. 망상과 현실을 구분하지 못하기 때문에 자신을 음모의 희생자로 생각하고 외부의 누군가에 의해 끊임없이 주시당하거나 조종당하고 있다고 느낀다.

생각의 시각적 형식

생각을 부르는 두 번째 형식은 시각적이다. 사람들은 그림 한 장이나 영화 한 편을 정신적 눈으로 인지하며 생각한다. 그림과 영화의 성격이나 진행 속도에 따라 다양하겠지만, 시각적 생각은 청각적 생각보다 대체로 훨씬 더 많은 정보를 포함한다. "백 번 듣는 것보다 한 번 보는 것이 낫다"는 옛말은 우리의 뇌가 청각 채널보다 시각 채널의 정보를 처리하고 전달하는 데 더 주력하고 있다는 사실을 보여준다.

낯설고 위협적인 것을 상상한다고 해서 반드시 그 즉시 걱정해야 하는 것은 아니다. 1장에서 살펴보았듯이 우리 뇌는 가끔 훈련 차원에서 위험한 상황을 시뮬레이션하며 강력한 시각적 능력을 사용해야 한다. 그래야만 우리는 분노나 갈망 같은 감정들을 실제로 불쾌한 일을 겪지 않고도 최대한 경험할 수 있다. 〈생각은 자유다 Die gedanken sind frei〉라는 옛 독일 민요는 우리 생각의 이런 유용함을 노래하는 듯하다. 다음은 1842년에 출간된 이 민요의 가사다.

생각은 자유, 무슨 생각을 하는지는 아무도 몰라.

생각은 밤의 그림자처럼 도망치지.

그걸 알 수 있는 사람은 없어. 그걸 쏠 수 있는 사냥꾼도 없어.

그러니까 생각은 여전히 자유지.

그런데 우리는 무엇을 생각하지 않는 것에서도 자유로운가? 물론이다. 단지 그렇게 하기 위해 조금 돌아가야 할 뿐이다. 앞에서 언급했듯이 우리 뇌는 부정어로는 생각할 수 없다. 원치 않는 생각은 최소한 그 생각만큼 우리 뇌를 바쁘게 만드는 다른 생각을 할 때에만 떨쳐버릴 수 있다. 그리고 이 방식은 그 생각의 내용에만 집중하는 것이 아니라 (내가 '생각의 형식'이라고 부르는) 생각의 현상까지 잘 참작해 이용할 때 효과가 특히 좋다.

강박의 구조 바꾸기

생각의 형식을 참작하라는 말은 '무엇'이 아니라 '어떻게'와 '어디'를 고려하라는 뜻이다. 내면에서 강박적인 대화가 일어날 때, 그 소리는 어떻게 들리는가? 그리고 그 소리를 정확하게 어디서 인지하는가? 뇌의 정중앙? 아니면 어느 한쪽? 숫자 강박인 젊은 남성 환자는 첫 번째 질문에는 문제없이 대답할 수 있었다. 그에게 그 소리는 자신의 목소리였다. 그리고 그 목소리는 모든 스트레스 상황에서 조용히 최면을 걸듯 숫자를 세기 시작했다.

반면 '어디'라는 질문에 대답하는 데는 시간이 좀 걸렸다. 그는 마침내 자신의 뇌 중간에서 목소리가 나온다고 했다. 좋은 소식은 아니었다. 보통은 왼쪽이나 오른쪽이라고 답하는데, 만약 그랬다면 이제부터 내가 설명할 간단한 구조 변경으로 빠르게 효과를 볼 수 있었을 것이다.

천사와 악마

당신도 천사와 악마의 메타포를 잘 알 것이다. 이 메타포는 서로 대치되는 생각이 대개 서로의 반대쪽에서 인지된다는 것을 보여준다. 천사가 당신의 오른쪽 어깨에 앉아 도덕적인 처신을 촉구하면 악마는 왼쪽 어깨에 앉아 당신을 방종하게 만들려고 수단과 방법을 가리지 않는다. 이 악마는 무엇보다 혼돈·폭력·섹스·종교·미신 같은 논쟁적인 주제들을 사랑한다. 이 악마 때문에 당신의 내면은 시시때때로 시끄럽고, 당신의 판타지는 거칠기 짝이 없다. 당신이 불안과 경악과 혐오로 반응할수록 악마는 더 즐거워하고, 더 전력을 다한다. 따라서 반대편에 앉아 있는 천사가 바빠지는 것도 당연하다. 천사는 강박적 생각이 실제 범행으로 이어지지 않도록 당신을 끊임없이 달래고 설득한다. 이런 내면의 싸움이 오래 지속될 때 당신은 매우 피곤해지고, 저녁이 되면 아주 지쳐버린다. 바로 이것이 내면의 '논쟁'을 형식 수준에서 막아야만 하는 또 다른 이유이기도 하다.

첫 번째 생각의 형식: 생각이 어디서 일어나는가?

한 번도 스스로에게 이런 질문을 해본 적이 없다면 다음에는 내면의 대화가 시작될 때 의식적으로 그 대화가 어디서 일어나는지 한번 확인해보길 바란다. 그리고 머릿속 영화가 상연될 때도 그 스크린이 오른쪽에 걸려 있는지 왼쪽에 걸려 있는지 살펴보자. 많은 사람이 자신의 생각이 어느 쪽에서 일어나는지 금세 분명히 알아차린다. 강박적 생각이 왼쪽에서 일어난다면, 모든 것이 괜찮다는 걸 보여주는 내면의 장면이나 마음을 진정시키는 독백은 원칙적으로 오른쪽에서 일어난다. 당연히 그 반대도 가능하다. 강박적 생각이 어느 쪽에서 일어나는지 확실할수록, 이와 대치되는 긍정적인 생각이 그 반대쪽에서 일어난다는 사실도 더 확실해진다. 다행히 이 방향은 바뀌지 않는다. 한번 왼쪽에 자리 잡은 악마는 오직 그곳에서만 당신을 힘들게 하는 허튼소리들을 지껄일 수 있다.

그런데 긍정적인 생각과 부정적인 생각이 모두 한쪽에서 일어날 때도 있다. 이는 대부분 환자가 강박증뿐만 아니라 이미 우울증적 장애와도 싸우고 있음을 말해준다. 이럴 때는 모든 긍정적인 장면과 대화가 지금껏 의식하지 못했던 쪽에서 일어나고 있다고 집중해서 상상하는 것이 중요하다. 그렇게 하려면 긍정적인 생각을 하기 전에 내면의 스크린이나 스피커의 위치를 머릿속에서 다른 쪽으로 옮겨주면 좋다. 엉뚱한 방법 같더라도 간단한 실험이니 마음을 열고 시도해본다면 당신도 다른 많은 강박증 환자들처럼 놀라운 결과를 얻게 될 것이다. 이 작은 트릭만으로도 며칠 만에 우울한 생각을 몇 초 안에 떨쳐낼 수 있게 되었다는 환자들이 많다.

그런데 모든 느낌이 머리의 중앙에서 일어난다면 어떨까? 이런 경우에는 '두 번째 생각의 형식'에 집중해야 한다. 이 경우에도 강박적 생각을 줄이고 공포에서 벗어나는 것이 가능하다. 방향 구분이 안 되는 환자 또한 두 번째 생각의 형식을 이용할 수 있고, 효과는 똑같이 좋다.

두 번째 생각의 형식: 생각은 어떻게 들리는가?

'어디'에 관한 질문을 해봤다면 이제 '어떻게'를 살펴볼 차례다. 이번에는 내면의 대화가 어떻게 들리는지 관찰해보자. 천사와 악마가 당신의 목소리로 말하는가? 아니면 다른 목소리가 있는가? 혹시 당신 어머니, 아버지, 예전 학교 선생님의 목소리인가? 이 질문에 대답할 수 있다면 그 즉시 치료를 위한 완전히 새로운 단초가 마련된다. 왜냐하면 '무엇', 즉 생각의 내용 자체에 집중하는 동안에는 강박증이 더 나빠지기만 하지만 형식에 집중할 때는 뇌가 완전한 '리셋(재설정)'을 경험하기 때문이다. 이것은 하나의 트릭이다. 지금까지처럼 경쟁에서 어떻게든 이기려고 온 힘을 다하다가 결국 지기를 반복하는 대신, 아예 게임 자체를 다른 게임으로 바꿔버리는 것이다.

이길 수 없으면 게임을 바꿔라

축구 경기로 비유를 해보자. 당신은 축구 감독이고 지금 당신의 팀이 크게 지고 있다. 반대 팀(강박증)이 더 준비가 잘 되어 있기 때문이다. 감독으로서 당신은 당연히 팀원들을 잘 격려해서 판도를 바꾸려 한다. 하지만 이 전략은 지금까지 거의 성공하지 못했다. 당신의 '설득'이 먹혔다면 강박증 때문에 지금 이 책을 읽고 있을 리도 없을 테니까.

그런데 당신에게 게임의 형식을 바꿀 힘이 있다면 어떨까? 예를 들어 지금 바로 축구 골대를 농구 골대로 바꿀 수 있다면? 그렇다면 지금까지 이기고 있던 상대 팀은 순식간에 우위를 내줄 것이다. 이제 두 팀은 다시 동등해졌고, 당신 팀이 우승할 가능성도 크게 올라갔다. 무슨 뜻인지 이해했는가? 우승컵에 금색으로 새겨져 있는 글귀를 상상해보기 바란다. '강박증 없는 가벼운 인생.'

게임의 형식 바꾸는 법: 청각적·시각적 자리 바꿈

우리 조상들은 내면의 선과 악이 서로 다른 자리에 있음을 먼저 인식하고 거기에 천사와 악마라는 메타포를 붙였을까? 아니면 천사와 악마라는 메타포가 먼저 존재했을까? 무엇이 먼저인지는 알 수 없다. 하지만 자기 내면의 이 두 자리를 분명히 구분할 수 있는 사람이라면 곧 깜짝 놀라게 될 것이다. 왜냐하면 머릿속 부정적인 생각을 순식간에 사라지게 하는 멋진 술수가 하나 있기 때문이다. 하지만 그 자리를 분명히 구분하지 못한다고 해도 천사와 악마 개념은 매우 큰 도움이 될 뿐만 아니라, 심지어 재미있을 것이다. 당신이 해야 할 일은 단지 약간 집중하고 상상하는 것뿐이다.

천사와 악마의 자리를 바꾸기

다음번에 강박적 생각이 다시 찾아오면, 당신 머리 어디에서 부정적인 대화가 더 분명하게 들리는지 꼭 살펴보길 바란다. 왼쪽에서 들린다면 작은 악마가 당신의 왼쪽 어깨에 앉아 있다고 상상하자. 이 작은 악마는 틈만 나면 전혀 재밌지 않은 일들을 속삭이며 부추긴다. 그럼 이제 오른쪽 어깨에는 천사가 앉아서 그 악당의 입을 막기 위해 당신이 그렇게나 자주 필사적으로 생각했던 것들을 말해줄 것이다. "나는 그걸 하고 싶지 않아. 다 허튼소리야. 그냥 다른 생각을 하거나 다른 일을 해. 그럼 좀 나을 거야!"

이제 다음 기술을 쓸 차례이다. 강박적인 생각이 아주 강하게 올라올 때 쓰면 가장 좋다. 당신의 악마가 다시 제대로 힘을 발휘할 때 즉시 오른손으로 왼쪽 어깨를 잡으면서 그 작은 악당을 꽉 잡는다(고 상상한다). 그 악당이 당신의 오른쪽 어깨에 앉아 있다면 왼손으로 잡는다. 그리고 동시에 자유로운 팔을 가슴에서 교차시키며 반대쪽 어깨에 앉아 있는 당신의 천사를 잡는다(고 조용히 머릿속으로 상상한다). 이제 둘의 자리를 바꾸며 악마를 천사의 자리로, 천사를 악마의 자리로 보낸다. 그런 후 두 손을 다시 내리고 무슨 일이 일어나는지 지켜본다.

많은 환자들이 둘의 자리를 바꾼 즉시 갑자기 악마가 입을 다물었다고 말했다. 그 효과가 몇 시간 지속되는 사람도 있고, 잠시만 그런 사람도 있다. 후자의 경우 작은 악마가 어떻게든 다시 슬그머니 자신의 원래 자리로 돌아가 버렸기 때문이다. 당신의 악마도 그렇다면, 계속 자리를 바꾸는 행동을 반복해보자. 그러다 보면 언젠가는 그 고집 센 악마도 자기 말을 더 이상 듣고 싶지 않다는 당신의 의지를 받아들일 것이다.

이 기술은 당신이 어떤 쪽이 착한 쪽이고 어떤 쪽이 나쁜 쪽인지 분명히 파악할 수 있을 때 가장 잘 작동한다. 착한 쪽과 나쁜 쪽을 분명히 구분할 수 있었던 환자들은 이 기술로 자가 치료를 시작했고, 마침내 강박 생각뿐만 아니라 강박 행동도 완전히 극복할 수 있었다.

방향 구분 없이 강박증 멈추는 법

청각적 생각과 시각적 생각이 모두 뇌의 중간에서 일어난다면 다른 기술을 써볼 수 있다. 이 기술도 똑같이 효과적이고, 상당히 재미있기까지 하다. 이 접근법에 대해서는 곧이어 숫자 강박의 예로 설명하고자 한다. 물론 다른 강박증에도 치료 효과가 뛰어나고, 청각적·시각적 자리 바꿈 기술로 효과를 본 사람들도 부가적으로 이용할 수 있는 기술이다. 둘 다 시도해보고 자신에게 잘 맞는 방식을 선택하기 바란다. 두 기술 모두 강박증을 악화시키지는 않으니 안심해도 좋다. 증상이 악화되기는커녕 오히려 놀랍도록 빨리 완화될 수 있는 방법이다. 우리가 수백 명의 강박증 환자를 치료해오면서 체험한 사실이다.

하나 둘 셋 넷
숫자 강박

엘리베이터의 버튼의 숫자를 세다가 나중에는 말 그대로 눈에 보이는 모든 것을 세게 되었던 그 청년의 경우, 문제의 원인은 확실했다. 파티에서 술과 약물을 같이 복용한 탓에 뇌가 모든 종류의 허튼짓에 매우 민감해졌고, 하필 그때 텔레비전에서 엘리베이터 속 끔찍한 장면을 본 것이 원인이었다.

사실 이렇게 원인이 분명한 경우는 드문 편이다. 대부분의 강박증 환자들은 그 모든 일이 시작된 날을 정확하게 알지 못한다. 강박증은 대개 몇 달, 심지어 몇 년에 걸쳐 은밀히 진행되기 때문이다. 이것은 내가 당신에게 그 과정을 멈출 수 있는 기술을 최대한 빨리 알려주고 싶은 이유 중 하나다. 강박증의 원인이 무엇인지 정확하게 아는 것은 사실 전혀 중요하지 않다. 그걸 알게 되면 다시 강박증의 내용, 즉 그때 무슨 일이 일어났는지에만 집중하게 될 테니 말이다. 이런 질문은 과거에 관한 것이고, 알다시피 우리는 과거를 바꿀 수는 없다. 하지만 바로 지금 여기서 당신의 강박증에 대항해 무언가를 할 수는 있다. 그러기 위해서 당신은 '어떻게'와 '어디'에 더 집중하면 된다.

심한 숫자 강박을 지닌 이 청년도 팽팽한 내면의 대화에 대해 이미 너무 잘 알고 있었다. 하지만 악마와 천사가 각각 어느 쪽에 있는지는 모르겠고, 느낌상 머리 중앙에서 그 모든 일이 벌어지고 있는 것 같다고 했다. 그래서 나는 이렇게 말했다.

"다음에 머릿속에서 다시 숫자를 세기 시작할 때 환자분과 작은 실험을 하나 해보고 싶습니다. 가능할까요?"

"지금 당장 해도 될 것 같아요. 치료를 처음 받아보는 거라서 지금 저는 엄청 긴장해 있어요. 이 방에 들어서면서부터 이미 쉬지 않고 숫자를 세고 있습니다. 저 뒤 귤나무에 귤이 몇 개 있는지도 알고요. 선생님 책장에서 책등이 녹색인 책이 몇 권 있는지도 벌써 세어봤어요."

"좋습니다. 그렇다면 방금 말씀드린 그 작은 악마가 환자분을 대신해 그렇게 숫자를 세어도 마찬가지로 강박적 생각이 해소될까요? 그 악마가 환자분의 머릿속 혹은 어디든 원하는 곳에 앉아 있다고 상상해보세요. 한쪽 어깨나 무릎 위도 좋습니다. 아니면 환자분 앞에 떠 있고 환자분이 응시하는 방향을 보고 있는데 환자분만 그 악마를 볼 수 있을 수도 있고요. 이제 환자분이 의식하는 모든 것을 악마가 대신 세어준다고 상상해보세요. 가능할까요?"

그는 잠시 생각하더니 신중하게 고개를 끄덕이며 말했다.

"네. 뭔가 좀 기묘한 느낌이 들지만, 할 수 있을 것 같습니다."

"아주 좋습니다. 그럼 지금 그 악마는 어디에 있고 어떤 식으로 숫자를 세는지 말씀해주시겠어요?"

"제 앞에서 1미터 정도 떨어진 곳에 떠 있고, 저는 악마의 뒷모습만 보입니다. 손가락으로 책등을 하나하나 가리키며 세고 있습니다. 참고로 지금은 큰 소리로 빨간 표지 책들을 세고 있어요."

효과 좋은 이중 분리

ABS(뇌 바탕의 비합리적인 스토리텔링) 요법을 통해 환자와 나는 방금 머릿속 상황을 하나 만들었고, 숫자 강박의 '위치'를 옮기는 데 성공했다. 심리학에서는 이 과정을 '분리Dissoziieren'라고 부른다. 어떤 느낌이 자기 몸속이 아닌 바깥에 존재하는 상태를 만드는 것이다.

이런 상태는 치료에 매우 효과적이다. 나는 그 효과를 배가하기 위해 숫자를 세는 동안 환자가 인지하는 목소리까지 분리하고 싶었다. 그래서 나는 그 청년이 악마의 목소리를 바꿀 수 있는지 실험해보았다. 이때 내면의 대화 속 어떤 요소를 의도적으로 바꾸는 게 정신질환과는 아무 상관이 없음을 분명히 하는 것이 중요하다. 우리는 무해하지만 효과가 좋고 심지어 재밌기까지 한 치료 도구를 한번 써보려는 것뿐이다. 나는 그에게 이렇게 물었다.

"숫자를 세고 있는 그 악마의 목소리는 환자분의 목소리입니까? 아니면 다른 누군가의 목소리입니까?"

청년은 자신의 목소리 같은데 어쩐지 조금 더 날카로워진 것 같다고 했다. 이런 변화는 매우 흔한 일이다. 강박을 분리하자마자, 그러니까 몸의 바깥에 있는 것처럼 만들자마자 우리는 그것을 청각적으로 조금 다르게 인식한다. 자신의 목소리를 녹음해서 들을 때와 비슷하다. 머릿속이 아니라 녹음기를 통해 바깥에서 들리는 자기 목소리는 조금 이상하게 들리기 마련이다. 이제 나는 환자가 자신의 숫자 강박으로부터 좀 더 확연히 분리되기를 바라며 이렇게 물었다.

"그 목소리를 거기서 더 날카롭게 상상하는 것도 가능할까요? 환자분의 목소리가 아니라고 느껴질 정도로 날카롭게 만들어보세요."

1분 정도 시간이 걸렸지만, 그는 해냈다. 그러면서 "네, 가능하긴 하지만 아주 힘드네요"라고 말했다. 나는 그가 해낼 줄 알았다. 강박증 환자들은 감정을 다시 통제하기 위해 할 수 있는 모든 노력을 다하고는 한다. 나는 매우 만족하며 말했다.

"아주 좋습니다! 지금 제가 드리는 말씀이 이상하게 들릴 수 있지만, 다음 상담 때까지 그 작은 악마 보조원한테 최대한 날카로운 목소리로 계속 숫자 세기를 시킬 수 있다면 그보다 더 좋을 순 없을 것 같습니다. 그렇게만 해주신다면 빠르면 다음 상담부터는 더 신속하고 효과적으로 치료할 수 있습니다."

청년은 오랫동안 나를 응시하더니 이렇게 말했다.

"이런 게 어떻게 치료에 도움이 된다는 건지 저로서는 도무지 모르겠네요. 솔직히 말씀드리자면 조금 겁도 나고요. 이런 연습을 하다가는 정말 완전히 미쳐버리는 게 아닌가 싶거든요. 하지만 어쨌든 해보기는 할게요."

유머는 강박을 이긴다

일주일 후 다시 만난 청년은 닷새 정도 지나자 자기 대신 악마가 숫자를 세도록 하는 일이 아무렇지도 않게 느껴졌다고 했다. 모든 것이 여전히 이상하게 느껴졌지만 그는 이 작은 실험을 계속해보기로 했다. 몇 년 동안 내게 불안증 치료를 받은 자신의 누나가 나를 믿고 시키는 대로 해보라고 권했기 때문이다. 하지만 더 기묘한 실험이 기다리는 중이었다.

"오늘은 환자분이 속으로 아무리 하려고 해도 지금까지는 할 수 없었던 일을 그 악마에게 시킬 겁니다. 미리 말씀드리지만 우리는 공정하게 싸우진 않을 거예요. 어떤 수를 써서라도 이기고 싶으니까요. 그러니까 지금 당장 환자분의 그 숫자 마스터, 악마의 손을 묶고 입에 재갈을 물리세요. 아주 단단히요! 이제부터 악마가 숫자를 세려고 하면 환자분은 '하나, 둘, 셋, 넷' 대신 '으음, 으음, 으음, 으음' 하는 소리만 듣게 될 겁니다."

나는 손으로 입을 꽉 누르며 바보 같은 소리를 냈다. 우리는 둘 다 웃지 않을 수 없었다. 나는 이때다 싶어 한 가지를 더 요구했다.

"혹시 지금 환자분의 천사를 소환할 수 있을까요? 천사가 그러고 있는 악마를 보고 즐겁게 말할 수도 있겠네요. '지금 저 녀석 뭐라는 거예요? 무슨 말인지 알겠어요? 오늘따라 녀석이 어쩐지 굉장히 바보 같네요.' 이제 악마는 정말 화가 납니다. 그래서 약이 올라 더 크게 '으음, 으음, 으음'이라고 합니다. 그러면 천사는 이렇게 말할 거예요. '아휴, 내버려 둬요. 알아서 조용해질 거예요. 그러는 동안 베른하르트 선생님과 이야기를 더 나누는 게 낫겠어요'라고요."

남은 상담 시간 동안 나는 틈만 나면 거듭 손으로 입을 꽉 막고 당황한 듯 '으음, 으음, 으음' 하는 소리를 냈다. 내가 그런 바보 같은 짓을 어찌나 진지하게 연기했던지 결국에는 우리 둘 다 눈물이 날 정도로 웃고 말았다. 한 달 후 세 번째로 다시 만났을 때, 청년은 온 얼굴에서 빛이 나는 듯했다. 완전히 치료된 것은 아니었지만 숫자 강박이 상당히 사라진 상태였다. 그의 스트레스가 극단적으로 심할 때만 그 작은 악마가 손발이 묶이고 재갈을 문 채 나타나 알아들을 수 없는 말을 외쳐댔다. 그럴 때마다 환자는 은밀한 웃음을 흘렸고 놀랍게도 빠른 시간 안에 원래 하던 일로 돌아갈 수 있었다.

청각적 강박을 멈추는 법

방금 소개한 치료법이 모든 강박증에 적절하지는 않을 수도 있다. 하지만 최소한 청각적 강박증에 대해서라면 우리는 이 치료법으로 수없이 많은 치료에 성공했다. 숫자 세기, 특정 단어 음송, 개념 반복해서 말하기 등 말과 관계된 모든 증상이 청각적 강박증에 속한다. 소리 내어 크게 말하는지, 그냥 머릿속으로만 말하는지는 중요하지 않다.

이 치료의 첫 단계는 하나의 간단한 분리 혹은 (더 좋게는) 이중 분리를 통해 강박증의 내용에서 형식으로 주의를 돌리는 단계다. 이때 우리는 악마가 가능한 한 바보 같은 목소리를 내게 함으로써, 장소뿐만 아니라 소리를 통해서도 환자를 강박증으로부터 분리한다. 어느 정도 시간이 흘러 환자의 무의식이 치료를 목적으로 한 상상의 구성들(악마와 소리 등)을 받아들이면, 이제 두 번째 단계로 넘어간다. 두 번째 단계에서는 재갈을 이용해 청각적 강박을 아주 낯설게 만들다가 결국 전혀 이해할 수 없게 만든다. "하나, 둘, 셋, 넷"을 의미 없는 "으음, 으음, 으음, 으음"으로 바꾸는 것이다. 반면 천사의 말은 계속 잘 들을 수 있다. 천사는 오랜만에 편안하게 이런저런 재미있는 논평을 던질 수도 있다.

이제 나도 자주 하곤 했던 질문에 대답할 일만 남았다. 재갈만 물리면 충분하지 않을까? 왜 악마의 손까지 묶어야 할까? 강박증 환자는 상상력이 극단적으로 풍부하다. 그래서 악마의 손이 자유로우면 이 악마가 몇 초 안에 손으로 재갈을 풀 거라고 생각한다. 그래서 나는 늘 주저 없이 더 안전한 방식을 권한다. 강력 테이프 정도면 더할 나위 없다.

구석구석 깨끗하게
씻기 강박

하루 이틀 정도 평소보다 손을 자주 소독하거나 특정한 옷을 몇 번 씩 세탁하는 것을 강박증이라고 볼 수는 없다. 누구나 때로는 감염에 대한 불안이나 무언가에 대한 혐오감에 사로잡혀 극단적 청결 상태가 되어야만 비로소 안정을 찾기도 한다. 대부분은 빠르게 그런 행동 뒤에 숨어 있는 강박 형식을 알아차리고 침착과 평온을 유지하려고 노력한다. 하지만 특정 세척·소독 루틴을 거치지 않고는 더 이상 침착해질 수 없는 상태가 오래 지속된다면 문제는 달라진다. 다음은 씻기 강박을 진단할 수 있는 몇 가지 지표들이다.

- 매일 사용하는 샤워젤, 비누, 여타 소독제 소비량이 몇 배나 증가했다.
- 너무 많이 씻고 소독해서 손이 갈라지고 꺼칠꺼칠해져 피가 날 정도다.
- 집 밖에서 손잡이를 잡을 때는 항상 티슈를 쓰고 사용 후 곧바로 버린다.

- 공공장소에 있는 벤치, 의자, 탁자는 기본적으로 세균의 온상이고 감염 위험이 매우 크다고 생각하기에 반드시 피한다.
- 어쩌다 뭔가를 만져서 오물, 병균, 박테리아를 집으로 가져올지도 모른다는 두려움이 늘 있다.
- 집 밖에서 다른 물건과 스치거나 남이 만진 옷은 잠깐 입었어도 즉시 세탁해야 한다.

씻기 강박의 배후에는 바이러스, 박테리아, 병원균 혹은 오물과 접촉해 죽을 수도 있다는 두려움이 숨어 있다. 이것을 결벽증이라고도 한다. 이런 경우 조금이라도 '오염'이 의심되면 강한 혐오감을 느끼는 것은 물론, 몇 시간이고 샤워를 하거나 공황 상태에 빠지는 등 다양한 반응이 뒤따를 수 있다.

팝 뮤지션 마이클 잭슨은 결벽증으로 유명했다. 그가 마스크로 입과 코를 다 가리고 장갑까지 낀 후에야 밖으로 나갈 수 있다는 걸 보여준 영상은 거의 전설로 남았다. 하지만 코로나19 이후 이 영상은 더 이상 기묘해 보이지 않는다. 동시에 씻기 강박 환자의 수도 급등했다. 씻기 강박이 얼마나 힘든 병인지는 우리 클리닉에서 흔히 볼 수 있는 사례로 설명하고자 한다.

휴가지에서 급히 돌아온 환자

D씨가 처음 우리 클리닉에 왔을 때는 아내와 함께였다. D씨는 51세로, 강박증이 일상을 힘들게 한 지 이미 몇 년 되었다고 했다.

하지만 얼마 전까지만 해도 아내의 노력 덕분에 남편의 병이 다른 사람에게는 전혀 알려지지 않았다. 그러다 그 사건이 터졌고 상황이 심각해졌다.

최근 D씨 부부는 스페인으로 7주간의 휴가를 떠났다가 이웃이 전한 소식 탓에 휴가를 다 보내지 못하고 돌아와야 했다. 아파트 아래층에 사는 이웃은 그들의 집 수도관이 터진 것 같다고 말했다. 가장 빠른 비행기도 이틀 후에나 탈 수 있었으므로 D씨의 누나가 집을 살펴보고 응급 조치를 하기로 했다. 알고 보니 큰 문제는 아니었다. 부엌에 작은 물웅덩이가 생긴 정도였다.

그런데 D씨의 진짜 재난은 다른 데서 발생했다. 그의 심한 강박증을 알지 못했던 누나가 신발을 신은 채 급하게 D씨의 집으로 들어갔던 것이다. 그녀는 중앙 수도 밸브를 찾아 잠근 후 부엌 바닥의 물을 재빨리 닦았고, 전화를 걸었던 이웃에게는 일단 물이 흐르지 않게 해뒀음을 알렸다. 배관공을 불러 수리도 하게 했다. 이틀 후 집으로 돌아온 D씨는 부엌 바닥에 찍힌 신발 자국들을 보았고 그 즉시 공황 발작을 일으켰다. 강박증이 이미 아주 심한 상태였던 그의 입장에서는 누나가 자신에게 세상에서 가장 심한 짓을 저지른 셈이었다. 그러니까 누나는 집 전체를 오염시켰던 것이다. 그의 상상 속에서 신발 자국은 바이러스와 병원체의 온상이었고 이제 그 바이러스와 병원체가 온 집안에 퍼진 상황이었다.

잠시 후 누나가 자신이 알아낸 사실과 수습했던 일들을 알려주려 들렀을 때 그는 현관 안쪽에서 무릎을 꿇고 바닥을 닦던 중이었다.

소독제에 둘러싸인 채 미친 듯이 바닥을 닦는 그에게 누나가 뭘 그렇게 열심히 하느냐고 묻자 그는 그녀에게 할 수 있는 모든 욕을 퍼부었다. 그의 아내가 무슨 일인지 놀라서 달려오고 나서야 그는 어느 정도 진정할 수 있었지만, 이미 일은 벌어지고 난 뒤였다. 기껏 열심히 도와줬는데 욕만 잔뜩 얻어먹은 누나는 당연히 놀라고 기가 막혔다. 며칠 뒤 D씨가 제대로 사과하고 강박증 치료를 받겠다는 약속을 하고 나서야 누나는 어느 정도 마음을 풀 수 있었다.

D씨는 온 아파트를 세 번 구석구석 닦고 철저히 소독하고 나서야 누나에게 사과가 가능할 정도의 정신적인 안정을 되찾을 수 있었다. 여기서 세 번이라는 숫자는 절대 우연이 아니다. 이 환자에게는 '안전을 부르는 숫자'가 3이었고, 세 번 세척한 후에는 더 이상 위험하지 않다고 믿었다. 강박 행위는 대개 특정 반복 수와 함께 이루어진다. 그 수는 환자에 따라 다르다.

강박증 추적하기

이미 언급했듯이 우리 클리닉에서는 강박증의 내용이 아니라 형식에 집중할 때 가장 빠르고 좋은 효과를 보았다. 그래서 이 사례에서도 나는 제일 먼저 이렇게 자문했다.

'D씨는 어떻게 몇 개의 무해한 발자국을 자기 건강에 대한 심각한 위협으로 보게 되었을까?'

우리는 그를 경계 태세에 들어가게 하는 것이 그의 내면의 장면들이라는 사실을 알아냈다. 그의 상상 속에서 아파트 바닥은 죽음을 부르는 바이러스와 병원균으로 득실득실했다. 덧붙여 그는 자신과 아내가 한 걸음씩 움직일 때마다 그 죽음을 부르는 끔찍한 존재들이 온 집에 퍼져나간다고도 상상했다. 머릿속으로는 그것이 극단적인 강박증임을 알고 있었지만, 어찌 됐든 일단 세척과 소독부터 해야 했다.

다음은 형식적인 면에서 환자의 강박증을 진단한 것이다.

'시각적이고 극단적인 상상이 D씨를 불안하게 하므로, 아무리 머릿속에서만 일어나는 오염이라도 실제로 청소하지 않으면 없앨 수 없다.'

이제 흥미로운 질문을 하나 던질 차례다.

'오로지 상상 속에서만 이루어진 가설이 이 정도로 극단적이고 강박적인 행동을 일으킬 수 있다면, 적절한 반대 상상으로 그 강박증을 없애는 것도 가능하지 않을까?'

D씨의 경우 이 방법의 효과가 아주 좋았다. 우리는 먼저 ABS 요법으로 여러 반대 상상을 실험했다. 그리고 결국 그의 강박증에 맞설 충분히 극단적인 상상을 하나 찾아냈다. 다음의 시각화가 그 우승자였다.

'집이 조금이라도 오염되면, 그 즉시 천장까지 소독제에 잠긴다. 충분히 소독되었다면 소독제는 양수기로 퍼내지고 모든 방은 살균 열풍기로 건조된다.'

그리고 이 모든 과정은 매번 (당신도 이미 예상했겠지만) 세 번 반복된다.

세세하고 자유롭게 상상하라

당연히 반대 상상을 며칠 혹은 몇 주 한다고 모든 강박증이 다 낫지는 않는다. 앞서 말했듯이 강박증은 대개 하룻밤 사이가 아니라 몇 년 동안 조금씩 부단히 생겨나기 때문이다. 강박증의 고통이 이미 충분히 심했던 D씨는 다행히도 내가 내준 숙제를 아주 기꺼이 했다. 그는 강박적 생각이 다시 떠오를 때마다 즉시 반대 상상을 시각화했고, 이전에 강박적으로 세척을 끝마쳤을 때에야 느낄 수 있었던 진정 효과가 느껴질 때까지 계속했다.

당신도 이 기술을 이용해보고 싶다면 내가 알려주고 싶은 몇 가지 팁이 있다. 당신만의 개인적인 반대 상상을 아주 세세하게 상상할수록 더 빨리 첫 성공을 맛보게 될 것이다. 그리고 그건 전혀 현실적이지 않은 상상이어야 한다. 기묘하고 비현실적일수록 좋다. D씨의 상상 속에서는 아파트의 가구가 세척제에 잠겼어도 둥둥 떠다니지 않았다. 집 안의 물건들은 보통 습기에 약하지만 상상 속에서는 전혀 손상되지도 않았다.

강박적 생각은 전혀 논리적이지 않다. 그러므로 이 자유를 반대 상상에도 허락하자. D씨는 파란색 소독제가 신속하게 구석구석까지 스며들며 모든 방을 천장까지 채우는 모습을 상상했다. 이 소독제는 너무도 강력해서 조금이라도 위험한 물질은 몇 초안에 모조리 죽여버렸다. 그리고 난 후에는 거대한 배수구 속으로 말끔히 쓸려나갔다.

불가능한 것은 없다

이제 당신은 아무리 비합리적이고 논리가 없는 상황도 상상하고 인식할 수 있다는 것을 알아차렸을 것이다. ABS 요법, 즉 뇌 바탕의 비합리적인 스토리텔링의 힘은 바로 우리가 무엇이든 상상할 수 있다는 데 있다. "생각은 자유"라는 말은 단지 그럴듯한 문장을 넘어 제대로 적용만 된다면 강박증을 처단하는 비밀 병기가 될 수도 있다. 생각하지 않기를 원하는 것은 애초부터 이루어질 수 없는 바람이다. 바이러스와 병원균에 대해 생각하기를 원치 않는 사람은 그것을 상상하고 싶지 않다는 생각을 조금이라도 하려면 먼저 그것들을 떠올려야 한다. 이때 강박증은 더 커져만 간다. 하지만 치료에 정말 도움이 되는 생각은 조금 연습하면 언제든 해낼 수 있다. 강박 행동을 하지 않기까지, 그리고 원인이었던 강박적 생각을 하지 않기까지 얼마나 오랫동안 집중해서 반대 상상을 '훈련'해야 하는지는 사람마다 다르다. 그래도 기본적으로 이 방법을 자주 사용할수록 효과가 더 좋아지는 것은 확실하다. 오랜 세월 반복해서 떨어지는 물방울이 바위를 뚫듯이, 지속적인 반대 상상은 강박증을 뚫는다. 그리고 반대 상상이 기괴하고 비합리적일수록 더 빠르고 안정적으로 우리 머릿속에 저장되므로 그만큼 첫 치료 효과도 놀랍도록 빠르게 일어난다.

D씨의 경우 씻기 강박 행위에서 완전히 벗어나는 데 석 달 남짓 시간이 걸렸다. 첫 상담 후 2주 동안은 조금이라도 마음을 진정시키려면 소독제로 넘쳐나는 아파트 장면을 하루에 서른 번도 넘게

떠올려야 했다. 그럼에도 불구하고 때로는 아주 오랫동안 손을 씻거나 무언가를 닦기 위해 소독용 물티슈를 세 장 뽑아야 했다. 그러나 약 다섯 달 뒤에는 마침내 강박적 생각도 상당히 사라졌다. 그즈음에는 소독제로 흥건한 집에 대한 상상이 신경학적으로 굳어져 굳이 상상하려 애쓰지 않아도 필요할 때면 저절로 떠올랐다. 첫 상담 후 약 일곱 달이 지나자 D씨는 한 달 넘게 반대 상상조차 하지 않는다는 사실을 알아차렸고, 그제야 자신이 강박증을 극복했음을 깨달았다.

씻기 강박 반대 상상의 예들

강박 행동을 하게 만드는 내면의 장면이나 대화는 사람마다 다르다. 씻기 강박에서 금방 효과를 볼 수 있는 반대 상상은 여러 개가 있지만, 평균적으로 좋은 결과를 보여주는 반대 상상이 몇 개 있다. '소독제로 홍수가 난 집'도 그중에 하나다. 다음은 그와 유사한 예들이다.

- 샤워기에서 세상에서 가장 강력한 소독제가 터져 나온다. 이 소독제로 샤워하면 몇 초 안에 온몸의 모든 병원균과 바이러스, 박테리아를 완벽하게 죽일 수 있다.
- 당신 피부의 건강한 박테리아들이 정예 부대로 거듭난다. 모든 위협을 완벽하게 알아채는 이 부대는 몸에 해로운 균은 죄다 몇 초 안에 먹어 치운다. 이들이 작전을 수행하고 나면 당신은 깨끗해진 피부를 바라보며 흡족해할 것이다. 그

러는 동안 이 엘리트 박테리아들은 만족스러워하며 불룩해진 배를 쓰다듬는다. 당신만의 안전 숫자가 있다면 셋이든, 넷이든, 일곱이든 그 횟수만큼 세척 작전을 수행하라.

• 매일 따뜻한 생강차를 몇 잔씩 마시면 당신에게 해로운 몸속 모든 것이 땀구멍을 통해 몸 밖으로 빠져나간다. 예로부터 전해지는 생강의 불가사의한 힘 덕분이다. 몸에서 피부 밖으로 빠져나간 강력한 생강의 힘은 피부만 정화하는 것이 아니라 입은 옷은 물론 당신의 모든 것을 소독한다.

마지막 항목에 있는 생강에 관한 상상은 일상생활에서도 실천 가능하다. 실제 행동으로 정신적 반대 상상 훈련을 도울 때 강박증을 더 쉽게 떨쳐내는 사람이 많다. 하루에 생강차 몇 잔을 마시면 그 밖의 좋은 점도 많다. 생강차는 굉장히 몸에 좋고, 생강은 옛날부터 특별한 치유력이 있는 것으로 잘 알려져 있다. 강박증에는 어떤 형태의 '불가사의한 생각'이 항상 따라오므로 마찬가지로 약간 '불가사의한' 것을 이용해 대응하는 것도 나쁘지 않다. 이 부분에 대해서는 나중에 좀 더 살펴보겠다. 참고로 따뜻한 생강차는 만들기도 아주 쉽다. 생강 15~20그램을 얇게 썬 다음 끓인 물에 우려낸다. 다 마신 후에 생강은 그대로 두고 몇 번이고 물을 더 부어도 된다. 서너 번 더 우려도 '작용 물질'이 충분하다는 걸 맛으로 알게 될 것이다.

생강차 속 항균 물질이 모든 위험한 바이러스와 병원균에 대적하기에는 너무 약하다고 주장하는 환자도 간혹 있다. 그럴 때면 나는 이렇게 말한다.

"환자분은 단순한 접촉을 생명의 위협으로 간주하는 것이 자신의 생각일 뿐이라는 사실을 잘 안다고 하셨습니다. 그렇다면 환자분의 그 강력한 생각의 힘을 생강차의 항균 능력을 높이는 데 이용하지 못할 이유가 과연 있을까요? 무의식에 의식적으로 대응하지 못할 이유는 없습니다. 환자분의 뇌 속 신경 다발에게 어떤 상상이 의식적인지 무의식적인지는 중요하지 않습니다. 상상할 때마다 그 상상이 불러일으키는 느낌이 강해지는 것은 똑같으니까요. 강박적 생각과 행동을 없애고 싶으시다면 한 가지 의식적인 결심을 하셔야 합니다. 강박증을 그 강박증의 무기로 물리치겠다는 결심 말입니다."

고전적 치료법보다 더 나은 방법

이 장을 쓰는 동안 여러분에게 꼭 알려주고 싶은, 같은 업계에 종사하는 어떤 사람과의 만남이 떠올랐다. 왜냐하면 내가 이제 곧 설명할 내용은 강박증에 관한 책이라면 모두 언급해야 할 사실이기 때문이고, 때로 심각한 강박증에는 고전적 치료법이 그다지 효과가 없다는 사실을 잘 보여주기 때문이다.

40대 후반의 이 남성은 자신의 열아홉 살 딸을 데리고 나를 찾아왔다. 듣자 하니 이 어린 딸은 심한 통제 강박을 갖고 있었다. 자동차를 몰 때마다 실수로 누군가를 치고도 그 사실을 모를 수도 있다는 생각이 강박적으로 든다고 했다. 정신과 의사이기도 한 아버지는 자신이 할 수 있는 일은 다 해본 후에 누군가의 소개로 나를 찾아온 것이었다. 아버지는 딸의 강박증에 대한 자신의 소견을 세세히 털어놓았다. 유전적인 요소와 쉽게 불안해지는 성격이 합쳐진 게 이유인 것 같다고 했다. 부모의 잘못된 교육이나 정신적 충격을 받은 경험이 원인이 될 수도 있지만 자기 딸에게는 해당 사항이 없다고도 했다. 가족 중에 누군가가 죽거나 심하게 아픈 일도, 이혼 문제도 없었다. 그가 그렇게 자세히 설명한 이유는 강박증에 걸릴 정도로 인간을 동요하게 만드는 요인들을 알아보는 것이 치료에 있어 가장 중요하다고 생각했기 때문이다. 그는 심지어 딸의 자동차에 앞뒤로 블랙박스까지 설치했다. 두 대의 카메라가 자동차 주변 교통 상황을 계속 비추고, 작은 접촉이라도 감지되면 그때부터 촬영한 영상을 모두 저장하는 방식이었다. 하지만 아무 소용도 없었다. 딸의 강박증은 점점 더 심해지기만 했다.

그가 딸을 위해 한 생각들은 모두 옳았다. 하지만 딸이 어쩌다 누군가를 차로 치었을지도 모른다는 생각을 어떤 방식으로 하는지는 전혀 알지 못했다. 운전하는 동안 그 정도의 사고가 났다는 증거가 조금도 없는데도 그녀가 안심할 수 없다면, 그녀 스스로 어떤 방식으로든 그렇게 안심할 수 없는 상태를 만들고 있을 것이다. 그녀는 운전을 끝내고 나면 짧게 운전했든 길게 운전했든 차체를 아주 꼼꼼히 살펴야 했다. 자신이 가장 두렵게 생각하는 사고의 흔적이 없는지 보기 위해서였다. 그러다 아주 연한 얼룩이나 긁힌 자국이라도 발견하면 운전해온 길을 다시 다녀왔다. 그렇게 해야만 자기 때문에 누군가가 도로 옆 도랑에 빠져 피를 흘리며 괴로워할지도 모른다는 생각에서 벗어나 안정을 찾을 수 있었다.

나는 이 어린 여성을 청각적·시각적 자리 바꿈 기법과 프랭크 패럴리Frank Farrelly의 도발적 치료를 병행하는 방식으로 치료할 수 있었다. 후자의 치료법에 대해서는 곧 자세히 알아볼 것이다. 널리 쓰이는 접근법이 나쁘다거나 효과가 없다고 말하는 것은 절대 아니다. 나는 노출 치료나 심층심리학적 정신분석으로 놀라운 결과를 이끌어내는 동료들을 알고 있다. 덧붙여 강박증 치료가 지금까지 소개한 사례들처럼 쉬운 것도 아님을 밝혀둔다. 이 책에서 소개하는 사례들은 당연히 우리 클리닉의 일상적 치료에서 하이라이트라고 할 만한 것들이다.

그런데 좋은 잠재력을 가진 강박증 치료법들이 있는데도 그 치료법들이 널리 이용되고 있지 않다고 생각하느냐고 누군가가 묻는다면 나는 주저 없이 그렇다고 대답하고 싶다. 프랭크 패럴리의 도발적 치료가 그 대표적 예시다. 강박증 환자에게 참 좋은 치료법인데도 안타깝게도 이 치료법은 거의 이용되지 않고 있다.

잘못될까 봐 불안한 마음
통제 강박

프랭크 패럴리는 1960년대 초부터 환자의 비합리적인 세계상을 친절하게 해체하기 위해, 도발적 치료의 중심 요소로 유머를 사용했다. 환자는 웃는 동안 자신과 자신의 행동을 자기 바깥에서 볼 수 있다. 그리고 자신에 대한 이런 건강한 거리두기는 종종 놀랍도록 빠르게 변화를 일으키고 더 나은 행동을 할 수 있게 만든다. 이러한 접근법과 청각적·시각적 자리 바꿈, ABS 요법 등을 병행할 때 강박증의 성공적인 치료를 위한 수많은 가능성이 생겨난다.

그런 생각은 어떻게 떠오르나요?

동료의 딸에게 나는 먼저 '어떻게' 질문을 던졌다. 그녀는 어떻게 계속 누군가를 차로 치었을지도 모른다는 생각에 도달하는가? 우리는 그녀의 머릿속에서 1초도 안 되는 순간에 그 장면이 번쩍

하고 떠오른다는 걸 알게 되었다. 예를 들면 자전거를 타고 달리는 사람이나 도로를 건너는 사람을 자동차로 치는 장면 말이다. 그다음엔 사람이 다치거나 죽은 장면이 불쑥 떠오른다. 그녀가 사고를 일으켜서 생겨난 사태라고 추정되는 장면이다. 그녀는 그런 상상이 얼마나 비합리적이고 비현실적인지 잘 알고 있다. 그래도 그 장면들이 자꾸 떠오르는 건 어쩔 수 없었다. 그녀는 모든 장면을 자신의 머릿속 오른쪽에서 보는 경향을 보였으므로 우리는 먼저 청각적·시각적 자리 바꿈 기법을 써보았다. (이 환자의 강박적 생각에 청각 채널은 그다지 큰 역할을 하지 않았으므로 우리는 시각 채널에 집중했다.) 나는 그녀에게 경악스러운 장면들을 의식적으로 다시 떠올려보라고 했다. 그녀는 자전거를 타고 가는 아이를 자동차로 치는 장면을 상상했다. 그녀가 상상을 오른쪽에서 분명히 인식하자마자 나는 가능하면 그 장면을 왼쪽으로 옮겨보라고 했다. 다음은 그 후 이어진 우리의 대화이다.

환자 그럴 수가 없어요. 어쩐지 이 장면이 다른 쪽으로 가지 않으려 해요. 제 머릿속 중간쯤에 멈춰 있어요!

나 전혀 이상할 것 없어요. 환자분이 변화를 허락해야만 그 상상은 다른 쪽으로 이동할 수 있습니다. 그럼 다른 장면을 가지고 다시 해볼까요? 환자분은 이미 10미터 정도 더 운전해간 상태예요. 백미러 속 아이는 뒤에서 즐겁게 웃으며 무사히 자전거를 타고 있어요. 상상해보세요.

환자 와! 멋진데요. 제가 변화를 허락하니까 정말 문제없이 그 장면을 왼쪽으로 보낼 수 있어요.

나 상상 속 그 장면을 왼쪽에서 인식할 때 느낌이 어떻게 다른가요?

환자 이유는 모르지만 어깨에 있던 무거운 짐을 내려놓은 것 같아요.

나 아주 좋습니다. 이제부터는 그렇게 장면을 왼쪽으로 보내는 연습을 하되 특히 자주 떠오르는 부정적 장면들부터 먼저 보내보세요. 잘 안 되면 조금 전처럼 백미러로 모든 것이 무사하다는 걸 확인한다고 상상한 후, 그 장면을 왼쪽으로 보내세요. 일단 집에서 며칠 동안 이 기술을 연습하시고 그다음엔 운전 중에도 해보세요.

다음 상담 시간에 이 환자는 최소한 강박적인 생각은 눈에 띄게 줄었다고 말했다. 특히 운전 중에 청각적·시각적 자리 바꿈을 연습하면 힘든 생각이 금방 사라지는 것 같다고 했다. 덕분에 그녀는 한결 더 침착하게 운전할 수 있었고, 나아가 최근 며칠 동안 장거리 운전도 다시 시도할 수 있게 되었다. 하지만 집에 도착했을 때 차를 샅샅이 살피는 습관에서는 아직 벗어날 수 없다고 했다. 그래서 나는 도발적 치료를 해보기로 했다.

프랭크 패럴리의 도발적 치료

환자가 운전 후에는 여전히 차체에 이상이 없는지 꼼꼼히 살핀다는 말을 끝마치자마자 나는 윙크와 함께 유머 가득한 첫 도발을 시작했다.

"충분히 이해합니다. 환자분은 공공에 위험한 분이니까요. 추측하건대 환자분만큼 도로에서 많은 사람을 죽인 사람은 아마 없겠지요. 아직도 체포되지 않은 게 기적이네요. 환자분이 사는 지역 《빌트Bild》 1면 기사가 보이는 듯하네요. '자전거 운전자 또 죽어 나가다. 반경 30킬로미터 이내에서 열 건도 넘는 사망 사고가 발생했으나 범인은 오리무중.' 그리고 그 죽음의 지대 정중앙에는 환자분의 집이 있겠죠. 경찰이 대거 동원되어서 차량이란 차량은 다 조사할 거예요. 곧 무섭고 불안해서 아무도 운전을 하려고 하지 않겠지요."

내가 환자가 최악으로 두려워하는 것을 넘어 더 최악을 말할수록 그녀는 그냥 웃을 수밖에 없었다. 그리고 자기는 그 정도는 아니라며 저항하다, 결국 크게 미소를 지으며 말했다.

"아니, 제가 그 정도로 공공의 적은 아니잖아요. 제가 아무도 치지 않았고 제 뇌가 저한테 장난을 치고 있을 뿐이라는 거, 저도 잘 안다고요."

이제 됐다! 나는 환자가 바로 그렇게 말하기를 바랐다. 나는 환자가 두려워하는 것을 웃기게, 극적으로 과장하면서 환자가 내게 즉흥적으로 대답하게 만들었고, 자기가 아무도 치지 않았다는 것을 진심으로 믿게 만들었다. 이제 거의 다 왔다. 그때부터 나는 《빌트》 1면 기사나 경찰 출동 등 과장되고 웃긴 장면들을 자꾸 대화에 흘려 넣었다. 나의 목적은 그렇게 환자를 자꾸 웃게 만들어

환자의 뇌를 자극해 강박증을 신경세포 수준에서 해체하는 것이
었다.

불안과 웃음은 서로를 배제한다

인간의 뇌는 한 가지 생각에 대해 서로 반대되는 두 가지 감정
을 느낄 수 없다. 예를 들면, 한 가지 생각에 대해 불안과 웃음 중
단 하나의 감정만 느낄 수 있다. 바로 이 사실이 프랭크 패럴리의
도발 치료가 매우 효과적일 수 있는 이유다.

환자가 자신의 강박증에 대해 웃게 만들 수 있다면 그 즉시 강
박적인 생각이 부르는 공포가 눈에 띄게 줄어들고, 뇌 속 신경세포
들의 새로운 연결이 만들어진다. 그전에는 불안의 신경세포와 연
결되어 있던 생각이 이제 웃음의 신경세포와 연결된다. 이것이 건
강에 좋을 뿐 아니라 치유 효과도 있다는 사실은 다양한 연구에서
증명되었다.[5,6,7]

그런데 여기에도 문제는 있다. 치료 효과를 이끌어내기 위해 환
자의 가족이나 치료자는 자신의 한계를 넘나들어야 한다. 강박증
환자의 상상은 상당히 기묘할 수 있다. 여기서 더 득점하고 싶다면
당연히 더 강한 수를 둬야 한다. 그러다 보면 잠깐 동안은 자신이
'정신 나간 것'처럼 보일 위험을 감수해야 한다. 이 어린 여성의 경
우 작전이 꽤 효과가 있었다. 두 번째 상담을 마치고 두 달 후 그녀
의 아버지가 감사 전화를 해왔다. 두 번째 상담 직후부터 딸이 더
이상 강박 행동을 하지 않는다고 했다.

가벼운 통제 강박은 흔하다

심각한 통제 강박보다 가볍거나 중간 정도의 통제 강박을 지닌 사람이 훨씬 더 많다. 가벼운 강박일수록 치료가 쉽고, 잘 치료한 다면 더 빠르고 완전하게 치유될 수 있다. 이제 흔한 통제 강박으로 우리를 찾아온 어느 환자의 이야기를 해보려 한다.

놀림받는 자동차

30대 중반의 이 여성 환자를 간단히 '우테'라고 부르겠다. 우테에게는 자동차 문을 제대로 잠갔는지 반복적으로 확인하는 강박증이 있었다. 어느 날 밤 그녀가 사는 동네에서 자동차 여러 대가 도난당했던 사건이 발단이었다. 우테는 자신이 사랑하는 자동차가 다음 차례가 될 것 같아 걱정에 휩싸였다. 우테는 폭스바겐 비틀 카브리오를 몰았는데 자기가 처음으로 정말 사랑하게 된 차라고 여러 번 강조했다. 심지어 그녀는 그 멋진 친구에게 '루찌'라는 이름까지 지어주었다. 우테가 자신의 이야기를 하는 동안 나는 내가 존경하는 최면 치료사 밀턴 에릭슨Milton H. Erickson의 말을 떠올리지 않을 수 없었다. "좋은 치료사는 환자가 설명한 모든 것을 이용할 줄 알아야 한다." 그리고 루찌는 치료에 이용하기에 더할 나위 없이 좋은 도구였다.

폭스바겐 비틀을 한 번이라도 본 사람은 사람 얼굴을 떠올리지 않을 수 없을 것이다. 두 개의 둥근 전조등은 커다란 눈 같고, 보닛에 붙은 작은 폭스바겐 로고는 들창코처럼 보이고, 범퍼 아래의 공기 흡입구마저 인간의 입을 빼닮았다. 우테는 루찌가 제대로 잘 잠 겼는지 다섯 번에서 일곱 번을 확인해야 했다. 마침내 집으로 들어 가다가도 다시 돌아서서 자동차 키를 또 눌러봐야 할 때도 드물지 않았다. 이미 너무 멀리 떨어져 있어서 자동차의 센서가 반응하지 않을 때도 종종 있었는데, 그럴 때도 굳이 몇 미터씩 다시 돌아가 자동차가 불빛을 내서 잠겨 있다고 알려주는 모습을 한 번 더 확인 해야 했다. 우테는 그렇게 '또다시 돌아가야 하는 것'에 화가 나서 도움을 구하러 나를 찾아온 것이었다. 첫 상담 때 나는 이렇게 말 했다.

"환자분께서는 루찌가 지금 얼마나 자존심이 상해 있는지 아시 나요? 강박증 주인과 함께 살아야 한다는 게 자동차에게 얼마나 창피한 일이겠어요? 눈에 훤히 보이는 듯하네요. 환자분이 세네 번씩 다시 확인할 때마다 루찌가 그 커다란 전조등 눈을 굴리며 자 신의 처지를 한심해하고 있는 모습을요. 어쩌면 루찌는 동네의 다 른 자동차들 사이에서 이미 오랫동안 놀림을 받고 있을지도 몰라 요. "저기 봐, 루찌가 자기 강박증 주인과 함께 있네. 야, 꼬마야! 또 깜빡거려야지. 자, 어서! 이제 겨우 다섯 번 깜빡거렸잖아." 그 러고는 그 자동차들은 머드가드를 펄럭이면서 미친 듯이 웃어대겠 지요. 불쌍한 꼬마 루찌는 창피해서 땅으로 꺼지고만 싶을 거예요. 이제 그만 집에 들어가나 했더니 환자분이 또 돌아와서 확인하려 고 해요. 그러면 그 거리에서 무슨 일이 일어날 것 같으세요? 다른 자동차들이 너무 크게 웃어서 그 웃음소리가 다섯 블록 너머까지

들릴 겁니다. 최소한 동네 자동차들은 모두 다 그 소리를 들을 거예요."

당연히 환자와 나는 그런 말도 안 되는 상상에 함께 웃음을 터트렸다. 나는 이야기를 하며 웃긴 대목마다 마치 루찌가 그렇게 했다는 것처럼 눈알을 굴리는 걸 잊지 않았다. 상담이 끝나갈 때쯤 나는 '웃음 폭탄'을 최소 열 번 이상 날리는 데 성공했고, 이제 환자의 머릿속 신경세포의 연결도 치료 효과가 나타날 정도로 적당히 좋아졌다.

그날 다시 자동차에 탔을 때 우테는 킬킬거리며 웃지 않을 수 없었다. 반은 웃기고 반은 창피한, 내가 묘사했던 장면이 생생히 떠올랐기 때문이다. 집에 도착했을 때 우테는 루찌를 일단 한 번만 잠그고 재빨리 몇 미터 걸어갔다. 그리고 다시 잘 잠겼는지 확인하기 위해 몸을 돌렸을 때, 창피해서 눈알을 굴리는 루찌의 모습이 떠올랐다. 두 번째로 자동차를 잠그기는 했지만 그때 그녀는 다른 자동차들이 루찌를 놀리는 상황을 떠올렸다. 다시 말하지만 인간의 뇌는 비합리적인 이야기를 사랑한다. 이날 우테는 자동차 문을 세 번만 잠그고 집 안으로 들어가는 데 성공했다.

우테는 며칠 동안 그 상태를 계속 유지했다. 두 번째 상담 때 우리는 더 나은 새 자아상을 무의식 깊이 심는 방법들을 이어서 써보기로 했다.

열 문장 요법

2013년 나와 아내는 최신 뇌과학 지식을 바탕으로, 불안증 환자들의 불안과 공황 발작에 익숙한 뇌를 말 그대로 '재프로그래밍'하는 데 도움이 되는 우리만의 치료법을 개발했다. 이 치료법에서 가장 중요한 부분이 뇌의 신경가소성을 집중적으로 촉진해 불안증을 확실히 없애주는 열 문장 요법이다.

몇 년 후 이 치료법을 실행하며 알게 된 사실들을 요약해 《어느 날 갑자기 공황이 찾아왔다》*라는 책을 쓰기도 했다. 이 치료법이 더 많은 사람에게 알려져 수많은 환자가 불안증에서 벗어나고 자유로운 삶을 살기를 바라는 마음이었다. 그런데 출간 후 예상치 못한 일이 일어났다. 그 책이 얼마 지나지 않아 베스트셀러가 되었고 독일에서 2년 넘게 《슈피겔Der Spiegel》 베스트셀러에 올라 있었다. 그 후 18개 언어로 번역되고 수많은 의사와 정신 요법 의사들이 열 문장 요법을 사용한 경험을 나누고자 연락을 해왔다. 불안증만이 아니라 번아웃, 우울증, 강박증에도 열 문장 요법으로 크게 효과를 본 사람이 많았다. 이에 고무된 우리는 번아웃과 우울증으로 치료 스펙트럼을 넓혔다. 그리고 이 경험을 바탕으로 몇 년 후 두 번째 책 《어느 날 갑자기 무기력이 찾아왔다》**를 펴냈다.

2019년부터는 강박증 치료법을 고심하기 시작했다. 그 결과가

* 한국에서는 2019년 흐름출판에서 출간되었다.
** 한국에서는 2020년 동녘라이프에서 출간되었다.

지금 독자 여러분이 읽고 있는 이 책이다. 열 문장 요법은 강박증 환자에게도 매우 유용하므로 이 책에서도 열 문장 요법을 소개하고자 한다. 이 요법의 핵심은 우리 인생에서 중요한 측면들 각각에 대해 강박증이나 불안증 혹은 우울증이 전혀 없다고 가정하고, 원하는 것을 열 가지 문장으로 써보는 것이다. 예를 들어 집에서의 일상, 직장 생활, 가족, 여가 활동, 주거 환경, 사랑 등이 인생의 중요한 측면들이 될 수 있다.

그런데 이 요법으로 효과를 보려면 다음과 같은 다섯 가지 규칙을 지켜야 한다.

첫째, 부정어 없이 쓴다.

둘째, 긍정적 문장만 쓴다.

셋째, 무조건 현재 시제로 쓴다.

넷째, 최대한 구체적으로 쓴다.

다섯째, '스스로 이룰 수 있는 것'만 쓴다.

부정어에 대해서는 1장에서 이미 충분히 설명했다. 당신이 그 설명을 이해했다면 이제 긍정적인 문장을 쓰는 법을 배워야 한다. 예를 들어 "나는 강박적 생각 없이 집을 나설 수 있게 되기를 바란다"는 문장은 "나는 기분 좋게 집을 나서고 밖에서도 안전하고 무사하다고 느낀다"가 될 것이다. 후자는 긍정적일 뿐만 아니라 현재 시제기도 하다. 우리 뇌는 기본적으로 현재 시제일 때 더 빨리 실행에 옮길 수 있다.

최대한 구체적으로 쓰라는 말은 일반적인 상황이 아니라 개별적인 상황을 상세히 묘사하라는 뜻이다. "나는 괜찮다"라고만 하는 것보다 외출할 때 어떤 면에서 괜찮은지 아주 구체적으로 쓸 때 우리 뇌세포가 할 수 있는 일이 훨씬 더 많아진다.

스스로 이룰 수 있는 것만 쓰라는 말은 자신이 생각하는 더 나은 인생에 도달하는 데 외부에 의존하지 말라는 뜻이다. 예를 들어 강박증 때문에 좋은 연인 관계를 오랫동안 영유할 수 없었다면 "나는 매력적이고 사랑이 많은 파트너와 행복하게 산다" 같은 문장을 만들어야 한다. "나는 옆집에 사는 멋진 남자와 잘 사귀고 있다" 같은 문장은 안 된다. 자신의 바람을 충족시키기 위해 타인에게 의존하는 것은 두 가지 점에서 좋지 않다. 첫째, 그 이웃에게 이미 사랑하는 사람이 있을지도 모른다. 둘째, 특정인에게 너무 집중하면 당신에게 훨씬 더 잘 맞는 다른 사람을 만나도 알아차리지 못할 수 있다.

내 환자 우테의 경우 당시 그녀의 인생에서 통제 강박이 중요한 문제였으므로, 우리는 통제 강박에 대해 우테가 원하는 것을 열 문장으로 만들어보려 했다. 우테의 통제 강박은 자동차에 관한 것이었을 뿐 다행히 현관문이나 전등 같은 다른 장치들로 번지지는 않았기에 열 문장이 아니라 딱 한 문장만 만들면 되었다.

나는 내 자동차를 매우 신중하게 딱 한 번만 잠근 다음 기분 좋게 내 갈 길을 간다.

이러한 바람을 최대한 빨리 이루기 위해 우테는 특별한 기술을 이용해 이 문장을 뇌에 각인시켜야 했다.

다섯 채널 기술

우테가 이 문장으로 단순히 자기 암시만 했다면 아마도 이 바람은 이루어지지 못했을 것이다. 하지만 우테는 '다섯 채널 기술'을 사용한 덕분에 몇 주 안에 자신의 통제 강박을 완전히 극복할 수 있었다. 다섯 채널 기술은 특별한 형태의 정신 훈련으로, 매일 밤 잠들기 전에 열 문장 중 하나를 머릿속에서 다섯 가지 서로 다른 감각 채널을 통해 철저히 소화하는 것이다. 되도록 한 번에 한 가지 감각 채널에 집중하는 것이 효과적이다. 일단 '보기'로 시작하면 가장 좋다.

자동차를 아주 신중하게 한 번만 잠그고 기분 좋게 갈 길을 가면서 우테는 무엇을 볼까? 자동차가 깜빡이며 모든 문이 잠겼다는 걸 보여주는 동안, 방금 딱 한 번만 사용한 손안의 자동차 키일까? 아니면 자동차 키가 오랫동안 들어가 잠자게 될 가방일까? 아니면 그녀가 재빨리 지나가게 될 주변 풍경일까? 아니면 전보다 훨씬 빨리 도달하게 될 목적지일까?

그 모든 시각 대상들을 의식적으로 자세히 보았다면, 그것도 자동차 키를 두세 번 다시 꺼내는 일 없이 그 일을 마쳤다면 이제 우테는 청각 채널, 즉 '듣기'로 넘어갈 수 있다. 자동차 문을 닫고 곧이어 딱 한 번만 잠글 때 우테는 어떤 소리를 들을까? 자신의 강박증을 확실히 극복했을 때 우테는 내면의 자신과 어떤 긍정적인 대화를 나눌까? 처음에는 "아, 드디어 강박증에서 벗어났어! 정말 좋구나"라고 할 수 있을 것이다. 하지만 나중에는 눈앞의 일을 생각하느라 바쁠 것이다. 어쩌면 친구와의 약속이나 쇼핑을 생각할 수도 있을 것이다. 여기서도 여러 내면의 소리가 들린다. "친구가 또 그 맛있는 치즈케이크를 구워놓았다면 좋겠는데"나 "내가 생각해둔 바지가 세일 중이면 좋겠는데" 같은 소리가 들릴 수 있다. 그리고 우테는 아스팔트 위를 걷는 자신의 구두 소리, 새들이 지저귀는 소리, 멀리서 들리는 자동차 소리도 듣는다. 반면 우테가 청각 채널에서 절대 듣지 말아야 할 소리는 그녀의 자동차 루찌를 놀리는 다른 자동차들의 소리다. 그 소리(이것도 그녀 내면의 대화다)는 그녀가 절대 바라지 않는, 자동차를 자꾸 잠그는 강박 행위를 하는 쪽으로 그녀의 뇌를 다시 활성화할 것이기 때문이다.

세 번째 채널은 느낌 채널로, 촉각으로 인지하는 모든 것과 살면서 갖는 모든 감정에 관한 채널이다. 힘든 강박증을 자신의 힘으로 극복한다면 기분이 얼마나 좋을까? 아마도 기쁨과 자부심이 밀려올 것이다. 그리고 손안의 자동차 키는 어떤 느낌인가? 자동차 키가 든 가방과 친구가 구운 치즈 케이크, 세일 가격으로 산 바지는 어떤 느낌인가?

네 번째 후각 채널 연습에서 우테가 떠올린 냄새는 당연히 자기 자동차의 냄새였다. 그리고 그녀는 주변의 향기를 맡아볼 수도 있다. 계절에 따라 향기가 달라진다. 여름이면 방금 깎은 잔디 냄새를 맡을 수도 있다. 아침에 뿌린 자신의 향수 냄새를 맡아볼 수도 있다. 친구가 구워준 치즈 케이크 냄새나 방금 내린 커피 냄새도 맡을 수 있을 것이다.

다섯 번째 미각 채널의 경우 우테는 다시 케이크와 커피를 떠올렸고, 이번에는 냄새뿐만 아니라 그것들이 입안에 불러일으키는 자극을 떠올렸다. 나는 내 환자들에게 열 문장을 만들 때 기본적으로 무언가를 먹거나 마시는 상황을 집어넣을 것을 조언하는데, 그렇게 하면 미각 채널도 적극적으로 이용할 수 있기 때문이다. 만약 병원균이 무서워서 오랫동안 외식을 하지 못했다면 열 문장 중 최소한 하나는 레스토랑에 가는 문장을 넣는 것이 좋다. 다시 기쁘고 즐겁게 모든 음식을 먹을 수 있도록 말이다.

정신적으로 만들어낸 것은 정신적으로 없앨 수 있다

이미 말했듯이 열 문장 요법과 다섯 채널 기법은 우리 뇌를 새로운 행동에 익숙하게 만드는 방법이다. 지금까지는 현실에서 그런 새로운 행동이 불가능했겠지만, 그런 행동에 대한 상상만큼은 인내심을 갖고 연습하면 충분히 가능하다. 믿기지 않겠지만 애초에 강박증이 없었던 것처럼 잘 사는 모습을 생각만 해도 우리 뇌는 구조적인 변화를 경험한다. 정신적으로 강박증이 없는 것처럼 행동하면 현실에서도 강박증이 더 빨리 줄어들고 마침내 완전히 사라질 것이다. 상상할 수 있는 것만이 결국 조금씩 현실이 될 수 있기 때문이다.

중증 강박증의 경우

모든 강박증이 우테의 경우처럼 그렇게 쉽게 치료되지는 않는다. 우테는 다시 강박증 없는 삶을 사는 데 두 번의 상담과 3주 동안 열 문장 요법을 집중 훈련하는 것으로 충분했다. 반대로 지금부터 소개할 다른 환자의 경우 정상적인 생활이 가능할 정도까지 회복되는 데 거의 1년이 걸렸다.

2020년 2월, 처음 우리 클리닉을 찾아왔을 때 S씨는 이미 강박증으로 많이 곤란한 처지였다. 그녀는 직장을 잃었고, 남편과는 별거에 이어 이혼 절차를 밟아나가는 중이었고, 이제 막 성인이 된 딸마저 엄마를 더 이상 보려고 하지 않는 상태였다. 엄마가 강박증으로 점점 현실과 멀어져가는 모습을 더는 볼 수 없고 보고 싶지도 않았기 때문이다.

S씨는 집 안의 전열기구 중 뭔가가 제대로 꺼지지 않아서 큰일이 날 것 같다는 생각에서 벗어나지 못했다. 첫 상담에서 S씨는 전기레인지가 정말 꺼져 있는지 확인하는 데만 15~20분이 걸린다고 했다. 1년 전만 해도 회전식 스위치가 모두 숫자 0에 맞춰져 있는지 눈으로 1분 정도만 확인하면 되었다. 그런데 이제는 스위치를 일일이 만져보기까지 해야 했다. 그리고 손으로 만지다 잘못해서 스위치를 돌렸을 수도 있으니 눈으로 또 확인해야 했고, 그다음 두 손을 화구에 올려놓고 혹시 화구가 뜨거워지지는 않는지 확인해야 했다. 화구 네 개에 차례대로 두 손을 올려놓고 마음속으로 각각 60까지 숫자를 세는 동안 뜨거워지지 않는다는 걸 확인한 다

음에야 손을 거뒀다.

만약 이런 과정 중간에 전화가 와서 중단되거나 하면 모든 걸 처음부터 다시 시작했다. 다행히 그 과정을 완수했다면 마지막으로 전기레인지와 회전식 스위치의 사진을 스마트폰 카메라로 일일이 찍었다. 그렇게 하고 나서야 식료품을 사러 가는 등 바깥일을 하기 위해 집을 나설 수 있었다. 장을 보러 갈 때는 그렇게 찍은 사진을 세 번 이상 보며 아무 이상이 없다는 걸 확인해야 했다. 그리고 밤이 되면 잠자리에 들기 전에 모든 사진을 지웠다. 그래야 다음날 다시 찍을 사진과 혼동되지 않을 테니까.

오랜 시간 외출해야 하는 상황이면 일은 더 커졌다. S씨는 드라이기, 토스터, 다리미 같은 뜨거워질 수 있는 작은 전열기구들을 모조리 차에 싣지 않고는 장거리 운전을 할 수 없었다. 그것들을 모두 확실하게 차 트렁크 속에 넣어야만 자신이 없는 동안 집이 불타지 않을 거라고 어느 정도 안심할 수 있었다.

무능한 통제 기관

S씨의 강박증은 통제 기관들이 하나같이 무능해지는 양상이 특징이었다. 전기레인지의 회전식 스위치를 1분 정도 확인하면 됐던 일이 나중에는 손으로 만져서 확인하는 것조차 부족한 지경에 이르렀다. 이런 이유로 나는 형식 면에서 다음 세 가지 질문을 떠올렸다. 첫째, S씨는 자신이 직접 인식한 것을 어떻게 스스로 신뢰하지 못하도록 만들까? 둘째, S씨는 자신이 확인한 것을 뇌에 어떻

게 저장하기에 그렇게 확인한 사실을 떠올려도 도저히 안심할 수 없을까? 셋째, 강박 행동이 정말로 계속 심해지기만 할까? 혹시 강박 행동이 눈에 띄게 줄어드는 순간은 없을까? 그런 순간이 있다면 왜 그런 예외가 생겨날까?

예외를 찾아서

첫 번째 질문과 두 번째 질문에 대한 답은 도무지 찾을 수 없었지만, 세 번째 질문에 대한 답으로 큰 진전을 이룰 수 있었다. 첫 상담 때부터 나는 S씨의 이해 능력이 탁월하다는 것을 알아차렸다. 그녀는 이성은 물론이고 감각도 더없이 훌륭했다. 아주 복잡한 문제도 금방 이해했고 자신만의 영리한 의견도 덧붙일 줄 알았다. 따라서 나는 예전에 S씨가 가졌던 직업들도 그렇고, 지금 일상에서도 그렇게만 살기에는 S씨의 능력이 지나치게 뛰어난 것일지도 모른다는 생각이 들었다. 시간이 오래 걸리는 강박 행동은 기본적으로 능력이 좋은 뇌에게 계속 할 일을 주기 위해 일어나는 경우가 드물지 않다. 정신 치료에서는 이것을 병의 이차적 이득Secondary gain이라고 부른다. 환자가 기본적으로는 강박증으로 고통받고 있지만 자신이 전혀 의식하지 못하는 수준에서 시간을 바쁘게 보낼 수 있다는 이점도 있다는 뜻이다.

나는 이런 의심이 타당한지 확인하기 위해 S씨에게 통제 강박이 평소보다 눈에 띄게 줄어드는 때가 있는지 물었다. S씨는 몇 시간 정도 자신의 통제 강박을 잊어버리는 상황도 있다고 말했다. 그런 일은 그녀가 무언가 새로운 일에 매우 흥미를 느껴 그 일에 몰두할 때 일어났다. 예를 들어 S씨는 최근에 스마트폰에 사진 보정 앱을 깔았다. 그녀는 딸이 어렸을 적에 아이의 예쁜 모습을 사진으로 많이 찍어뒀는데, 벽에 걸어두기에는 흔들렸거나 초점이 맞지 않은 사진이 많았다. 그런데 인공지능의 도움으로 흐릿해진 사진을 구석구석 선명한 사진으로 재탄생시켜주는 앱이 있었던 것이다. 주말 내내 S씨는 오래된 사진들을 편집하는 데 열중했고 그 시간 동안에는 신기하게도 그 모든 통제 루틴을 거의 행하지 않아도 되었다.

환자들이 강박 행동을 하지 않아도 되는 예외적인 상황이 있다고 밝히면, 나는 늘 새로운 목표를 세우는 데 집중해보라고 조언한다. 목표 세우기는 불안증 환자에게도 좋지만, 강박증의 딱딱하게 굳은 형식에 균열을 일으키는 데 놀랍도록 좋은 방법이기 때문이다.

노출 요법 대신 목표 세우기

불안증 환자와 마찬가지로 강박증 환자도 뇌에 '더 나은' 먹이를 줄 때 좋은 치료 효과를 볼 수 있다. 사실 강박 행동을 하는 횟수를 줄이는 데 집중하는 것보다 인생의 새로운 목표를 세우도록 용기를 북돋는 것이 치료에 훨씬 더 좋다. 그리고 이때도 열 문장 요법이 더할 나위 없이 요긴하다. 목표 세우기는 기본적으로 더 나은 인생에 대한 시각화와 다르지 않다. 그리고 이런 문제에 관해서라면 S씨는 할 일이 무척 많았다.

S씨는 곧 전남편이 될 남편과 결코 행복하다고 할 수 없는 결혼 생활을 해왔다. 그녀는 임신과 동시에 학업을 포기했다. 아이를 낳고 다시 학업을 이어갈 수도 있었지만 가계에 조금이라도 도움이 되고자 수년 동안 단조로운 직업들을 전전했다. 내가 인생의 새로운 목표를 세워보라고 했을 때 S씨는 아무것도 생각나지 않는다고 했다. 그래서 나는 잘 맞는 사람을 만나 행복하게 살고 싶지 않냐고 조심스럽게 물었다. 그러자 이런 대답이 돌아왔다.

"당연하죠. 저도 관계다운 관계를 좀 가져보면 정말 좋겠어요. 하지만 저처럼 병들고 망가진 사람을 누가 좋아하겠어요?"

S씨는 일단 건강해져야 새로운 관계를 시작해볼 수 있다고 했다. 하지만 어쩌면 그 반대가 아닐까? 우리는 불안증 환자가 사랑에 빠지자마자 불안증이 말 그대로 하루아침에 사라지는 것을 자주 봐왔다.

다음은 내 첫 책의 마지막 문장이다.

당신은 꿈에 그리는 삶을 살기 위해서 건강해져야 하는 것이 아니다. 마침내 건강해질 수 있도록, 꿈에 그리는 삶을 살기 시작해야 한다.

이것은 불안증을 극복한 수많은 환자들이 내게 준 깨달음이다.

강박증보다 강한 것은?

강박증과 불안증을 제외하면 사랑, 열정, 긍정적인 흥분만큼 인간의 뇌를 열중하게 하는 것도 없다. 사랑, 열정, 흥분의 대상은 특정한 사람이 될 수도 있고 새로운 과제가 될 수도 있고 심지어 훌륭한 앱이 될 수도 있다. 집 안의 스위치, 문, 수도꼭지, 전자제품을 점검해야 한다는 생각보다 더 당신을 사로잡는 것이라면 그것이 무엇이든 분명 건강을 향한 결정적인 첫발을 내딛는 데 도움이 될 것이다.

나는 S씨가 데이트 사이트에 프로필을 등록하도록 그녀를 설득했다. 53세의 나이에도 여전히 아름다운 S씨는 금세 흥미로워 보이는 사람들과 문자와 메일을 주고받게 되었다. 물론 현실에서 정말로 어떤 남자를 만나기까지는 몇 달이 걸렸다. 하지만 통제 강박에 대한 변화는 금방 찾아왔다. 자신을 원하는 사람이 있음을 알게 되고, 다양한 남자들과 생각을 나누다 보니 아주 짧은 시간 내에 관심의 초점이 옮겨간 것이다. 여전히 집 안의 전열기구들을 점검하기는 했지만 예전처럼 1분 정도만 응시하면 어느 정도 안전한 느낌을 받았다. 그리고 나머지 시간은 기꺼이 매력적인 남자들과 채팅을 하는 데 썼다.

다음으로 나는 S씨에게 새로운 일을 찾아볼 것을 권했다. 그녀는 교육대학을 중퇴하고 딸을 키우는 일에 집중했었다. 그런데 알고 보니 그녀가 사는 지역은 교원 부족이 심각해서 교육대학을 중퇴한 사람도 교사로 일할 수 있었다. 더구나 코로나19 규제 때문에 몇 달 동안은 온라인 수업만 가능했으므로 일을 시작하기에 부담도 한결 덜했다. 강박증이 있는 S씨는 집에서 일할 수 있다는 점이 정말 좋았다.

하지만 그렇게 얼마간의 시간이 지나도 그녀의 인생에서 강박증을 완전히 추방할 수는 없었다. 우연히 앞에서 말한 두 가지 질문에 대한 답을 얻고 나서야 비로소 그 일은 가능해졌다.

잃어버린 퍼즐 조각을 찾다

네 번째 상담 때까지도 나는 S씨가 자신이 인식하는 것을 어떤 방식으로 믿지 못하게 되었는지 완전히 알아내지 못하고 있었다. 그리고 그녀가 자신의 통제 의식 절차를 마치고도 왜 그것을 기억에 저장해 필요할 때마다 꺼내서 마음을 안정시키지 못하는지도 알 수 없었다. 그러다 우연히 그녀가 원래 왼손잡이였는데 억지로 오른손잡이가 되었다는 사실을 알게 되었고 상황은 역전되었다. S씨는 독일 바이에른 지방에서 1967년에 태어났고, 독일 학교에서 오른손으로 글을 쓰도록 강요받은 마지막 세대에 속했다. 그것은 난독증을 부를 수 있다는 사실이 밝혀져 금지된 교육 방식이었다.

나는 자료 조사 중에 왼손잡이가 오른손잡이보다 강박증에 시달릴 가능성이 매우 크다는 것을 암시하는, 브라질 상파울루 국립대학의 한 연구 결과[8]를 본 적 있었으므로 귀가 번쩍 뜨였다. 나는 억지로 오른손잡이가 된 왼손잡이들에게 그런 뚜렷한 통계학적 현상이 더 많이 나타날 수도 있겠다고 생각했다. 그런 강요가 많은

118

문제를 불러일으킨다는 사실은 이미 1970년대부터 밝혀져 왔기 때문이다. 1970년대 〈어린이·청소년 정신의학에 대한 교양서〉[9]에서도 직접적으로 언급된 사실이다.

왼손잡이에게 오른손으로 쓰기를 강요할 때 그 강요의 강도에 따라 자율 신경계의 이상 증상, 가볍거나 심각한 이상 행동, (1973년 레트 Rett 박사 등에 따르면) 뇌전증과 심각한 우울증까지 다양한 결과를 부를 수 있다.

오늘날 왼손잡이에게 오른손 쓰기를 강요하는 것은 법률적으로 신체 상해에 해당한다. (이런 인식 개선이 너무 늦어 이미 피해를 본 사람들에게는 그다지 큰 위로가 될 것 같지는 않지만 말이다.) 더 심각한 것은 오늘날 50세 이상인 사람들 중에는 자신이 원래 어느 쪽 손을 썼는지 아예 모르는 사람이 많다는 사실이다. 오랫동안 왼손을 쓰는 것이 오점으로 여겨졌기에 왼손잡이는 최대한 어릴 때 오른손잡이로 재교육을 받아야 했다. 따라서 자신이 원래부터 오른손잡이인지, 어릴 때 재교육을 받아 오른손잡이가 되었는지 기억하지 못하는 사람이 많다.

나도 오른손 쓰기를 배운 왼손잡이이기 때문에 "애야, 오른손으로 쓰는 게 좋단다!" 혹은 "네가 빵을 써는 모습을 보고 있으려니 정말 답답하구나!" 같은 말을 계속 듣는 게 어떤 의미인지 잘 안다. 이런 말은 어린 영혼에 일찍부터 죄의식과 수치심을 심어준다. 자꾸 들다 보면 어쨌든 자신이 무언가 잘못됐다고 생각할 수밖에 없다. 비교적 다행스럽게도 나는 글을 쓸 때만 오른손으로 쓰기를 강요당했고 그림을 그리거나 만들기를 할 때는 마음껏 왼손을 쓸 수 있었다. 그리고 여섯 살부터 열여덟 살까지 꾸준히 피아노 레슨을 받았던 덕분에 이런저런 문제를 피해갈 수 있었다. 피아노를 칠 때는 두 손과 양쪽 뇌 모두 똑같이 쓰고 계발해야 하니까 말이다.

나와 달리 S씨는 오른손잡이 훈련을 강하게 받았던 게 분명했다. 자신이 왼손잡이로 태어났다는 사실을 평생 모르고 살았던 것이다. 마흔 네 살에 고모 집을 방문했을 때 우연히 자신이 왼손잡이였음을 알게 되었다고 한다. 고모는 커피와 케이크를 내오며 조카와 함께 추억에 빠져 보려고 사진 앨범을 꺼내왔다. 앨범에는 어린 S씨의 사진도 있었다. 누렇게 변색한 사진들과 나이 든 고모의 설명은 S씨가 어릴 적 무언가를 할 때마다 왼손을 훨씬 더 많이 썼다는 걸 증명해주었다. 언제 어떻게 오른손을 쓰도록 재교육을 받았는지는 고모도 S씨도 기억하지 못했고, 이미 돌아가신 그녀 부모님께 여쭤볼 수도 없었다.

왼손으로 자연스럽게

《왼손으로 자연스럽게Natürlich mit links》라는 주목할 만한 책의 저자이자 정신 요법 의사인 마리나 노이만Marina Neumann은 오른손잡이로 재교육받은 왼손잡이들에게 생기는 문제와 이들을 다시 왼손잡이로 돌리는 방법을 연구하는 데 20년 넘게 전념해왔다.[10]

자신도 오른손잡이로 교육받은 왼손잡이였던 노이만은 1999년에 다시 왼손을 쓰는 연습을 하면서 굉장한 자유를 맛본 후 이 주제에 파고들게 되었다고 한다. 그리고 베를린에 있는 자신의 클리닉에서 오른손잡이가 되도록 교육받은 왼손잡이 수백만 명이 다시 왼손을 쓰며 인생의 잠재성을 마음껏 펼칠 수 있도록 돕는 일을 해왔다.

이 책을 쓰기 위해 마리나 노이만을 인터뷰했는데, 그녀의 수많은 환자가 어릴 때 오른손잡이 교육을 받으면서 불안증, 우울증, 강박증으로 힘들어했다고 한다. 그래서 정신 치료를 받은 사람도 많았지만 대체로 효과는 없었다고 한다. 그런데 뒤늦게 다시 왼손잡이로 돌아가자 놀랍게도 그 정신적 문제들이 사라졌다는 것이다. 나도 S씨의 치료에서 같은 일을 경험했다. 나는 S씨에게 다시 왼손잡이가 되는 교육을 받기를 권했고 그러자 모든 것이 해결되었다. 몇 주 지나지 않아 S씨는 자신의 강박에 웃으며 대처할 수 있었고 강박증은 점점 사라졌다. S씨의 말을 그대로 옮기면, 왼손도 오른손처럼 편하고 빨리 쓸 수 있게 됐던 날은 그녀가 강박적 점검을 마지막으로 한 날이었다.

왼손잡이 교육으로 새로운 삶을

물론 왼손잡이를 다시 왼손잡이로 살게 하는 것이 강박증에 기적을 일으키는 만병 통치 치료법은 아니다. 강박증과 싸워야 하는 오른손잡이들도 많으니까 말이다. 다시 왼손잡이가 되는 교육을 받는 일은 신중하게 접근해야 할 일이고 인내가 요구되는 긴 과정이지, '왼손으로도 가뿐히 할 만한 일'이 아니다. 하지만 시도해볼 가치는 충분히 있다. 우리 클리닉의 동료들도 S씨 이후 지금까지 여덟 건의 좋은 치료 사례를 추가로 만들어냈다. 마리나 노이만이 지난 22년 동안 수많은 오른손잡이–왼손잡이 강박증 환자들이 강박증 없는 삶을 살도록 도와주었던 것은 말할 것도 없고 말이다.

강박증의 양상은 다양하다

강박증의 양상은 사람에 따라 다르게 나타난다. 예를 들어 중요한 증명서들을 점검해야 하는 환자도 있었다. 이 환자는 신분증, 운전면허증, 신용카드, 체크카드 등이 원래 있어야 하는 자리에 있는지 하루에도 몇 번씩 확인했다. 한편 전기레인지, 현관문, 수도꼭지 등에는 아무 관심이 없었다.

하지만 나는 강박증 치료에서 강박증의 내용은 어차피 부수적인 역할밖에 하지 않는다고 생각한다. 강박증 극복의 단서는 강박증의 형식 안에 있을 가능성이 높다. 강박증의 형식을 알아내는 것이 좋은 치료의 시작이자 끝이다. 이런 강박증의 형식은 다음의 질문들을 통해 가장 잘 알아낼 수 있다.

- 환자의 통제 강박은 어떤 방식으로 만들어지는가? 청각적으로, 아니면 시각적으로? 그것도 아니면 두 채널 모두?
- 머릿속 어디서 어떤 일이 일어나는가? 혹시 강박증이 어떤 느낌 때문에 생긴

다면 그 느낌은 어떤 것이며, 환자는 어디서, 어떤 방식으로 그 느낌을 인식하는가?

    물론 강박증을 부르는 것이 어떤 내면의 장면이나 대화는 아니라고 확신하는 환자들도 있다. 이들은 이렇게 말한다. "그냥 불편한 느낌이 생기고, 그 행동을 하지 않으면 사라지지 않아요." 하지만 더 자세히 물어보면 청각적 혹은 시각적 수준에서 분명 무슨 일이 일어난다는 걸 알게 되는 경우가 많다. 그 내면의 과정이 너무 빨리 지나가기 때문에, 그 과정이 일으킨 느낌만 인식하게 되는 것이다. 그렇다면 강박적 행동을 하기 전 짧은 순간 내면으로 들어가 "젠장!" 혹은 "안 돼!" 같은 말이 머릿속을 지나가지는 않는지 살펴보는 게 중요한 첫걸음이 될 것이다. 순간적인 내면의 대화도 강박 행위로 이어지는 사슬 반응을 충분히 일으킬 수 있기 때문이다. 아니면 1초도 안 되는 순간 하나의 장면이 머릿속에서 번쩍하고 지나갈 수도 있다. 어느 쪽이든 강박증을 일으키는 내면의 무언가를 의식하려고 노력하길 바란다. 그래야 강박증의 진짜 형식을 규명하고 이 책에서 설명하는 기술들을 이용해 효과적으로 대응할 수 있다.

    이런 방식을 사용했지만 조금의 진전도 없다고 해도 절망할 필요는 없다. 당신에게 강박 행동을 하게 만드는 그 느낌에도 형식은 있기 때문이다. 원치 않는 상상을 반대 상상으로 극복할 수 있는 것처럼, 원치 않는 느낌도 적절한 반대 느낌으로 없앨 수 있다.

느낌을 반대 느낌으로 없애기

안타깝게도 강박증 환자는 육체적으로도 아프다. 그 증세는 불안증 환자와 비슷하다. 손이 미친 듯이 떨리고 식은땀이 쏟아지거나 위경련이 일어나기도 하므로 강박증 초기 환자들은 심각한 병에 걸린 것일까 봐 무서워할 정도다. 하지만 이런 증상은 기본적으로 심신상관心身相關*에 의한 증세들이므로 대체로 해당 내장 기관들은 매우 건강하다. '심신상관'이라는 말처럼 우리의 정신은 몸에 막강한 힘을 발휘할 수 있다. 이런 현상은 과학적으로 설명할 수 있다. 아드레날린이나 히스타민 같은 신경전달물질이 분출될 때, 아드레날린은 손 떨림을 유발하고 히스타민은 식은땀과 위경련을 유발한다.

우리의 몸과 뇌가 불편한 느낌을 유발하는 신경생물학적 과정을 불러일으킬 수 있다면 심신상관적 방식으로 그 과정을 멈출 수도 있지 않을까? 몸과 정신 사이에 난 길은 한쪽으로만 열려 있는 일방통행로는 아니니까 말이다. 생각의 힘으로 몸에 즉각적인 영향을 주는 실질적인 방법도 있다.

느낌의 형식 알아차리고 뒤집기

육체적으로 불편한 증세들은 약간의 연습만으로도 긍정적인 영향을 줄 수 있는 여러 층으로 이루어져 있다. 간단히 말해, 우리는

* 정신이 몸에 영향을 미치는 현상.

부정적인 느낌을 그 '반대 느낌'을 강하게 상상하는 것으로 멈출 수 있다. 무언가 반대되는 것을 느낀다고 상상만 해도 이미 우리 뇌 속에서는 다른 신경전달물질, 즉 아드레날린과 히스타민 대신 노르아드레날린과 도파민이 분출된다. 노르아드레날린과 도파민은 상상만 했던 느낌을 진짜 느낌으로 바꿀 수 있다. '자기 실현적 예언'이 실제로 일어날 수 있는 것도 바로 이런 이유에서다. 그 배후에는 방금 설명한 신경생물학적 과정이 숨어 있다.

느낌을 반대 느낌으로 차단하기

반대 느낌은 말 그대로 내가 없애고 싶은 느낌과 정반대인 느낌을 뜻한다. 이때 가장 좋은 점은 우리에게 필요한 것이 오직 생각의 힘이라는 사실이다. 복잡하게 느껴질 수도 있지만 전혀 그렇지 않다. 당신에게 맞는 반대 느낌을 찾는 데 도움을 주고자 자주 발생하는 느낌의 성질들을 다음과 같이 정리했다.

- 운동 방향: 등에서 느껴지는 그 서늘함은 위에서 아래로 흐르는가, 아래에서 위로 올라가는가?
- 온도: 뜨거운 편인가, 차가운 편인가?
- 무게: 납처럼 무거운가, 솜처럼 가벼운가?
- 압박 방식: 위장에서 느껴지는 그 압박이 칼로 찌르는 듯한 압박인가, 시멘트 자루처럼 묵직한가?
- 발전 방식: 그 느낌이 응축되는가, 확장되는가?

• 밝기와 색깔: 그 느낌에서 밝기와 색깔을 느끼는가? 그렇다면 어떤 밝기와 색깔인가?

  마지막 두 가지는 느낌의 성질이라기보다는 느낌이 불러일으키는 연상에 더 가깝지만 효과적으로 반대 느낌을 상상하는 데 똑같이 도움이 된다.

  반대 느낌 개념을 설명하며 반대 느낌을 상상하는 것만으로도 충분히 치료될 수 있다고 하면 믿을 수 없다는 표정을 짓는 환자들이 많다. 이는 아주 정상적인 반응이다. 우리는 어릴 때부터 조제약의 치유력만 믿도록 교육받아 왔으니까 말이다. 생각도 그만큼의 치유력을 갖고 있으며 심지어 괴로운 부작용이 없다는 말은 많은 사람들에게 미신이나 헛소리로 치부될 것이다. 이제부터 소개할 환자의 경우도 비슷했다. 60대 중반의 이 남성 환자는 첫 상담에서 강박증을 억누르려고 하면 그 즉시 위경련이 일어난다고 했다.

환자 전등 스위치를 여덟 번 켰다 껐다 하지 않으려고 수도 없이 애써 봤어요. 하지만 그럴 때마다 위경련이 너무 심해져 쓰러질 것 같았어요. 해야 한다고 생각한 점검 행위를 다 하고 나면 괜찮아져요. 그때부터 다른 일도 할 수 있고요.

나 위경련이 일어날 때 정확하게 어떤 느낌인지 설명해주시겠어요?

환자 순식간에 위장이 반으로 쪼그라드는 것 같고 납처럼 무거워져요.

나 납이라고 하셨는데, 그 납을 색깔로 표현한다면요? 납의 온도는 어떨까요? 그 순간 배가 뜨거워지나요, 차가워지나요?

환자 색깔은 우중충한 짙은 회색이 분명하고, 그럴 때마다 배가 매우 뜨거워져요.

나 아주 좋습니다. 이제 곧장 네 가지 층에서의 시도가 가능할 것 같습니다. 다음에 다시 그런 위경련을 느끼면 꼭 최대한 생생하게 이런 상상을 해보세요. 선생님 위장이 풍선처럼 한껏 부풀어오릅니다. 그 풍선은 눈처럼 하얗고 북극에 있는 것처럼 차갑습니다. 공기는 원래 가벼우니까, 선생님의 위장도 부풀어오를수록 더 가벼워집니다.

환자 그게 치료법이라고요? 지금 농담하시는 겁니까? 그렇게 간단하면 제가 왜 여기까지 치료받으러 왔겠어요?

나 왜 치료가 간단해서는 안 된다고 그토록 확신하시지요? 제가 알기로 환자분은 지금까지 이 방법을 한 번도 써보지 않으셨어요. 그렇죠? 지금은 믿기 어려우실 수도 있지만 우리 몸과 정신은 기본적으로 서로 영향을 줍니다. 잘못된 생각으로 강박증이 생겨났다면 그 반대는 왜 불가능할까요? 선생님의 뇌는 선생님이 집중적으로 생각하는 게 무엇이든 신경생물학적 과정을 통해 반응하도록 되어 있습니다. 한번 해 보시지요. 손해 볼 것 없잖습니까? 효과가 있다면 강박 행동을 멈출 새로운 도구를 하나 찾은 겁니다. 효과가 없다면 지금까지처럼 강박 행동을 계속하면 됩니다.

다음 상담 시간에 그는 내가 조언한 대로 했더니 정말로 위경련이 조금씩 줄어들어 깜짝 놀랐다고 했다. 하지만 효과는 단지 몇 분만 지속될 뿐이었다. 통증이 되살아나면 환자는 또다시 온 정신을 집중해 반대 느낌을 상상해야 했다.

우리는 강박 행위를 평소의 절반으로 줄이는 것을 목표로 다음 상담 때까지 반대 느낌을 열심히 상상해보기로 했다. 그리고 열 문장 요법을 이용해 지금 그의 인생에 맞는 목표들을 몇 가지 정했다. 이것이 중요한 이유는 뇌가 다시 설계되는 시점에 더 나은 '음식'을 제공받지 못하면 치료 목적의 조치 자체가 새로운 강박이 될 수도 있기 때문이다. 예를 들어 치료사로부터 강박 행동을 하고 싶을 때마다 산책을 하라는 조언을 받았다는 환자가 있었다. 효과는 있었다. 하지만 그때부터 그는 산책을 강박적으로 해야 했고, 그건 심지어 원래의 통제 강박보다 시간이 더 많이 드는 강박 행동이었다.

치료 목적의 반대 조치는 정신을 딴 데로 돌리는 것 이상으로 나아가야 한다. 그러므로 강박증에 내재하는 에너지를 더 건강하고 가벼운 삶을 위해 쓰는 일이 반드시 선행되어야 한다. 강박증 뒤에는 보통 극도로 강한 에너지가 숨어 있으므로 열 문장 안에서도 진정으로 원하는 목표들에 집중하는 것이 좋다. 목표가 간절할수록 더 빠르게 에너지를 옳은 방향으로 돌릴 수 있다.

적절한 반대 느낌으로 조금씩 강박증에서 벗어나기

기본적으로 강박증 환자가 강박 행동을 하는 이유는 그렇게 해야 잠시라도 숨을 돌릴 수 있기 때문이다. 하지만 떨쳐내고 싶은 부정적인 느낌을 다른 방식으로 줄일 수 있고, 심지어 완전히 없앨 수도 있다. 그 부정적인 느낌의 반대 느낌에 집중하는 연습을 한다면 강박 행동을 했을 때와 유사한 안정 효과를 얻을 수 있다.

이 연습에 도움이 되고자 강박증 환자들이 자주 느끼고, 적절한 반대 자극으로 줄이기 쉬운 육체적 증세들을 몇 개 나열해 보겠다. 여기서 제시하는 반대 느낌들은 자주 큰 효과를 본, 임상적으로 검증된 것들이다. 다만 양을 섬세하게 조절해야 하고, 느낌과 반대 느낌이 함께 사라졌다면 그 즉시 이 연습을 끝내야 한다. 문제되는 느낌이 다시 찾아오면, 신중히 반대 느낌도 다시 불러온다. 일단 몇 번 시도해 봐야 반대 느낌을 얼마나 상상해야 하는지 감을 잡을 수 있을 것이다. 여기서 우리의 목적은 너무 뜨겁지도 차갑지도 않아 딱 알맞은 온도 같은, 당신에게 최대한 중립적인 느낌을 찾는 것이다.

강박증의 전형적인 부수 증세들

머리가 흔들리는 듯한 현기증

좌우로 흔들릴 때는 앞뒤로 흔들린다고 집중해서 상상하는 것이 도움이 된다. 반대로 앞뒤로 흔들릴 때는 좌우로 흔들린다고 상상하면 도움이 된다.

머리가 빙빙 도는 듯한 현기증

정확하게 어떤 방향으로 도는지 잘 살핀 후 반대 방향으로 도는 것을 상상한다. 시계 방향으로 도는 것 같으면, 회전목마 같은 것을 떠올린 다음 그것이 시계 반대 방향으로 도는 모습을 상상한다.

까무러칠 것 같은 느낌

금방 쓰러질 것 같을 때는 자신이 앞이나 뒤, 왼쪽이나 오른쪽 중 어느 쪽으로 끌려가는지 살펴본다. 그리고 누군가가 그 반대 방향으로 당신을 끌어당기거나 미는 모습을 집중적으로 상상한다.

팔다리가 간지러운 느낌

이런 간지러운 느낌을 환자들은 "개미가 기어가는 것 같다"고 표현할 때가 많다. 개미들이 팔다리 아래쪽으로 기어간다고 느낀다면 방향을 바꿔서 위쪽으로 기어가게 한다. 간지러워서 뜨거운 느낌까지 든다면 개미들이 모두 얼음 조각을 이고 걷는 모습을 상상한다. 그러면 이중으로 그 불편한 느낌을 사라지게 할 수 있다.

열감

몸이 뜨거워지는 것 같다면 차가운 물로 샤워하는 모습을 상상한다. 시원한 물이 온몸에 흘러내리며 열기를 거둬가는 모습을 상상해 본다.

가슴 조임

벨트로 가슴을 꽉 조이는 것 같다고 호소하는 환자들이 있다. 그럴 땐 실제로 그런 벨트가 있다고 상상한다. 벨트 끈을 잡고 쇠고리 부분을 구멍에서 빼내며 벨트를 확 풀어버리는 모습을 떠올린다. 그런 상상에 집중할수록 금세 숨쉬기가 편해질 것이다.

떨림

떨림은 조금 특이하게도 반대 느낌을 떠올리기보다 오히려 그 느낌을 과장하면 불편한 느낌이 사라질 수 있다. 몸의 떨림을 느낀다면 의식적으로 더 빨리 떨어보기 바란다. 더 빨리 떨수록 떨림이 점점 더 미세해지다가 결국에는 완전히 사라질 것이다. 이것은 일종의 물리학적 현상이다. 어떤 물체가 일정한 리듬으로 흔들릴 때(떨림도 이와 같다) 진동수가 생긴다. 이 진동수가 높을수록 더 많은 움직임이 일어나고 움직임의 반경은 작아진다. 그러다 흔들림이 아주 빨라지면 흔들림 자체는 더 이상 보이지 않고 마치 물체가 정지해 있는 것처럼 보인다. 떨림을 억누르려 하지 않고 오히려 더 빨리 떨리게 할 때 일어나는 효과도 똑같다. 한번 시도해보면 당신도 최근 다음과 같은 아름다운 편지를 보내준 환자와 같은 경험을 하게 될지도 모른다.

현대 정신 치료 연구소의 모든 분께 진심으로 감사의 마음을 전합니다. "의도적으로 더 빨리 떨어보라"는 조언으로 지금까지 그 어떤 치료에서도 얻을 수 없던 효과를 보았습니다. 이제 저는 떨림으로 나타나곤 했던 불안한 마음을 몇 초 안에 눈에 띄게 줄일 수 있게 되었습니다. 씻기 강박도 완전히 없애지는 못했으나 놀랍도록 자주 무시할 정도가 되었습니다. 저는 노력하고 있고, 곧 제 강박증을 완전히 극복할 거라는 확신이 듭니다.

—브레멘에서, 카를라

올바르고 대칭적으로
정리 강박

정리 강박증 환자는 주변을 조화롭고 안정적인 상태로 만들고 싶다는 욕구를 강하게 느낀다. 그래서 책상 위 물건들이나 책장의 책들, 부엌의 식료품들이 엄격하게 대칭을 이루도록 정리하곤 한다. 전문가들은 이런 정리 강박이 내면의 혼란을 해결하지 못하는 데 대한 일종의 대리만족 기능을 한다고 본다. 이것이 모든 종류의 정리 강박에서 그런지는 분명치 않다.

그런데 우리 클리닉에서도 내면의 질서를 찾는 여러 기술을 쓰는 것이 정리 강박을 눈에 띄게 줄이거나 없애는 데 도움이 된 사례들이 적지 않다.

심한 정리 강박이 생긴 환자
P씨는 무엇이든 결정하는 일이 늘 어려웠다. 중요한 문제일수록

모든 선택지를 두고 각각의 장단점을 오래 저울질했기에 더 결정하기가 어려웠다. 남들에게 조언을 구해 보았지만, 사람들마다 다른 말을 해주니 결론을 내리기가 더 어려웠다. 그러다 유난히 불안해질 때면 집 안 물건들을 특정한 방식으로 정리해야만 겨우 안정을 되찾을 수 있었다. 그런 일은 점점 잦아졌다. 물건들을 대칭으로 정리하면 어쩐지 안정이 찾아오고 안심이 되었다. 그러다 나중에는 신문 가판대에 있는 잡지들까지 발행일자순으로 정리하고 모서리까지 정확하게 일직선이 되게 서로 포개놓곤 했다. 중간에 한 권이 빠지면 속이 너무 불편해서 어떻게든 빠진 잡지를 찾아내 제대로 정리해 놓아야 했다.

언제부터 강박증이 그렇게 심해졌는지는 그녀 자신도 정확하게 알지 못했다. 하지만 이제 그런 행동이 다른 중요한 일을 할 시간이 없어질 정도로 심해진 것만은 확실했다. 2017년, 가족들은 서른 세 살의 P씨에게 전문적인 정신 치료를 받을 것을 요구했고 그녀는 가까운 정신과 의사를 찾아갔다. 의사는 강박증 진단을 내렸고 주저 없이 SSRI(선택적 세로토닌 재흡수 억제제) 계열의 항우울제를 처방했다. 말 그대로 세로토닌 재흡수를 선택적으로 억제해 결과적으로 뇌에 세로토닌 양을 늘리는 약으로, 환자를 다시 만족스럽고 초연한 상태로 만들어 준다고 했다. 그리고 이 약 덕분에 P씨는 조금 편안해졌다. 강박적인 행동이 완전히 사라지진 않았지만 최소한 더 심해지지는 않았다. 하지만 그게 정말로 세로토닌 수치가 높아진 덕분이었는지는 확실하지 않다. 그녀는 그 약을 완전히 끊고 대신 두 가지 방식의 자가 치료법을 배우고 나서야 강박증에서 완전히 벗어날 수 있었기 때문이다. 첫 번째는 격앙된 감정을 빨리 안정시키는 방법이었고, 두 번째는 어려운 결정이라도 금방 내리게 하는 방법이었다. 이 두 방법이 정확하게 무엇인지 알아보기 앞서 P씨가 강박증을 없애기 위해 시도해봤지만 유감스럽게도 아무 소용이 없었던 약물 요법에 대해 조금 더 살펴보겠다.

65년 된 가짜 뉴스

1957년 9월 6일, 취리히의 어느 국제 학회에서 정신과 의사 롤란트 쿤Roland Kuhn이 처음으로 항우울제를 소개했다.[11] 우울증 환자가 정신적 어둠에서 벗어나는 데 도움이 된다는 이미프라민Imipramine이라는 약이었다. 이 약은 모노아민 계열 신경전달물질이 중추 신경계에 재흡수되는 것을 막아 세포 원형질 속 세로토닌과 노르아드레날린의 농도를 높여 항우울 작용을 할 거라고 했다. 아쉽게도 여기에는 작은 문제가 하나 있었다. 모든 정신적 문제의 진짜 원인이 세로토닌 결핍이라고 본다면 모두 타당한 말이다. 하지만 이른바 이 '세로토닌 가설'은 지금까지도 증명되지 않고 있다. 그런데도 아직도 온라인에는 세로토닌 결핍이 모든 종류의 정신적 문제의 원인인 것처럼 말하는 의학 기사들로 넘쳐난다.

그러니 '세로토닌 가설'은 현대에 생성된 아주 성공한 가짜 뉴스가 아닐 수 없다. 지난 65년 동안 가정의들뿐만 아니라 심지어 정신과 의사와 정신 요법 의사들도 대다수가 그렇게 믿어왔다. 세로토닌 가설이 틀렸음을 보여주는 증거들이 압도적으로 많은데도 지금도 여전히 그러하다. 세로토닌 가설이 얼마나 잘못된 생각인지는 독일에서 2012년부터 허용된 항우울제 티아넵틴Tianeptin만 보아도 알 수 있다. 티아넵틴은 기존 항우울제 작용 원리에서 정확하게 반대되는 원리로 작용한다. 다시 말해 시냅스 틈의 세로토닌 수치를 높이지 않고 오히려 낮추면서 항우울 효과를 낸다.

2018년, 심리학자 토르스텐 파트베르크Thorsten Padberg는 항우울제에 대한 대중의 생각과 실제 연구 결과의 간격이 그동안 얼마나 크게 벌어졌는지 정리해 《정신 요법 학술지》에 실었다.[12] 훌륭한 자료 조사와 광범위한 내용이 돋보이는 논문이며, 정신 요법 전문가뿐만 아니라 환자들도 그간 얼마나 오랫동안 잘못된 가정이 정신 치료의 기본 원칙으로 자리 잡고 있었는지를 전체적으로 조망하기에 아주 좋다.

수면 장애, 성기능 장애, 체중 증가 같은 항우울제의 수많은 부작용만 봐도 다른 대안적인 치료가 낫다는 생각을 하게 된다.[13] 게다가 '항우울제'임에도 불구하고 우울증에 대한 효과마저 플라세보Placebo 효과보다 높지 않다.[14] 가벼운 우울증부터 중증 우울증까지 모두 마찬가지다. 단지 이른바 '주요 우울 장애Major depressive disorder'라고 부르는 매우 중증의 우울증에만 최소한 다른 정신 치료를 받을 수 있을 정도로 만들어 주는 원기 회복 효과가 있다. 이를 제외하면 항우울제 복용은 비용과 효용 면에서 매우 논쟁의 여지가 큰 치료법이다.

진정 효과와 염증 억제 효과

항우울제의 이런 문제들을 설명하면 환자들은 그런데도 항우울제가 자신에게는 왜 효과가 있는지 모르겠다고 말한다. 그 이유는 바로 항우울제가 염증 억제제와 진정제로 작용하기 때문이다. 하지만 부작용이 없는 염증 억제제와 진정제도 많다. 2011년의 어느 메타 분석에 따르면 몸속 염증 생성 과정에서 실제로 정신적 장애가 일어날 수 있음이 증명되었다.[15] 대부분의 항우울제에는 가벼운 항염 효과가 있으므로 제약회사들이 광고하는 방식대로는 아니어도 실제로 우울증에 효과가 있을 수 있다. 이 사실은 왜 항우울제 복용 후 14일이 지나야 효과를 볼 수 있는지에 대한 수수께끼도 풀어준다. 항우울제의 치료 효과가 정말로 다시 정상으로 분비되기 시작한 신경전달물질 때문이라면, 복용 후 몇 시간 안에 효과가 나타나야 한다. 하지만 그런 항우울제는 존재하지 않는다. 반대로 항우울 효과가 부수적으로 염증이 줄어든 것 때문이라면 2주간 기다려야 하는 이유는 물론이고 항우울 효과가 미미한 이유도 설명된다.

항우울제의 진정 효과도 비슷한 경우다. 많은 항우울제가 우리 뇌를 둔하게 만드는데, 바로 그래서 정신을 진정시키는 긍정적 효과가 생길 수 있다. 하지만 이런 효과는 식물성 진정제만으로도 가능하다.

예를 들어 당신이 영화관에서 재미있는 스릴러 영화를 보고 있다고 치자. 이 영화가 흥미진진한 것은 영화가 적당한 속도로 흘러

가기 때문이다. 영사기를 조절해 슬로모션으로 흘러가게 한다면 영화는 갑자기 아주 지루해질 것이다. 우리 머릿속 영화관에서 상영되는 강박증 영화도 장면과 대화가 무척 빨리 지나가기 때문에 긴장감이 발생하는 것이다. 그런데 항우울제로 뇌 속 생각이 천천히 흘러가게 되면 대개 긴장감도 떨어진다. 간단히 말해 강박증은 뇌가 충분히 빨리 생각할 때에만 생긴다. 그런데 그 속도를 하필이면 여러 종류의 부작용을 일으키는 약물로 줄여야 할지는 스스로 결정할 문제다. P씨는 약물을 쓰지 않더라도 그렇게 하는 게 가능하다는 사실을 임상적으로 증명해주었다.

슬로모션 요법

방금 설명했듯이 불안증과 강박증은 그 촉발 상상이 머릿속에서 빠르게 진행될 때만 일어난다. 오늘 머릿속 영화관에서 어떤 영화가 상영되면 좋을지에 대해 현재 당신은 스스로 결정할 수 없을지도 모른다. 하지만 적어도 내면의 영사기가 그 프로그램을 재연하는 속도 정도는 당신도 바꿀 수 있다.

P씨의 머릿속에서도 전혀 재밌지 않은 프로그램이 주기적으로 상연되었다. 예를 들어 그녀는 남편과 큰 소리로 싸웠던 때를 자주 떠올렸다. 남편이 분명 다른 여자와 문자를 주고받고 있었기에 P씨는 남편의 외도를 확신했고, 그것에 대해 따져 물은 것이 큰 싸움으로 번지게 되었다. 나중에 그 싸움을 떠올릴 때마다 P씨는 너무 격앙되어서 조금이라도 안정을 찾으려면 몇 시간이고 강박적으로 정리를

해야 했다. 그러나 P씨가 슬로모션 요법을 배우자 상황은 순식간에 바뀌었다. 힘든 기억을 억압하려 들거나 강박 행동으로 중화하는 대신 그녀는 이제 그 모든 장면을 단지 아주 천천히 상상하기만 했다. 시각적으로도, 청각적으로도 말이다. 싸우면서 했던 말들이 마치 늘어진 녹음테이프처럼 본래 속도보다 훨씬 느리게 들렸다. 단어 하나하나가 너무 늘어져서 전혀 그 단어처럼 들리지 않고 끈적끈적한 소리의 곤죽이 되었다.

P씨는 기억에 영향을 주는 것이 가능할 뿐만 아니라 그럼으로써 기대치 않은 효과도 발생한다는 사실을 금방 알아차렸다. 그 기억과 늘 함께 왔던 위협적인 느낌이 즉시 사라졌고, 그녀는 이제 자주 편안함과 초연함을 유지할 수 있었다. 그러면서 무언가를 정리하거나 분류해야 한다는 생각도 점점 드물게 찾아왔고, 그런 생각이 들 때도 예전보다 강박이 눈에 띄게 약해졌다. 하지만 P씨는 내면의 혼돈을 정리하는 데 이용할 또 다른 기법을 하나 더 배우고 나서야 강박증에서 완전히 벗어날 수 있었다.

가치·목표 순위 정하기

2020년 첫 상담을 예약했을 때 P씨는 이미 3년 동안 항우울제를 복용한 상태였다. 첫 번째 항우울제로 체중 증가, 두 번째 항우울제로 성욕 저하라는 부작용을 겪었기 때문에 그녀의 가정의는 약을 조금씩 줄여나갈 것을 권했다. 약을 조금씩 줄여나가는 동안 강박증은 더 나빠지지도 더 좋아지지도 않았지만, 최소한 성욕은 조금씩 돌아왔다.

P씨는 스위스에 살고 있어 베를린으로 자주 올 수 없었으므로 첫 번째 상담만 우리 클리닉에서 진행했고 나머지는 온라인 상담으로 이루어졌다. 코로나19 상황이라 어차피 거의 모든 상담을 온라인 상담으로 바꿔야 했기에 문제될 것 없었다. P씨와 온라인 상담 후 슬로모션 요법을 처방했던 내 동료는 그녀의 정리 강박이 기본적으로 자기 내면의 혼돈 때문이라고 확신했다. 빨리 중요한 결정을 내려야 하는데 내릴 수 없거나 내리고 싶지 않을 때 P씨의 정리 강박이 주체할 수 없을 정도로 강해졌기 때문이다. 반면 어느 정도 생각 정리가 가능한 시기에는 며칠씩 강박 행동을 하지 않아도 되었다.

세 번째 상담 때 환자는 지금이 자기 인생에서 매우 힘든 결정을 내려야 할 때라고 했다. 이혼 결정을 앞두고 있었던 것이다. 그 사이 남편의 외도가 사실로 드러났고, 남편은 3년 넘게 회사 동료인 다른 여자를 만나고 있었다. 남편은 지금은 관계를 정리했다고 했지만 P씨는 그를 더 이상 믿을 수 없었고 믿고 싶지도 않았다. 하지만 P씨는 혼자가 되는 것이 두려웠으므로 남편에게 기회를 줄지 말지 고민했다. 지금까지 남편과의 결혼 생활에서 좋았던 점과 나빴던 점을 따져보려 했지만 쉽지 않았다. 어쩐지 이제는 하나의 생각을 이어가는 게 힘들었고, 긍정적인 기억과 부정적인 기억이 마구 뒤섞여 적절한 평가가 불가능했다. 내 동료의 과제는 P씨가 좋은 결정을 신속하게 내리는 데 도움이 되는 기법을 하나 손에 쥐

여 주는 것이었다. P씨와의 세 번째 온라인 상담은 마침 우리 클리닉에서 매주 열리는 치료 회의 직전에 있었으므로 우리는 모두 그 상담에 대해 상세히 의견을 나눌 수 있었다.

P씨 제 머릿속에서 일어나는 일을 선생님께 어떻게 설명해야 할까요? 남편과 헤어질지 말지 결정해야 하는데 도무지 생각을 정리할 수가 없어요. '이혼해야 한다'와 '하지 말아야 한다'로 귀결되는 생각들이 포스트잇이 되어 머릿속에서 한꺼번에 소용돌이쳐요. 한 장을 집어 들면 그 즉시 다른 포스트잇 다섯 장이 나타나 결정을 방해해요.

동료 어쩌면 그 모든 생각의 배후에 있는 가치와 목표들을 찾아내 적어보면 결정에 도움이 될지 모르겠군요. 말씀하신 것처럼 그 생각들을 포스트잇 생각이라고 해봅시다. 그것들을 지금 제 뒤에 있는 플립 차트에 붙여볼게요. 현재의 남편분을 생각할 때 곧장 떠오르는 생각들이 있지요? 그중 열 개만 말해주시겠어요? 생각을 정리할 필요는 없어요. 떠오르는 대로 말씀하시면 제가 여기다 적을게요. 그리고 그걸로 뭘 할 수 있을지 함께 살펴보죠.

그래서 P씨는 다음과 같이 말했다.

- 혼자가 된다는 것에 대한 두려움
- 나의 신뢰를 깨버린 남편

- 분노

- 우리가 얼마나 함께 잘 웃었던가

- 힘들어할 때마다 남편이 나를 얼마나 잘 도왔던가

- 정리를 끔찍하게도 못하는 남편

- 남편과 나의 공통된 친구들과 함께 즐겁게 게임을 하며 보냈던 시간들

- 아이를 낳고 싶다는 나의 소망

- 다른 여자와 그가 한 짓을 생각할 때의 혐오감

- 남편과 헤어지고 나면 다른 사람은 아무도 못 만날 것 같다는 끔찍한 공포

동료 네, 좋습니다. 이제 이 생각들 배후에 숨어 있는 게 무엇인지 알아 봅시다. 그걸 찾으면 이 생각들 옆에 각각 적어볼게요. 먼저 첫 번 째 생각, '혼자가 된다는 것에 대한 두려움'의 배후에는 어떤 생각 이 숨어 있을까요? 그러니까 이 생각에 내포된 환자분이 소중하 게 생각하는 가치나 목표 같은 것들 말입니다.

P씨 음, 화목하고 변함없는 관계에 대한 바람이 숨어 있는 듯하네요.

동료 아주 좋습니다. 이 첫 번째 생각 밑에 그렇게 적어둘게요. 그럼 '나의 신뢰를 깨버린 남편'이라는 두 번째 생각에는 어떤 가치나 목표가 숨어 있을까요?

P씨 제가 온전히 신뢰할 수 있고 안정감을 느낄 수 있는 남자를 원하 는 듯해요.

동료 당연히 그러시겠죠. 그럼 이 두 번째 생각 밑에 '신뢰와 안정'이라 고 적을게요.

동료는 그렇게 P씨와 함께 열 가지 생각 모두를 살펴보았다. 그리고 지금까지 환자의 머릿속에서 불쑥불쑥 출몰했을 뿐 한 번도 정리되지 못한 것들을 처음으로 하나의 목록으로 만들었다.

- 화목하고 변함없는 관계
- 신뢰와 안정감
- 정의
- 나를 자주 웃게 만드는 유머 감각 있는 배우자
- 나의 상태가 좋지 않을 때도 변함없이 날 사랑하는 배우자
- 정리를 잘하는 배우자
- 두 사람 공통의 아름다운 친구 관계
- 우리만의 아이들
- 충족감을 주는 성생활
- 적절한 자신감과 높은 자존감

이어서 P씨는 내 동료의 도움을 받아 자신이 느끼는 중요도에 따라 목록을 다시 정리했다. 중요한 생각이나 가치는 위로 올라갔고, 덜 중요한 생각 혹은 가치는 아래 자리를 차지했다. 대부분의 강박증 환자들은 이런 내면의 정리를 매우 어려워한다. 나의 동료는 이런 정리를 돕기 위해 우리 클리닉에서 쓰는 요령을 하나 더 알려주었다.

동료 여기 환자분이 즉흥적으로 떠올렸고 그래서 현재 환자분의 머릿속을 지배한다고 볼 수 있는 열 가지 생각이 있습니다. 이제 우리는 이 가치 혹은 목표들 중 어떤 것이 가장 중요한지, 부득이한 경우 어떤 것을 하위에 둘 수 있는지 알아보려고 합니다. 그러니까 가치와 목표의 순위를 정할 텐데, 이걸 위해 포스트잇을 두 장씩 나란히 놓고 생각해볼 겁니다. 더 중요한 메모는 그대로 둔 채, 최후의 승자가 결정될 때까지 나머지 메모와 하나씩 비교해볼 겁니다. 그리고 여기서 우리는 이성이 아니라 더 영리한 직감에 결정을 맡길 거예요. 그러려면 한 가지 트릭을 더 써야 해요. 방금 말씀드렸듯 양자택일을 할 때는 둘 중 하나만 선택할 수 있고 선택하지 않은 것은 절대 가질 수 없다고 생각해야 합니다. 그래야만 정말로 소중하게 생각하는 것 혹은 진짜 목표를 훨씬 더 잘 알아차릴 수 있어요. 그러면 중요성에 따른 정리가 한결 쉬워집니다. 그럼 지금 바로 이 두 장의 메모로 시작해볼까요? 하다 보면 제 말을 더 잘 이해하게 되실 겁니다. 저는 지금 여기 '우리만의 아이들'과 '두 사람 공통의 아름다운 친구 관계', 이렇게 두 메모를 갖고 있습니다. 인생에서 이 둘 중 하나만 가질 수 있다면 어느 쪽을 선택하시겠어요?

P씨 흠, 어렵네요. 좋은 친구는 꼭 있어야 해요. 하지만 내 아이를 절대 갖지 못한다는 건 상상도 하기 힘드네요. 그러니 좋든 싫든 아이 쪽을 선택해야겠군요.

동료 네, 잘하셨어요. 그럼 아이는 여기 남고요. 다음 도전자는 '정의'입니다.

P씨 이건 쉽네요. 당연히 아이죠. 불의를 참는 건 힘들지만 내 아이를 위해서라면 그 정도는 감당할 수 있어요.

둘은 나머지 메모들도 하나하나 비교했고 아이에 대한 바람은 마지막까지 우승자로 남는 듯했다. 하지만 아니었다. '우리만의 아이들'은 마지막 메모였던 '화목하고 변함없는 관계'를 이기지 못했다. 흥미롭게도 여기서 P씨는 스스로도 놀란 깨달음을 하나 얻었다. 그녀는 나중에 아이를 낳더라도 절대 혼자 키우고 싶지는 않다는 사실을 깨달았다. 그래서 '화목하고 변함없는 관계'가 결국 승자가 되어 첫 번째 자리를 차지했다. '우리만의 아이들' 포스트잇은 이미 다른 메모들을 다 이겼으므로 자동으로 두 번째 자리에 올랐다. 두 번째로 가장 중요한 목표가 그렇게 빨리 확정되자 P씨는 매우 기뻐했다.

그 후 남은 여덟 개의 메모도 같은 방식으로 나란히 정렬한 후 선택했다. 그러는 동안 P씨는 그동안 전혀 생각하지 못했던 내면의 질서를 찾게 되었다. P씨가 매긴 순위는 다음과 같다.

1. 화목하고 변함없는 관계

2. 우리만의 아이들

3. 신뢰와 안정감

4. 적절한 자신감과 높은 자존감

5. 나를 자주 웃게 만드는 유머 감각 있는 배우자

6.   두 사람 공통의 아름다운 친구 관계

7.   충족감을 주는 성생활

8.   나의 상태가 좋지 않을 때도 변함없이 날 사랑하는 배우자

9.   정의

10. 정리를 잘하는 배우자

　동료는 플립 차트에 붙여진 이 목록을 사진으로 찍어 곧바로 P씨에게 전송했다. 그 사진을 보자마자 P씨는 마침내 자신이 무슨 일부터 해야 하는지 알게 되었다. 현재 배우자와 함께라면 자신이 가장 소중하게 생각하는 세 가지 목표에 도달하는 일은 절대 없을 거라는 사실을 깨달았기 때문이다. 그 관계는 조화롭다고 할 수 없었고, 남편은 아이를 바라지도 않았으며, 그녀가 바라는 안정감도 주지 못했다.

바람직한 통제 권력으로서의 강박

　남편과 헤어진 후 P씨의 통제 강박은 몇 주 안에 완전히 사라졌다. 놀라운 일이었다. 하지만 더 놀라운 일은 약 9개월 후에 벌어졌다. 강박증이 다시 돌아온 것이다. 새로운 남자를 만나 본격적으로 연애를 시작하려던 찰나 P씨는 다시 분류와 정리를 하고 싶은 강한 충동을 느꼈다. 그녀를 치료했던 동료가 당시 휴가 중이었고, P씨는 최대한 빨리 상담을 받고 싶어 했으므로 이번에는 나와 온라인 상담을 했다.

P씨 이 사람과는 7주쯤 전에 데이트 사이트에서 만났어요. 정말 오랜만에 가슴이 두근거렸죠. 그러다 2주 전 실제로도 만났어요. 사이트에서 본 사진이 몇 년 전 사진이더라고요. 그래서 처음에는 조금 실망했는데 그래도 매력적인 남자였어요. 정말 세심하고 친절해요. 그런데 지금까지 또 만나지는 못했어요. 그는 100킬로미터나 떨어진 곳에 살고, 하는 일이 꽤 바쁘거든요. 하지만 매일 문자를 주고받고 있어서 점점 좋은 사람이라는 확신이 들어요. 매일 이 사람 생각을 많이 해요. 그리고 이 사람이라면 저나 제가 처한 상황을 잘 이해해줄 것 같아요.

나 가슴이 두근거렸다고 하셨는데, 그게 진짜 감정인지 혹시 단지 '좋게 포장하려는 것'은 아닌지 생각해본 적이 있나요?

P씨 네? 무슨 말씀인지 모르겠어요.

나 진짜 감정, 그러니까 직관에서 오는 진짜 감정은 우리 무의식에서 나오지요. 환자분의 뇌는 의식적 이성과 별개로 눈앞에 보이는 모든 정보를 경험에 비추어 분석하고 생각합니다. 그 결과가 환자분이 직관적으로 느끼는 감정입니다. 그리고 이 감정은 기본적으로 분명한 '네' '아니요'로 나타납니다. 여기서 중요한 점은 직관에서 오는 진짜 감정이라면 절대 이것저것 재거나 따지지 않는다는 것입니다. 이쪽과 저쪽을 동시에 생각하는 순간, 혹은 무언가를 할까 말까 생각하는 순간 환자분은 더 이상 직관적인 감정의 목소리를 듣는 게 아니라 단지 좋거나 나쁘게 포장을 하는 중이지요.

P씨 아! 무슨 말씀인지 이해했어요. 그러니까 처음엔 정말로 가슴이 두근거렸어요. 그런데 그가 성실하고 다정하고 또 정말 훌륭한 외모를 가졌는데도 저는 왠지 모르게 계속 주저하고 있어요. 그를 집으로 초대하는 걸 왜 이렇게 오랫동안 망설이는지 제 자신을 추궁하기까지 했죠. 그리고 바로 그때부터 강박증이 다시 시작됐어요. 화가 나더라고요. 강박증 문제는 정말 잘 해결했다고 믿었거든요.

나 다시 생긴 정리 강박을 실패나 병으로 보기보다는 환자분의 정신이 해주는 사랑의 행위로 보면 좋을 것 같아요. 집 안에서 뭔가 불타고 있을 때 늦지 않게 경고음을 내주는 연기 탐지기 같은 거죠. 탐지기가 울리면 시끄럽다고 화를 내는 대신 늦지 않게 경고해줬다며 오히려 고마워하시겠죠? 강박 또한 환자분이 중요하게 생각하는 가치나 목표에 맞지 않는 사람을 받아들이지 않게 하려는 내면 경고 시스템의 경고일 수도 있습니다. 정말 맞는 사람이 나타난다면 직감이 분명 '이 사람이야'라고 말할 겁니다. 제 말을 믿으십시오.

P씨는 실망한 기색이 역력했지만 내 조언을 받아들여 그 남자와의 연락을 끊었다. 그러자 정말 일주일 안에 강박증도 다시 완전히 사라졌다. 그리고 6개월 후 우리 클리닉에 엽서가 한 장 도착했다. 사진으로 만든 엽서에는 한 남자와 나란히 활짝 웃고 있는 P씨의 모습이 담겨 있었다. 뒤편에는 이런 글이 실려 있었다.

제 직감이 아주 분명히 '이 사람이야'라고 했답니다! 고민도 정리도 분류도 필요 없어요. 이번에는 '정말 맞아!'라는 느낌이 들어요. 선생님 말씀이 옳았음을 인정해야겠습니다! 제 무의식이 저에게 꼭 맞는 사람을 위해 제 옆자리를 비워뒀던 겁니다. 진심으로 감사드립니다!

강박증의 긍정적인 면

P씨에게 사용한 방법은 심리학에서 '리프레이밍Refraiming'이라고 하는 요법이다. 영어 단어 '프레임'은 액자 혹은 틀을 뜻한다. 그러므로 리프레이밍은 '무언가에 새로운 틀을 부여하는 것 혹은 재해석하는 것'으로 해석될 수 있다. 이 리프레이밍으로 P씨는 자신의 강박적인 행동을 성가신 장애가 아니라 무의식이 좋은 의도에서 보내는, 잘 살펴야 할 경고로 재해석했다. 그러자 강박적인 생각을 어떻게든 없애야 한다는 압박도 사라졌다. P씨는 '친절한 자신의 정신'이 무엇을 우려하고 있는지 알아내는 데 집중했다. 그런 의미에서 리프레이밍은 불편한 상황에 대한 재해석 이상의 의미를 지닌다. 리프레이밍은 우리 무의식의 가장 중요한 과제가 무엇인지도 보여준다. 아무리 기묘하고 어처구니없는 생각이더라도, 사실 우리의 정신은 그게 우리에게 좋기 때문에, 또는 우리를 나쁜 일로부터 보호하기 위해 그렇게 하는 것이다. 우리의 정신은 그렇게 우리를 위해 애쓰고 있다.

이런 말을 받아들이기 어려울 수도 있다. 특히 강박증이 극심해서 정상적인 생활이 불가능하다면 더더욱 그럴 것이다. 하지만 그런 극심한 강박증도 처음에는 우리 정신의 친절한 행위에서 출발했을 것이다. 그리고 이런 가능성을 생각할 수 있다면 지금까지 몰랐던 해결책이 저절로 생기곤 한다.

다시 한 번만 더
반복 강박

반복 강박은 특정 단어, 생각, 행동을 규칙적으로 반복하는 것으로 (여러 면에서) 반복의 순서와 횟수가 중요한 역할을 한다. 단어와 생각에 한정된 강박증이라면 숫자 강박 파트에서 살펴본 악마에 재갈을 물리는 방식으로 효과를 볼 수 있다. 강박적인 행동을 반복해야 할 때도 그 강박 배후의 힘이 내면의 대화에 의한 것이라면 마찬가지로 악마 요법이 도움이 된다. 하지만 내면의 대화가 없거나 인식하지 못할 때는 다른 방식을 권한다. 이에 대해서는 금방 자세히 살펴보기로 하자. 그 전에 먼저, 반복할 때 강박으로 보이는 행동들을 몇 가지 열거해보려 한다.

- 특정한 문들을 통과하기
- 서랍 열고 닫기

- 전등 스위치 켜고 끄기

- 특정한 바닥 타일이나 바닥재 밟기

- 수도꼭지 잠그거나 열기

- 손 씻기 혹은 샤워하기

- 이불 혹은 베개 털기

- 변기 물 내리기

- 그림, 화병, 등Lamp 같은 물건을 똑바로 놓기

- 손잡이 흔들기 혹은 문 잠그기

- 몸의 특정 부위 혹은 집 안의 특정 부분 만지기

- 집과 자동차 문 잠그기

여기서 우리는 서로 다른 종류의 강박증들 사이의 경계가 뚜렷하지 않아서 반복 강박에 접촉 강박, 정리 강박, 숫자 강박, 씻기 강박 등이 포함될 수도 있음을 알 수 있다.

단 반복해야 하는 수가 분명히 정해져 있을 때는 반복 강박증으로 본다. 환자들은 대부분 왜 이런 행동들을 정확히 세 번, 네 번, 일곱 번 혹은 열 번 반복해야 하는지 물으면 정확히 대답하지 못한다. 단지 특정 숫자와 강하게 연결되어 있다고 느끼고 강박적으로 그 느낌을 따라갈 뿐이다. 우리는 바로 이 점을 이용해 반복 강박을 성공적으로 치료할 수 있다.

최면으로 반복해야 하는 횟수 한 번으로 확정하기

2019년 5월, 씻기 강박과 반복 강박이 혼합된 형태의 강박증을 지닌 한 남성이 우리 클리닉을 찾아왔다. 이 환자는 샤워할 때나 손을 씻을 때 꼭 여덟 번 연속으로 씻어야 했다. 지나친 결벽증이라고 할 만한 이런 행태로 나흘이면 샤워젤 한 통이 사라졌고 그의 피부와 머리카락은 이미 심하게 상한 상태였다. 예전에는 씻어야 하는 횟수가 여덟 번은 아니었다. 2015년까지는 세 번이면 됐지만 2017년에 일곱 번으로 늘어났고 2019년에 특별한 이유도 없이 여덟 번으로 늘어났다. 왜 그런지는 알 수 없지만 이제는 숫자 8이 그에게는 '안전을 보장하는 숫자'라고 했다. 이처럼 강박증이 그의 삶을 극도로 속박했고, 단지 샤워와 손 씻기만의 문제가 아니라는 사실이 오래전부터 분명했으므로 결국 전문가의 도움을 받기로 한 것이었다.

당시 나는 최면에 관한 매우 흥미로운 학회에 막 참석했다 돌아온 후였고 첫 상담 때 그의 강박을 최면으로 해결할 수 있을 거라는 직감이 들었다. 나는 이른바 '엘먼 인덕션Elman induction(급속 최면 유도법)'으로 환자를 편안한 상태로 유도한 후 자신의 집 안을 서성거리고 있다고 상상하라고 했다. 그리고 지금까지 그가 반복 강박을 경험했던 집 안의 모든 곳에 숫자 8 형상의 커다란 조각품이 설치되어 있다고 말했다. 나는 몇 초 뒤 그 조각품들이 모두 먼지가 되어 무너지게 한 후에 그 먼지 속에서 거대한 황금 숫자 1의 형상이 불사조처럼 일어나게 했다. 이때 나는 8 형상 조각품의 마지막 먼지까지 죄다 황금 숫자 1이 됐다고 했다. 환자에게 씻기 강박이 있으니 먼지든 뭐든 더러움이 조금이라도 남아 있으면 스트레스를 받을 게 분명하니까 말이다. 그런데도 나는 의식적으로 숫자 8이 숫자 1이 되기 전에 먼저 완전히 파괴되어 먼지가 되게 만들었다. 이 환자의 무의식에는 그런 장면이 의미하는 바가 매우 컸기 때문이다.

최면 요법 동안 우리는 그렇게 8을 파괴하고 1을 만드는 작업을 열두 번도 넘게 실행했다. 치료가 끝나고 그가 우리 클리닉을 나간 후 나는 환자 기록서에 다음과 같이 적었다.

최면을 통해, 환자가 안정을 준다고 믿는 숫자 8이 부서져 먼지가 되게 만들었다. 그리고 황금으로 된 숫자 1이 안정을 주는 숫자라고 그의 머릿속에 여러 번 새겨넣었다. 이 일은 일단 집 안에서만 일어나게 했다. 다음 상담일에 결과를 보고 상황에 따라 반경을 넓힐 예정이다.

그런데 두 번째 상담 시간에 그는 나타나지 않았다. 듣자 하니 전화로 상담을 취소했다고 했다. 그리고 약 3개월 후 나는 슈퍼마켓에서 그와 우연히 마주쳤다. 그는 반갑게 인사하더니 최면 치료 후 자기 집에서는 반복 강박 행위를 할 필요가 전혀 없었다고 했다. 그러고는 바로 "할 필요가 없었다"는 말을 "할 수 없었다"로 고쳤다.

"마법에 걸린 것 같았어요. 손을 한 번 더 씻으려고 수도꼭지를 열려고 하면 그때마다 머릿속에서 그 황금으로 된 거대한 숫자 1이 경고처럼 떠오르는 거예요. 개의치 않고 손을 씻으려고 하면 아주 불안해졌고 그 즉시 수도꼭지를 잠가야만 했어요. 그런데 이상하게 집 안에서만 그랬어요. 밖으로 나가면 예전처럼 많은 것들을 여덟 번 반복해야 했죠. 그래서 일단 다음 상담 날짜를 잡기 전에 집 안에서 치료 효과가 얼마나 지속될지 보기로 했어요. 그런데 마침 이렇게 선생님을 만났으니 잘됐네요. 이제 다음 상담 날짜를 잡아야 할 것 같아요. 집 밖에 나가면 생기는 강박증도 치료해야 할 때가 된 듯해요."

그렇게 우리는 슈퍼마켓에서 다음 최면 치료 날짜를 잡았다. 두 번째 상담에서도 첫 번째처럼 뇌를 재프로그래밍하되 다른 장소와 상황들도 포함했다. 그리고 세 번째 확인 상담 시간에는 그런 과정을 한 번 더 반복하며 재프로그래밍을 더 확실히 해두었다. 그 후부터 환자에게 안전을 의미하는 숫자는 언제나 1이었고 반복 강박은 완전히 사라졌다.

최면이 모두에게 효과 있는 것은 아니다

그렇다고 최면이 모든 종류의 강박증을 물리치는 비밀 병기라고는 할 수 없다. 최면은 자주 놀라운 결과를 불러올 수 있지만 늘 그렇지는 않다. 환자마다 효과가 조금씩 다르며, 모든 환자가 이 남성처럼 즉각적인 반응을 보이는 것은 절대 아니다. 하지만 경험

많은 최면치료사에게 상담을 받는 건 권할 만하다. 자신이 최면 치료에 잘 반응하는지 아닌지는 대개 아주 빨리 알 수 있다. 반응하지 않는다고 해서 실망할 필요는 없다. 이 책에서 소개하는 다른 많은 방법 중 당신의 강박증에 맞는 치료법이 분명 한 가지는 있을 것이다.

유연한 사람이 유능하다

우리 연구소에서 심화 교육을 받는 동료 정신 요법 의사들에게 나는 "유연한 사람이 유능하다"라는 말을 자주 한다. 도구라고는 망치밖에 모르는 사람의 눈에는 못밖에 보이지 않는다. 하지만 도구가 다양한 사람은 환자 각자가 필요로 하는 것을 보며 환자를 더 유연하게 대한다.

당신이 지금까지 정신과 약만을 처방받았고 조금이라도 나으려면 약물 외에 다른 대안이 없다는 소리를 들었다면, 이제는 의심해 볼 것을 권한다. 항우울제는 처음엔 우울증에만 처방되었는데 지금은 모든 질병을 치료하는 그야말로 만병통치약 혹은 '만능 도구'로 광고되고 있다. 다음이 현재 항우울제가 처방되는 질환들이다.

- 불안증
- 식이 장애
- 번아웃
- 거식증

- 각종 공포증

- 외상 후 스트레스 장애PTSD

- 강박증

- 만성 통증

- 척추 디스크

- 스트레스성 방광염

- 수면 장애

- 시험 공포증

- 약물 금단 증후군

- 생리통

- 조루증

세로토닌이나 노르아드레날린 수치를 조금만 올리면 치료되는 병이 이렇게나 많다니 참으로 놀랍지 않은가. 이런 상황이니 항우울제 처방 횟수가 급격히 늘어나는 것도 당연하다. 독일만 해도 2008년에서 2017년 사이에 일일 항우울제 처방량이 50퍼센트나 높아졌다.[16] 심지어 다른 나라들과 비교할 때 높은 편도 아니다. 아이슬란드, 포르투갈, 캐나다 같은 나라는 독일의 두 배 이상 항우울제를 처방한다.[17]

전 세계의 건강 전문가들은 이런 경향을 비판해왔다. 이들은 정신적 문제를 가진 환자들이 단지 약물 치료만 받을 뿐 외래 상담 치료조차 제때 받을 수 없다고 비판하는데, 정당한 비판이 아닐 수 없다. 예를 들어 독일에서는 의료보험을 통해 정신 요법 의사와의 상담을 잡으려면 보통 6개월까지 기다려야 한다. 다른 나라의 상황도 결코 나을 게 없다. 사설 클리닉이 많이 생겼지만 이제는 그마저도 몇 달씩 기다려야 할 정도로 포화 상태다. 그 몇 달은 불안증은 물론이고 강박증도 매우 심해질 수 있는 긴 시간이다.

반드시 만지거나 절대로 만지지 않거나
접촉 강박

숫자 강박, 반복 강박과 함께 접촉 강박도 환자들이 전문가의 도움을 거의 받지 않고 있는 강박증이다. 이 환자들은 자신의 강박적 행동을 아주 잘 숨기기 때문에 다른 사람이 전혀 알아차리지 못하거나 가벼운 틱 정도로만 생각하고 넘어가기 쉽다. 그러다 더 이상 쉽게 숨길 수 없는, 더 심한 강박증으로 변할 때가 되어서야 전문가를 찾곤 한다. 참 안타까운 일이 아닐 수 없다. 이런 경우 뇌가 이미 몇 년, 심지어 수십 년 동안 강박적인 행동을 강하게 자동화한 상태이므로 쉽게 될 치료가 어려워지기도 하기 때문이다. 하지만 이런 경우에도 다시 강박증 없이 살 방법들이 있으니 너무 걱정할 필요는 없다.

다른 모든 강박증처럼 접촉 강박도 형식, 그러니까 '어떻게'가 결정적인 역할을 한다. 접촉 강박은 무언가를 만져야 하거나 반대로 무언가를 절대 만지지 말아야 한다는 강한 필요를 느끼는 강박증이다. 후자의 경우 전염이나 미신에 대한 공포가 숨어 있는 경우가 많다. 이에 관해서 좀 더 자세히 알아보도록 하자.

전염 공포

전염 공포를 가진 사람은 바이러스나 박테리아를 만지면 병에 걸릴까 봐 무서워한다. 하지만 아주 청결한 사람이라도 인체 세포보다 열 배나 많은 박테리아 세포들을 갖고 다닌다는 사실[18]을 생각해본다면 이런 접촉을 피하는 것은 거의 불가능하다. 우리 몸속과 몸 표면에 사는 미생물 전체를 미생물 군집(혹은 미생물 유전체)이라고 한다. 이 미생물 군집은 병원체를 박멸할 뿐 아니라 비타민도 생성한다. 그리고 우리의 정신 건강에도 광범위한 영향을 미친다. 우리의 기쁨과 슬픔, 용감함과 비겁함이 박테리아에 달린 것이다. 덧붙여 소심함이나 대담함 같은 성격적인 특징뿐만 아니라 우울증, 당뇨, 다발성 경화증, 알레르기 같은 질병도 미생물 군집의 영향을 많이 받는다고 말하는 과학자들이 늘고 있다.[19] 그러므로 전염 공포를 극복하는 것은 정신적으로 이로울 뿐만 아니라 심각한 육체적 문제들을 방지하는 데 도움이 된다. 항생제나 극단적 식습관으로 망가지지 않은 균형 잡힌 미생물 군집은 우리의 건강을 유지하는 데 결정적인 역할을 한다.

ABS 요법으로 전염 공포 없애기

접촉 강박증 환자는 도대체 어떻게 전염에 대한 공포심을 갖게 될까? 독자 여러분은 내가 언제나 매우 결정적인 이 질문으로 돌아온다는 사실을 알아차렸을 것이다. 계속 이런 질문을 던지는 이유가 있다. 나는 환자가 자신의 질병에 대해 어느 정도 책임감을 가져야 문제를 제대로 극복할 수 있다고 믿기 때문이다. 자신과 자신의 생각에 대한 통제력이 온전히 자신에게 있는 것처럼 행동하려 노력할 때, 뜻밖의 가능성들이 열릴 것이다.

전염 공포를 가진 사람들에게 정확히 어떻게 그런 공포가 일어나느냐고 물으면 대체로 이런 대답이 돌아온다.

"그냥 얼마나 많은 사람이 만진 물건인지 생각하는 것만으로도 끔찍한 기분이 들어요."

"세균과 박테리아들이 득실거릴 게 뻔하잖아요."

이런 대답의 행간을 읽어보면, 이 사람들은 자기 눈앞에 매우 불편한 장면들을 만들어내는 것이 분명하다. 예를 들면 얼마나 많은 사람이 문손잡이를 만졌을지 자신도 모르게 상상하는 것이다. 그리고 그 사람들이 모두 불결할 거라고 생각한다. 이들은 내가 ABS 요법으로 그 반대 장면을 보여줄 때 비로소 이 모든 것을 깨닫는다.

뱀파이어 문고리 청소부

심한 씻기 강박증과 접촉 강박증이 있는 한 젊은 여성 환자는 자신이 매일 얼마나 힘든지 설명했다.

환자 특히 문들이 저를 미치게 해요. 손잡이는 팔꿈치로 열어야만 해요. 꼭 손을 써야 할 땐 휴지를 쓰고, 바로 버리죠. 문 여러 개를 연달아 통과할 때면 반드시 손을 씻어야 해서 곧바로 화장실을 가거나 최소한 세 장 이상 소독용 물티슈를 써서 손을 닦은 후에야 사람들과 어느 정도 대화가 가능한 상태가 된답니다.

나 왜 그럴까요? 문손잡이를 보는 순간 무슨 생각이 떠오르시나요?

환자 그게…… 그 손잡이를 잡았던 모든 사람이 떠올라요. 그중엔 손이 깨끗하지 않은 사람도 많을 거고 그럼 그 조그만 손잡이에 온갖 더러운 게 묻었겠죠. 이런저런 병원균이 득실댈 텐데 아무 생각 없이 잡았다간 그 모든 게 한꺼번에 저한테 옮겨올 거예요.

나 네, 그렇군요. 그럼 이제 작은 생각 실험을 하나 해보고 싶네요. 잠깐 상상을 한번 해보시겠어요? 어떤 손잡이가 하나 있는데, 이 손잡이는 환자분처럼 씻기 강박이 있는 사람들만 만질 거예요. 이들은 환자분보다 더 깔끔해서 심지어 손잡이를 잡기 전에 알코올로 소독까지 한답니다. 게다가 모두 예외 없이 살균 포장된 병원용 장갑도 끼지요. 정오만 되어도 이 문손잡이는 최소한 백 번은 소독된 상태예요. 그동안 인간의 피부에 닿은 적은 한 번도 없고요. 그러므로 이건 근방에서 가장 깨끗한 손잡이일 거예요. 이제 맨손으로 이 손잡이를 잡으시겠어요?

환자는 잠깐 생각했다. 그리고 고개를 끄덕이더니 천천히 말했다.

환자 그 사람들 말고는 아무도 그 손잡이를 잡지 않았다는 게 100퍼센트 확실하다면……. 네, 잡겠어요. 하지만 안타깝게도 그런 문손잡이는 존재하지 않잖아요.

나 맞아요. 그런 손잡이는 존재하지 않아요. 하지만 마찬가지로 환자분이 평소에 늘 상상하시는 더러운 손잡이도 존재하지 않아요. 두 생각 모두 극단적이어서 현실에는 존재하지 않습니다. 강박증이 생기기 전에는 환자분도 몇 년이고 아무런 보호 조치 없이 문들을 여닫았지만 건강하게 사셨지요? 환자분의 강박증은 진짜 경험에 근거한 것이 아니에요. 단지 환자분이 언제부턴가 상상력을 한쪽으로만 극단적으로 강화하는 데 익숙해졌기 때문에 생겨난 것입니다. 정말로 그 강박증에서 벗어나고 싶다면 이제부터 전염 공포증에 익숙해지는 데 썼던 방식을 똑같이 이용해야 합니다. 단, 이번에는 반대 장면을 상상해야 해요. 방금 우리가 했던 작은 상상처럼 반대되는 상상을 더 자주 할수록 극단적 불안증과 거기에 따라오는 강박증에서 더 빨리 벗어날 수 있어요. 그 과정이 조금 더 수월하도록 약간 도움을 드릴게요. 개인 보디가드가 있다고 상상해보세요. 그의 임무는 딱 두 가지입니다. 첫째, 환자분 앞에서 모든 문손잡이를 완벽하게 소독하는 것. 둘째, 그 일을 최대한 섹시하게 하는 겁니다.

환자는 재밌어하며 말했다.

환자 네, 정 안 되면 그렇게라도 해야겠네요. 그런데 그 보디가드는 꼭 드라마 〈뱀파이어 다이어리〉에 나오는 데이먼처럼 생겨야 해요.
나 그거야 환자분 마음이지요. 어떤 상상이 환자분 인생에 영향을 주게 할지는 환자분만이 결정하실 수 있으니까요.

　나머지 상담 시간 동안 나는 〈뱀파이어 다이어리〉에서 뱀파이어 데이먼을 연기한 이안 소머헐더를 우리의 대화에 자연스럽게 끼워넣기를 반복했다. 더 나은 새로운 상상을 되도록이면 더 깊게 환자의 뇌신경 세포에 각인시키기 위해서였다. 성적 요소는 특히 강한 감정을 불러일으키므로 섹시한 이언 소머헐더가 포함된 그 새로운 상상은 그만큼 빠르게 뇌에 안착할 수 있을 것이었다.
　다음 상담 때 환자는 '데이먼을 투입'했던 처음 다섯 번의 상상은 아무 효과도 없었다고 했다. 그런데 여섯 번째 시도부터 전염에 대한 공포가 아주 조금씩 약해지기 시작했다. 그리고 약 3주 후, 환자는 소독용 물티슈 없이 맨손으로 문을 여는 자신을 발견했다. 그다음 순간 더 놀라운 일이 일어났다. 맨손으로 문을 여는 예상치 못한 전개에 깜짝 놀란 그녀가 급히 가방에서 물티슈를 꺼내 방금 문을 연 오른손을 닦고자 했다. 그런데 상상 속 이언 소머헐더, 일명 데이먼이 유혹적인 웃음을 흘리며 물티슈를 가져가더니 그녀의 오른손 손바닥을 부드럽게 닦아주는 것이 아닌가. 그 일이 있고 몇 주 만에 환자는 모든 문손잡이를 맨손으로 잡을 수 있게 되었다. 그 동안 그 멋진 배우가 상상 속에서 늘 함께였는지, 그랬다면 얼마나 오래 함께였는지는 그녀만의 비밀이었다.

금기는 금기로 깨뜨릴 것

강박증 환자와 상담할 때 섹스 등의 금기시되는 주제를 단지 예의가 아니라서 혹은 또 다른 강박을 부를 수 있어서 배제한다면 많은 치료의 잠재력을 외면하는 것일지도 모른다. 강박적 생각이 기본적으로 종교, 폭력, 감염, 혼돈, 미신, 섹스 같은 주제를 선호하는 것은 바로 이런 주제들이 우리 뇌의 감정을 담당하는 부분을 유난히 강하게 자극하기 때문이다. 강력하고 기묘한 반대 상상으로 치료를 시작하는 것은 물론 용기가 필요한 일이고, 누구나 쉽게 할 수 있는 일도 아니다. 그럼에도 나는 관련 문제에 소극적인 동료 정신 요법 의사들에게 최소한 시도는 해볼 만하다고 말한다. 도발적 치료를 비롯해 역설적 간섭이나 ABS 요법에 숨어 있는 치료의 잠재력은 말 그대로 형언하기조차 어렵다. 금기시되는 주제들에 용기와 유머로 접근할수록 치료가 힘들어 보였던 환자가 뜻밖에 수월하게 치료되는 놀라운 일을 더 자주 경험하게 될 것이다.

투렛증후군에 관한 몇 가지 생각

'금기시 되는 주제'에 대해 쓰는 동안 나는 오랜 지인 한 명을 떠올리지 않을 수 없었다. 마지막으로 보았을 때 그는 40대 중반이었는데, 인격과 학식이 매우 높았는데도 심한 투렛증후군Tourette syndrome 탓에 타인으로부터 심각한 오해를 받곤 했다. 이 병을 가진 사람들은 통제할 수 없는 틱 장애와 싸워야 하는 것은 물론이고 여러 이유에서 금기시되는 불쾌한 소리나 단어를 강박적으로 내야 하는 괴로운 상황에 부딪힌다. 흥미롭게도 이런 달갑지 않은 욕설들은 많은 강박증 환자들의 생각과 그 내용 면에서 크게 다르지 않다.

이것은 그리 놀랄 일은 아니다. 감정적으로 강하게 충전되는 주제일수록 정신적 장애의 형태로 드러나기 쉽기 때문이다. 투렛증후군 환자들은 '멋져' 혹은 '매혹적이야' 같은 말을 던지지 않는다. 이들이 터트리는 강박적인 비명과 욕설은 대개 모욕적이고 당황스럽고 성적인 의미가 강한 단어들이다. 그런 의미에서 더 아름다운 개념들을 감정적으로 똑같이 '충전하고' 환자들의 인생을 조금 가볍게 만들어 주는 것이 흥미로운 치료의 시작이 될 수 있다. 욕설이나 배설물에 대한 표현들이 투렛증후군 환자들의 뇌 속 신경세포들의 구조를 바꾼 것처럼, 최면 치료와 함께 '기쁘다' 혹은 '멋지다' 같은 단어를 이들의 뇌 속에 심어 그 구조를 바꾸는 것도 이론적으로 충분히 가능하다. 한번 상상해보라. 투렛증후군 환자가 자신도 원치 않고 불쾌감을 일으키는 말 대신 '기뻐' 혹은 '굉장해' 같은 말을 내뱉으면 주변 사람들이 얼마나 좋아할지 말이다.

이제 다시 강박증으로 돌아가보자. 투렛증후군에 대한 이런 우리의 견해는 아직 단지 생각 단계일 뿐이지만 강박증 치료에서는 매우 유사한 접근법으로 이미 수많은 성공을 거둔 바 있다. 이 접근법의 배후에 있는 나의 생각은, 정신질환으로 보이는 하나의 행동이나 확신을 일반적인 방식으로 평가하지 말고 그것과 싸우지도 말자는 것이다. 대신 우리는 환자가 최대한 빨리 일상에 복귀할 수 있도록 몇 가지 지점에 새로운 의미를 부여하려 한다. 이것이 어떻게 실제 치료로 이어지는지 '미신적 사고'에 기반한 접촉 강박을 예를 들어 설명해보고자 한다.

미신적 사고

미신적 사고가 접촉 강박의 원동력일 때 환자는 기본적으로 '나쁜 에너지'를 가진 물건을 두려워한다. 그 물건을 만지면 나쁜 에너지가 넘어와 재앙이 일어날 거라고 생각해 무서워한다. 미신적 사고를 하는 사람은 마찬가지로 강박증을 일으킬 수 있는 다음과 같은 말들도 믿는 경향이 있다.

- 물건은 주인의 특징을 넘겨받는다.
- 예를 들어 룬 문자 같은 상징은 어떤 힘을 갖는다.
- 비범한 힘을 가진 사람들이 존재한다.
- 이미 결과가 정해져 있는 사건들이 많다.
- 생각만으로 주변 환경에 영향을 미칠 수 있다.
- 영혼 혹은 신이 존재한다.
- 서로 멀리 떨어져 있어도 소통하는 것들이 있다.

미신적 사고가 밀교密教를 믿는 사람들의 전유물이라고 생각하는 사람이 있다면 나는 절대 그렇지 않다고 말하고 싶다. 나는 잠깐만 생각해봐도 앞에 나열된 말들 중 최소한 두 가지는 믿는다고 말하는 진지한 자연과학자들을 많이 떠올릴 수 있다. 그런데 조금만 생각해봐도 왜 그런지가 분명해진다. 위에 열거한 마지막 믿음만 봐도 그렇다. 양자역학의 등장으로 우리는 하나의 광자 혹은 전자가 두 개의 서로 다른 지역에서 동시에 존재할 수 있다는 사실을 알게 된 지 오래되었다.[20] A 지역에서 한 부분이 움직이면 B 지역의 다른 한 부분도 똑같이 움직인다. 이른바 '양자 얽힘'으로 하나인 것, 동일한 것이 자기 자신과 소통하는 것이다. 심지어 1억 5000만 킬로미터 떨어진 곳에서도 그러하다는 사실이 입증되었다.[21]

"영혼 혹은 신이 존재한다"라는 믿음도 한번 살펴보자. 신에 대한 믿음은 모든 종교의 기본 법칙 아니었던가? 그렇게 생각하면 미신적 사고는 치료받아야 하는 정신질환이 아니라 아주 정상적인 사고다. "생각만으로 주변 환경에 영향을 미칠 수 있다"는 믿음도 마찬가지다. 비록 간접적이긴 하지만 우리는 정말로 매일 생각으로 주변 환경에 영향을 준다. 우리의 생각이 표정이나 제스처 등 비언어적 소통에 결정적인 영향을 주고, 그렇게 우리는 자신도 모르게 주변과 세상의 반응에 매우 직접적이고 광범위한 영향을 미친다. 이것은 지난 40년간의 관련 연구들을 통합하고 평가한 어느 메타 연구[22]에서 이미 입증된 사실이다.

좋든 싫든 과학과 종교 둘 다 미신적 사고와 떼려야 뗄 수 없는 관계에 있다. 우리는 인간 정신의 이런 경향을 거부하기보다는 우리에게 이로운 방식으로 이용해야 한다. 환자들을 치료해오면서 나는 이미 수년 전부터 미신적 사고도 플라세보 효과처럼 치료에 적극적으로 이용해야 하지 않을까 생각해왔다. 플라세보 효과처럼 미신적 사고를 통해, 즉 무언가에 대한 믿음만으로도 치료가 가능한 것이다.

어떤 대기업을 증오한 환자

우리 클리닉의 동료가 회의에서 보고한 환자의 이야기를 하나 들려주려고 한다. 이 환자는 특정 대기업이 생산하는 식품은 절대 사서는 안 된다고 생각했다. 이 기업을 XY라고 하겠다. XY는 그에게 악의 대명사 같은 존재였다. 그 기업의 식품은 전부 죽음을 몰고 오거나 최소한 심각한 병을 부른다고 확신할 정도로 전염 공포가 컸기에 그는 XY 식품은 손끝으로도 절대 건드리지 않으려 했다. 어쩌다 XY 식품이 손에 닿을 수도 있으므로 마트에 갈 때마다 두꺼운 고무장갑을 착용했고 한 번 쓴 장갑은 그 즉시 폐기 처분했다. XY는 계열사와 자회사 등을 두루 갖춘 대기업이기에 이 회사의 식품을 전부 피하는 건 거의 불가능에 가까웠다. 언제 어디서 XY의 식품이 사용될지 모르기 때문에 이 환자는 몇 년 동안 식사 초대를 모조리 거절했고, 언제 마지막으로 레스토랑에 갔는지 기억도 할 수 없을 정도였다.

어느 날 혼자 살던 아버지가 대퇴경부 골절로 한동안 움직일 수 없게 되자 환자는 아버지의 집안일을 도와주려고 했다. 하지만 그럴 수 없었다. 냉장고는 물론이고 식품 저장실까지 XY의 식품들로 가득했기 때문에 그는 아버지의 아파트를 도망치듯 빠져나와야 했다. 유일한 자식으로서 그는 아버지를 돕지 못한 것에 죄책감을 느꼈다. 아버지의 식품들을 죄다 갖다 버리고 싶었지만 그럴 수는 없었고, 그렇다고 아픈 아버지를 모른 척할 수도 없었다. 그래서 환자는 우리 클리닉의 동료에게 조언을 구했다.

"선생님, 도와주세요. 아버지가 꼼짝도 못 하셔서 앞으로 몇 주 정도는 집안일을 제가 해야 하는데…… 문제는 아버지 집이 XY의 식품들로 가득하단 거예요. 이 문제에 있어서 아버지는 저를 전혀 이해하지 못하세요. 제가 그것들을 다 버려야 한다고 하면 그 즉시 저를 내쫓으시고 어떻게든 혼자 지내보려고 하실 거예요. 하지만 대퇴경부 골절은 심각한 일이잖아요. 저희 할머니도 대퇴경부 골절로 아프시다가 돌아가셨거든요. 골절 후에 제대로 쉬지 못하셨던 게 문제였던 것 같아요. 결국 다시 걷지 못하셨죠. 노출 치료는 벌써 해봤어요. XY기업 식품이 문제가 없다는 걸 인지하라고 하더라고요. 하지만 저는 심각한 피부 발진이 생겼고 나중에는 대상포진까지 걸렸어요. 그 사악한 것들에 자꾸 노출됐으니까 당연하죠. 그래서 그 치료는 그만뒀어요. 그러니 노출 치료를 또 해보자고는 하지 말아주세요. 저는 약물 치료도 거부해요. 제 몸은 저의 사원과도 같아요. 저의 사원에 독을 부어 넣을 수는 없어요."

강박증의 논리로 강박증 물리치기

강박증은 환자가 외부의 더 나은 논리는 거부하면서 자기만의 내부 논리는 강력하게 믿는다는 점에서 흥미로운 질환이다. 그렇다면 환자만의 내부 논리를 환자에게 좋은 쪽으로 이용할 때, 다시 말해 미신적 사고에 근거한 강박증에 미신적 사고로 대처할 때 환자가 어느 정도 정상적 삶이 가능할 정도로 강박증을 사라지게 할 수도 있다.

지금 이 환자는 사악한 에너지가 존재하며 그 에너지가 물건들에 들러붙을 수 있다고 믿고 있다. 이런 '미신'을 합리적인 논리로 없애려 하는 대신 나의 동료는 환자의 머릿속으로 들어가 이렇게 물었다.

동료 환자분께서는 사악한 에너지가 있다고 확신하시는데, 그렇다면 좋은 에너지도 존재할까요?

환자 당연하죠. 저는 제가 먹는 음식과 제 주변 환경에 좋은 에너지를 최대한 많이 들여오려고 노력한답니다.

동료 환자분 경험에 따르면 특히 에너지가 좋은 음식은 어떤 것들이 있나요?

환자 많죠. 예를 들어 오염되지 않은 땅에서 자랐고, 달의 주기에 맞게 수확한 모든 종류의 과일과 야채들이 그렇습니다. 산에서 직접 받은 약수도 에너지가 아주 좋아요. 하지만 꼭 유리병에 담아야 해요. 플라스틱 따위에 담으면 안 됩니다.

동료 에너지 강화제 같은 것도 있을까요? 그러니까 방금 말씀하신 것들의 좋은 효과를 더 강화하는 것들 말입니다.

환자 정신 요법 선생님께서 그런 걸 묻다니 신기하군요. 네, 그런 게 진짜로 있습니다. 예를 들어 특정한 상징을 유리병에 새긴 다음 그 안에 약수를 붓고 며칠 태양 아래 두면 물의 치유 효과가 더 강해지죠. 저한테는 이게 그 어떤 약보다 좋아요.

동료 저는 부정적 에너지에 대해 환자분만큼은 잘 모르지만, 혹시 긍정적 에너지를 충분히 더해주면 그 부정적 에너지를 없앨 수도 있지 않을까요?

환자가 그렇다는 뜻으로 고개를 끄덕이자 내 동료는 말을 이어 갔다.

동료 환자분 생각에 XY기업의 식품 속 부정적인 에너지를 상쇄하려면 그 물을 얼마나, 어떻게 써야 할까요? 아버님 댁 상황을 말하는 겁니다.

환자 좋은 질문입니다. 제가 왜 그 생각을 못 했을까요? 제 생각엔 가습기에 말씀드린 약수를 넣어 최소한 하루쯤 틀어놓으면 제가 한두 시간은 머물러도 될 정도로 깨끗해질 것 같아요.

동료 아버님이 드실 음식을 그 물로 요리하면 어떨까요?

환자는 잠깐 생각하더니 말했다.

환자 에너지는 서로 영향을 주니까…… 그렇게 만든 음식이 대단히 영양가가 높아서 회복식으로 좋을 것 같지는 않지만 최소한 저희 아버지를 더 아프게 하지는 않을 것 같네요. 저라면 그 음식을 먹지 않겠지만 우리 아버지는 신경도 안 쓸 거예요. 식품 저장실에 음식이 그득한데 왜 쓸데없이 돈을 쓰냐고 하는 분이니까요.

동료 그런 약수를 구할 수 있나요? 그럼 최소한 급한 불은 끌 수 있을 것 같은데요?

환자는 실제로 아버지 집의 부정적인 에너지를 중화하는데 충분한 양의 깨끗한 물을 갖고 있었다. 그렇게 해서 강박증이 사라지지는 않았지만, 최소한 아들로서 의무감을 다할 정도로 접촉 강박을 없앨 수는 있었다.

그런데 그 다음 회의 날 동료 중 누군가가 이의를 제기했다. 일단 그 환자를 돕기는 했지만 이 일로 오히려 그의 강박증을 정당화하고 더 강화한 게 아니냐는 것이었다. 매우 정당한 이의 제기였고, '그러면 달리 어떻게 했어야 했나?' 하는 생각을 하게 했다. 일반적인 접근법인 인지 행동 치료, 특히 환자가 받았던 노출 치료는 안타깝게도 바라던 효과를 내지 못했다. 오히려 그 반대였다. 부정적인 에너지에 대한 환자의 믿음이 너무 강해서 노출 치료는 노세보 효과Nocebo effekt *를 일으켰다.

---

* 어떤 것이 해롭다는 암시나 믿음이 치료 효과를 떨어뜨리는 현상.

인간 정신의 어두운 힘, 노세보 효과

플라세보 효과는 잘 알려져 있다. 작용 물질이 없는 설탕 약, 일명 플라세보를 아주 효과 좋은 약이라고 믿으며 복용하면 그 플라세보가 실제로 긍정적인 효과를 일으킨다. 그런데 그 반대의 일도 일어날 수 있다. 심각한 부작용이 있는 약을 복용했다고 믿으면 그 약이 단지 플라세보였을지라도 실제로 심각한 부작용이 일어날 수 있다. 플라세보의 이런 부정적인 작용을 노세보 효과라고 한다. 이 환자의 경우도 특정 회사의 식품이 부정적인 작용을 한다고 너무 강하게 믿은 결과 노출 치료가 노세보 효과를 일으켰던 것이다. 그에게 부작용이 발생한 시기나 그 부작용의 종류를 통해 그렇게 추측할 수 있었다. 위장 문제, 현기증, 대상포진도 심신상관적 원인에 의한 경우가 많다.

똑같은 방식으로 정신의 힘을 이용하기

육체적 문제의 원인이 정신에 있다는 의심이 들면 즉시 그 정신의 힘을 똑같이 이용해 치료할 방법을 궁리해야 한다. 심신상관으로 인한 병이라면 사실 일반적인 치료법으로는 거의 효과를 볼 수 없거나 오히려 역효과를 일으키기 때문이다. 내 주변만 봐도 지난 10년간 몇 달 동안이나 아무리 노력해도 약물로는 대상포진을 치료할 수 없었던 경우가 세 번 있었다. 그리고 이 세 환자 모두 어떤 치료사와의 상담 후 48시간 안에 그토록 고통스럽던 발진이 모두 사라졌다. 상담에서 어떤 말이 오갔는지는 모르지만 나는 그런 자가 치유의 힘을 불러일으킨 것이 말보다는 환자의 믿음이었을 거라고 확신한다.

심신상관 질병과 영적인 치료법은 기본적으로 서로 동전의 양면 같은(즉 서로 떼려야 뗄 수 없는) 관계다. 노세보(여기서는 심신상관 질병)와 플라세보(여기서는 영적인 치료법)는 사실상 서로를 무효화한다. 미신적 사고가 실제로 육체적 문제를 불러왔으므로 똑같이 미신적 사고를 이용해 가능한 한 빨리 환자를 돕는 것만이 논리적으로 타당한 방법일 것이다. 물론 궁극적으로는 강박증을 단지 참을 만한 정도가 아니라 완전히 없애는 것을 목표로 삼아야 한다. 하지만 여러 가지 이유에서 그렇게 하지 못하거나 그렇게 하는 데 너무 많은 시간과 노력이 든다면 나는 환자의 논리에 맞는 치료법을 제시해 조금이라도 고통을 덜어 주는 편이 낫다고 생각한다.

인간 라디오

나는 어떤 라디오 인터뷰에서 "인간 정신의 힘에 한계가 없다고 보느냐"는 질문을 받은 적이 있다. 나는 한계가 없다고 본다고 답했다. 그리고 우리가 다시 우리 몸과 정신을 있는 그대로 보게 된다면, 다시 말해 서로 뗄 수 없는 하나로 보게 된다면 참 좋을 것 같다고도 했다.

이 라디오 인터뷰 직후 나는 이 파트에서 내가 강조하고 싶은 점을 매우 특별한 방식으로 반영하는 어떤 일을 하나 경험하게 된다. 내가 강조하고 싶은 점은 다름 아니라 정신 요법 의사로서 우리는 환자가 제공하는, 그야말로 모든 것을 이용할 수 있다는 점이다. 스스로 자신의 상상력을 제한하지만 않는다면 말이다.

그 일은 한 친구의 전화로 시작되었다. 그에게는 당시 스물다섯 살이었던 팀이라는 아들이 있었는데, 팀이 다양한 향정신성 약물 복용의 후유증으로 심한 정신적 문제를 갖게 되어 내게 상담을 요청한 것이었다. 근심 가득한 이 아버지는 큰 성공을 거둔 정신과 의사로 당시 막 은퇴를 앞둔 시점이었는데, 그동안 수없이 많은 환자를 치료했던 방법들이 정작 자신의 아들에게는 아무 소용이 없자 매우 난감해했다. 팀은 정신과 약을 복용하는데도 주기적으로 기묘한 환청을 들었고 그 환청이 시키는 특정한 행동을 했다. 친구는 그것이 어떤 행동인지는 자세히 밝히지 않았다. 나는 그런 병증에 대해 그때까지 아무런 경험이 없었고, 정신 요법 의사는 정신질환*을 치료할 수 없으며 나 또한 정신질환을 다루고 싶은 생각은 없었다. 하지만 팀을 어릴 때부터 봐왔기 때문에 내 친구는 물론 그 아이도 어떻게든 돕고 싶었다.

그때 아이디어가 하나 떠올랐다. 나는 친구 부자와 함께 산책을 하며 내가 최근에 악관절 교정의에게서 들은 이야기를 해주었다. 어떤 여자 환자가 치아 교정기를 끼고부터 입속에서 약하게 라디오 프로그램 소리가 난다고 호소했다는 것이다. 그녀가 턱을 어떻

---

* 여기서는 심각한 조현병 같은 중증 정신질환을 의미하고, 독일에서는 이런 병은 정신과 의사만이 치료할 수 있다.

176

게 놓느냐에 따라 음악이 나오기도 하고 교통 방송이 나오기도 했다. 치아 교정기에 들어가 있는 철선과 금니, 아말감 충전 그리고 침의 산성 농도가 만나 이 환자의 입속을 라디오 전파 수신기로 만든 모양이었다. 나도 어릴 때 철선 몇 가닥과 축전기 같은 간단한 도구들로 라디오를 만드는 실험을 해본 적이 있다. 단지 그때의 나는 입 속에 있는 두 가지 서로 다른 금속과 침이 아니라 배터리 전기를 이용했다는 게 달랐을 뿐이다. 친구 부자와 함께 베를린의 슈프레강을 따라 걷는 동안 나는 그 환자 생각에 빠져 있다가 이렇게 말했다.

"만약에 말이야. 우리 주변에 있는 라디오 전파가 다 보인다면 어떨까? 주변이 아주 혼잡스럽겠지. 생각해 봐. 수십 수백 개의 텔레비전과 라디오, 무선 전화기 주파수가 있고, 경찰이나 소방서, 구급차 통신용 전파가 우리 눈에 보이지는 않지만 이 공기 속을 계속 지나가잖아. 그리고 우리 뇌의 구조를 생각하면 다른 사람은 전달받지 않는 것들을 수신하는 사람도 분명히 있을 것 같거든. 우리 몸은 라디오 전파 수신에 필요한 것을 기본적으로 다 가지고 있어. 뇌 속 시냅스는 전도체고, 신경아교세포Neuroglia[**]는 축전기 역할을 해. 뇌 속에는 전기도 충분히 흐르거든. 라디오 전파를 수신하는 데 충분하지. 사실 사람은 누구나 자기 뇌로 라디오나 텔레비전 프로그램을 수신할 수 있어. 단지 우리는 어릴 때부터 미치지 않으려

___

[**] 중추 신경계의 조직을 지지하는 세포.

면 그런 전파는 걸러내야 한다고 배웠을 뿐이야. 하지만 향정신성 약물이 그런 유용한 필터들을 없애버렸을 수도 있잖아. 만약 정말 그렇다면 많은 게 설명이 돼."

나는 이 짧은 강의가 분명 친구의 아들 내면의 무언가를 건드렸음을 그의 표정으로 알 수 있었다. 나중에 친구와 둘이 남았을 때 우리는 식탁에 앉아 좋은 와인을 마시며 이야기를 이어갔다. 친구가 말했다.

"아까 슈프레강에서 했던 말을 팀이 흥미로워하는 것 같아. 자네도 느꼈지? 그 애는 지금 무엇보다 자기가 왜 이런 일을 겪고 있는지 누가 자세히 설명해주기를 바라고 있거든. 하지만 설명이 가능하다고 해도 그것으로 환청을 없앨 수는 없겠지."

나는 이렇게 대답했다.

"그것만으로는 안 되지. 하지만 팀이 내 설명 모델을 '믿는다'면, 이제 자네가 도움을 줄 수도 있어. 자네도 머릿속 생각이 새로운 시냅스 연결을 만든다는 걸 나만큼이나 잘 알잖아. 정신질환 환자에게 최면을 사용하는 건 금기니까, 어쩌면 대화로 자네가 팀의 머리에 일종의 전파 탐지 단추 같은 걸 설치할 수 있지 않을까? 그 단추로 그 애가 스스로 무엇을 수신할지 선택할 수 있게 하는 거지. 자네가 옛날에 썼던 스테레오 시스템 기억해? 거기에 돌리는 단추가 달려 있었잖아. 은색의 아름다운 단추였지. 그 정도면 딱 좋겠군. 혹시 알아? 그 단추를 돌려서 기분 좋은 방송을 찾는다는 생각만 해도 팀의 상태가 훨씬 좋아질지. 그리고 운이 따라준다면 심지어 아무 소리도 나오지 않는 전파를 발견할 수도 있지. 이건 물론 로또 당첨 같은 거지만. 이렇든 저렇든 어차피 환청은 들리는 거니까 상상으로 다른 전파를 찾아본다고 해서 더 나빠질 건 없지 않을까? 이 설명 모델을 통해 더 바람직한 전파에 집중하다 보면 더 긍정적인 시냅스 연결이 생성될 수도 있고 말이야."

친구는 내 아이디어가 상당히 난해한 것 같다며 와인을 한 병 더 딸지 고민했다. 우리는 대화 주제도 바꾸고 와인도 한 잔 더 즐겼다. 그리고 나는 택시를 타고 집으로 왔다.

약 6주 후 친구가 다시 전화를 해왔다. 그때 우리의 대화에 대해 자꾸 생각하게 됐다고 했다. 우리가 만나고 이틀 후 팀도 '인간 라디오' 이야기에서 뭔가 얻을 게 있지 않을지 물어보았다고 했다. 그래서 친구는 자신의 직감이 시키는 대로 내가 말한 '전파 찾기 연습'을 아들에게 슬쩍 말해보았다. 그리고 그 결과는 정말 굉장했다. 팀은 그 즉시 매일 스스로 전파를 선택하는 모습을 상상하며 정신 운동을 했고 날마다 조금 더 잘 상상할 수 있었다. 며칠 만에 효과가 나타났고, 이제 기묘한 환청이 더 이상 들리지 않은 지 몇 년이 되었다.

'인간 라디오' 개념이 정말 효과가 있었던 것인지, 아니면 팀이 복용하던 약이 특이하게 뒤늦게 효과를 발휘한 건지는 잘 모르겠다. 어쩌면 둘 다였는지도 모른다. 그러나 내가 여기서 강조하고 싶은 것은 전혀 다른 점이다. 강박적인 생각으로 힘들어하다 보면 사고력이 아주 정상인데도 자신이 미쳐가고 있는 게 아닐까 싶을 때가 있다. 그런데 어떤 수단이든 그것이 정신질환까지 해결할 수 있다면 강박증에는 더 효과적일 것이다. 무엇이 진실이고 무엇이 거짓인지 생각하는 데서 벗어나기 바란다. 상상의 힘은 극도로 세고, 강박증을 먹여 살리는 에너지의 원천이다. 하지만 그 힘을 똑같이 이용해 빠르게 그리고 영원히 모든 강박증에서 벗어날 수 있다. 당신이 그것을 허용할 때만 그런 일은 가능하다.

강박증에서 완전히 벗어나는 데 몇 달에서 심지어 몇 년이 걸릴 수 있다는 건 분명한 사실이다. 하지만 그 목표 지점에 훨씬 빨리 도달하는 사람도 많다. 당신이 지금까지 강박증 치료는 기본적으로 어렵고 오래 걸린다고 믿어왔다면 어쩌면 지금이 그런 생각과 결별해야 할 때인지도 모른다. 많은 경우 그런 믿음은 단지 부정적인 '믿음 문장'이자 일반화일 뿐이다. 강박증 없이 살기까지 한참 걸릴 수도 있지만, 그렇게 오래 걸릴 거라고 100퍼센트 확신할 수는 없다. 그렇지 않은가? 당신의 상상에는 강박증을 만드는 힘만이 아니라 그 강박증을 다시 없애는 힘도 똑같이 있다는 것을 믿길 바란다. 그리고 그런 일은 때로 당신이 생각하는 것보다 아주 빨리 일어나기도 한다. 당신이 스스로 제한적인 믿음 문장으로 브레이크를 걸지만 않는다면 말이다.

만지기 강박

무언가를 자꾸 만지고 싶은 강박증도 있다. 이런 강박증은 엄격한 의식Ritual을 동반하는 경우가 많다. 어떤 물건을 어디서 어떻게 만져야 하는지에 대한 분명한 규칙들이 있어서 그 규칙대로 하지 못하면, 즉 의식이 차례대로 진행되지 못하면 환자는 불안에 휩싸이고 심지어 공황 발작을 일으키기도 한다. 그 배후에는 스스로 만든 규칙을 지키지 못한 자신을 '벌주겠다는' 생각이 숨어 있다.

그런 규칙이 외부에 의해 주어진다면 같은 행동을 하거나 심지어 같은 감정을 느끼더라도 그것을 강박증이라고 부르지는 않는다. 나처럼 어릴 적 보수적인 독일 바이에른 지방 시골에서 자란 사람이라면 무슨 말인지 잘 알 것이다. 가톨릭 종교색이 짙은 그곳에서 어린 나는 주기적으로 만지기 강박의 목격자가 되어야 했다. 모두가 주일 예배를 드리며 기도하고 참회하기 위해 교회로 가는 일요일이면 만지기 의식은 당연지사였다. 독실한 사람일수록 (혹은 최소한 그런 척하는 사람일수록) 더 강박적으로 무언가를 만져야 하는 상태가 되는 듯했다. 예를 들면 다음과 같다.

- 주기도문 외울 때 묵주 만지기
- 예수님에 대한 사랑을 증명하기 위해 목걸이에 달린 십자가에 키스하기
- 교회에 들어가자마자 혹은 문제가 일어날 가능성이 조금만 보여도 가슴에 성호 긋기

물론 어떤 종교가 됐든 종교적인 의식을 평가하려는 생각은 결코 없다. 모든 종교는 그 신자들에게 하나의 세계관과 의지처를 제공하며, 역사 이래 그 존재 이유는 언제나 타당했다. 내가 하고 싶은 말은

어떤 상황에서는 병적으로 평가되는 행동이 다른 조건에서는 사회적인 행동으로 받아들여진다는 것이다. 종교적 자유라는 관점에서 볼 때 미신적 사고와 그것에 딸려오는 만지기 강박이 완전히 정상이라고 한다면, 정신 치료에서도 미신적 사고가 어느 정도는 이용될 수 있어야 한다. 중요한 것은 환자 자신은 물론이고 주변 사람도 괴롭지 않을 정도로 일상에서의 강박 행동을 없애는 것이다.

어머니의 유품에 집착한 환자

38세의 한 여성 환자는 언제나 정교한 모양의 은색 펜던트가 달린 목걸이를 하고 다녔다. 돌아가신 어머니의 유품인 그 목걸이를 만지면 그녀는 어쩐지 어머니와 연결된다고 느꼈다. 특히 무언가 결정해야 할 때 그 목걸이를 만지며 만약 어머니라면 어떻게 했을지를 생각했다. 그러다 그녀는 그런 작은 의식을 치르지 않고는 아무것도 결정할 수 없게 되었다.

흥미로운 사실은 어머니가 살아 계실 적에는 사소한 일에 대해 일일이 묻지 않았고 특별히 중요한 결정을 내려야 할 때만 조언을 구하곤 했다는 것이었다. 언제부터 그런 만지기 강박이 생겨났는지 그녀도 정확히 알지 못했다. 많은 강박증이 그렇듯 그 과정은 천천히 당사자도 모르게 진행되었고, 오랜 시간 동안 그녀 인생에 아무런 부정적인 영향을 끼치지 않았다. 그녀는 자신의 그런 작은 틱에 관해 때로 농담까지 했었고 남들에게도 그런 틱은 오히려 약간 귀여워 보일 정도였다.

하지만 갑자기 모든 것이 변했다. 어느 날 환자는 자전거를 타다 사고를 당해 의식을 잃었다가 구급차 안에서 깨어났다. 목걸이를 잃어버렸다는 것을 깨달은 그녀는 도무지 안정을 찾을 수 없었다. 구급대원은 강한 안정제를 주사하고 나서야 그녀에게 의학적으로 필요한 처치를 계속할 수 있었다. 검사 결과 장기 손상은 없었으므로 환자는 금방 퇴원했다. 그런데 사고 후 경찰이 망가진 자전거뿐만 아니라 뜯겨나간 목걸이도 안전하게 잘 보관하지 않았다면 어떤 일이 벌어졌을까?

그 사고를 통해 만지기 강박이 얼마나 강해졌는지를 뼈아프게 깨달은 환자는 우리에게 도움을 청했다. 그녀를 치료했던 동료와 나는 이 환자의 경우 기본적으로는 그 강박증에서 벗어날 필요가 전혀 없다는 데 의견이 일치했다. 돌아가신 어머니와 정신적으로 연결될 때 좋은 결정을 내릴 수 있다고 느끼는 것 자체는 나쁠 게 없어 보였다. 다만 그런 정신적 연결을 위해 쉽게 잃어버릴 수도 있는 물건에 의존한다는 게 문제였다.

이 환자의 몸에는 섬세한 문신이 많았다. 내 동료는 그 목걸이 모양의 문신을 새기면 어떨 것 같냐고 물었다. 어떻게 보면 문신을 새기는 것은 그 물건과 더 강하게 연결되는 일이므로 만지기 강박을 대체할 수 있을 것 같았다. 환자는 즉각 관심을 보였고 한 달도 안 되어 왼쪽 손등에 새 문신을 새겼다. 문신을 새기는 일은 시간도 오래 걸리고 조금 아프기도 했지만 그녀는 내 동료의 조언에 따라 바늘이 살갗을 찌를 때마다 만지기 강박이 조금씩 몸으로 옮겨가다가 사라지는 모습을 상상했다. 그리고 이 방식으로 진짜 목걸이를 만져야만 받던 느낌을 그 문신을 보기만 해도 느낄 수 있었다. 어머니와의 깊은 연결과 안정감도 계속 느낄 수 있었고 결정도 잘 내릴 수 있었다. 그때부터 그녀는 목걸이를 어머니의 유품으로 집에 잘 보관해둘 수 있게 되었다. 옷차림과 분위기에 맞을 때 기꺼이 한 번씩 착용하는 유품 말이다.

노파심에서 하는 말이지만, 나는 만지기 강박을 없애고 싶다면 반드시 문신을 해야 한다고 주장하는 것이 아니다. 이 이야기는 단지 하나의 예시일 뿐이다. 문신 해법은 환자 개인의 라이프스타일에 맞을 때에만 권할 것이다. 중요한 것은 어떤 물건이나 몸의 특정 부분을 만져야 하는 강박의 배후에 어떤 감정과 방책들이 숨어 있는지를 알아내는 것이다. 이것들을 알아내고 나면 그것들을 다른 방식으로 '정박Ankern'하게 만들 수 있는 가능성이 많이 생긴다. 다시 말해 다른 장소 혹은 물건으로 옮길 수 있다는 뜻이다. 이것과 관련해서 또 다른 강박증의 예를 한 번 살펴보기로 하자. 여기서도 다른 방식으로 '정박'하는 것이 결정적 역할을 한다.

물건에 대한 강한 집착
수집 강박

물건을 수집하는 데서 기쁨을 느끼는 사람이 많다. 아름다운 돌, 스티커, 성냥갑, 동물 모형, 자동차 모형, 엽서 등 뭐든 수집 가능하다. 수집하는 물건에 문제가 없고 그 물건을 보관하거나 전시하는 공간이 충분하다면 나쁠 것 없다. 물건을 쌓아두는 일은 그 물건과 감정적으로 지나치게 연결될 때만 강박증이 된다. 물건을 하나 잃어버리는 것에 너무 큰 스트레스를 받아 불안증이나 공황 발작을 일으킨다면 선을 넘은 것이다.

중증 수집 강박을 가진 사람에게 물건을 정리하는 일을 기꺼이 돕겠다며 조금 가볍게 살기를 강요한다면 그는 온 힘을 다해서 거부하거나 도와주겠다는 사람을 공격할지도 모른다. 그에게 물건을 정리한다는 것은 가치 없는 물건을 버리는 일이 아니라 자기 정체성의 일부와 작별을 고하는 일과 같기 때문이다. 정신 치료의 관점에서 볼 때 우리는 또다시 자문하지 않을 수 없다. 이들은 어떻게 이럴까? 그러니까 이들은 물건들과 자신을 어떻게 동일시하길래 물건 하나 잃어버렸다고 그 정도로 불안해할까?

너무 많은 과거와 너무 적은 미래

나와 내 동료들은 수집 강박을 가진 사람이 많은 시간을 과거 속에서 산다는 생각을 자주 한다. 이들은 과거의 관계에 골몰하거나 어릴 적 향수에 젖거나 대체로 "옛날에는 모든 게 좋았다"는 식으로 말한다. 반대로 최근 어떤 기쁜 일이 있었느냐고 묻거나 현재 추구하는 구체적인 목표가 있냐고 물으면 대개 별다른 대답을 하지 못한다.

가까운 미래에 열정을 불사를 것이 없다면 에너지를 받을 곳이 없다는 뜻이다. 어떤 과제를 잘 완수하려면 힘이 필요하다. 우리는 이 힘을 과제나 목표를 이미 완수한 모습을 틈틈이 상상하며 얻는다. 운전면허가 있는 사람이라면 이 말을 이해할 것이다. 운전을 배우는 동안 우리는 시험관이 고개를 절레절레 흔들며 불합격이라고 말하는 모습이나 자신이 허탈해하며 시험장을 나오는 모습을 상상하지는 않는다. 의도적으로 시험에서 떨어지려고 하지 않는 한 말이다. 그보다는 시험을 잘 준비해서 마침내 친구와 가족들에게 당당히 면허증을 보여주는 모습을 상상할 것이다.

무언가를 해냈을 때 기뻐하는 모습을 집중해서 떠올리는 일은 단지 에너지의 좋은 원천이기만 한 것이 아니다. 이런 경향이 있는 사람은 정신적 문제로부터 자신을 더 잘 보호하는 것이기도 하다. 그런데 자신의 미래에 대한 목표나 소망이 부족할 때 우리의 무의식은 때로 힘의 다른 원천을 고대하며 어떻게든 안정감을 찾으려 한다. 그 과정에서 어떤 물건에서 자존감이나 확신 같은 긍정적인 감정을 찾는 일이 생기기도 한다. 심리학에서는 이런 일을 '정박'이라고 표현한다.

나쁜 닻과 좋은 닻

정박은 기본적으로 결코 나쁜 것이 아니다. 사람은 의식하지는 못하지만 누구나 닻Anker을 가지고 있고 또 사용한다. 닻은 물건, 소리, 단어, 장면, 냄새, 촉감 혹은 맛이 될 수 있으며, 여기에 얽힌 감정들을 불러일으킨다.

나의 경우 갓 구운 따뜻한 크리스마스 쿠키의 맛에 돌아가신 할머니와 관련된 아름다운 추억 하나가 정박되어 있다. 한 해가 저물 때 맛있는 크리스마스 쿠키를 한 입 베어 물면 언제나 아름다운 유년의 기억이 온몸으로 퍼져나간다. 일 년 동안 내 무의식 저편 어딘가에 잠자고 있던 기억이 그렇게 깨어난다.

다음은 당신에게도 익숙하게 들릴 몇 가지 닻이다. 향수는 사랑하는 사람과의 로맨틱한 밤을 위한 닻이 될 수 있다. 사랑했던 사람을 이미 몇 년 동안이나 잊고 살았더라도 어쩌다 익숙한 향기를 맡으면 그때 그 시절이 '훅' 하고 들어온다. 노래도 오래 잊고 지낸 사람이나 일들을 갑자기 떠올리게 한다. 어떤 말, 물건, 장소에도 긍정적이거나 부정적인 느낌 혹은 추억이 강하게 정박해 있을 수 있다. 외상 후 스트레스 장애가 있는 사람이라면 무슨 말인지 더 잘 알 것이다. 이 경우 그 부정적인 닻을 신경학적으로 무효화해 트라우마를 자꾸 경험하지 않게 하는 것이 무엇보다 중요하다.

낡은 닻도 힘이 막강하다

세미나에서 닻에 숨어 있는 힘을 설명해야 할 때면 나는 재미 삼아 크고 준엄한 목소리로 이렇게 말한다. "자, 책상 위의 물건들 모두 내려놓으세요. 이제부터 쪽지 시험을 볼 겁니다!" 쪽지 시험은 고릿적 '학교-닻'이라고 할 수 있다. 20년 경력의 노련한 의사들도 갑자기 어깨를 들썩하고 심장이 빨리 뛰는 것을 느낄 정도로 의식 깊이 박혀 있는 닻이기도 하다. 이미 오래전에 잊었다고 생각했지만 예정에 없던 시험을 치러야 할 때 느꼈던 그 불안감이 '닻 문장'이 발사되자마자 여전히 똑같이 느껴지는 것이다.

자신에 대해 웃어넘길 수 있는 사람은 상처받지 않는다

수집 강박을 가진 사람은 물건에 긍정적인 느낌이 정박될 때 물건을 축적함으로써 정신적 안정을 불러온다. 반대로 축적한 물건을 잃어버리면 그것과 연결된 감정까지 사라질 것 같아 불안해진다. 따라서 환자마다 물건에 어떤 감정을 정박했는지 알아내는 것이 중요하다. 이것이 분명해지면 그 감정을 다른 방식으로 정박하는 일을 조금씩 시도해볼 수 있다. 강박증 환자가 물건에 정박하는 감정으로는 확신이나 자존감 등이 흔하다. 이러한 사실은 대부분 이런 감정들이 그 환자에게 긴급하게 필요하다는 뜻이다. '다른 방식의 정박'은 생각보다 쉽게 이루어지는데, 특히 유머를 동반할 때 그러하다. 앞에서 말했듯이 우리 뇌는 유머와 비합리적인 상황을 사랑하기 때문이다. 따라서 이 점을 이용해 나쁜 닻을 좀 더 나은 닻으로 대체할 수 있다. 방금 언급한 학교-닻을 예로 들어 보자.

내가 근엄한 목소리로 "자, 책상 위의 물건들 모두 내려놓으세요. 이제부터 쪽지 시험을 볼 겁니다!"라고 하는 순간 아무리 자신 감 넘치던 어른이라도 한순간 불안한 학생이 되고 만다. 하지만 뒤늦게라도 내가 활짝 웃기만 하면 더 이상 불안해하지 않는다. 그리고 순간 움츠러들었던 자신에 대해 웃어넘기고, 오래된 닻이 여전히 얼마나 힘이 센지 보며 놀라워한다. 최소한 한 번은 그렇다. 조금 후에 내가 똑같은 닻을 다시 발사하면 사람들은 그 즉시 웃기만할 것이다. 우리 뇌는 하나의 자극에 서로 상충하는 두 가지 감정을 느낄 수 없다. 그래서 여기서도 웃음이 몇 초 만에 불안과의 연결을 끊어버린 것이다. 웃음 덕분에 긍정적인 새 감정을 조금 전의 부정적인 감정만큼이나 강하게 정박시키는, 신경학적 수준에서의 수많은 시냅스 연결이 일어난 것이다.

우리가 진심으로 웃을수록 우리 뇌는 그 불안이 더 이상 근거도 존재 이유도 없고 따라서 사라져도 된다는 사실을 신경학적으로 더 빨리 알아차린다. 그렇게 불안의 닻은 순식간에 웃음의 닻이 된다. 이런 변화의 힘을 알고 있는 치료자는 첫 웃음을 최대한 오래 유지하려 노력할 것이고, 더 많은 웃음 닻을 만들 것이고, 계속 웃음 닻을 이용해 긍정적 효과를 더더욱 강화할 것이다.

그리고 환자의 가족도 웃음으로 놀라운 일을 할 수 있다. 치료 중인 환자를 사랑으로 놀리며 웃게 만드는 것이 섣부른 공감으로 강박증을 강화하는 것보다 훨씬 낫다. 다시 말하지만, 우리 뇌는 하나의 상황에 서로 반대되는 두 가지 감정으로 반응할 수 없기 때문이다. 강박에 대해 너무 이해심을 보이면 오히려 이 문제가 정말 심각하고 간단히 해결될 수 없다고 환자가 확신하게 만들 뿐이다. 반대로 어차피 힘든 치료 과정을 유머로 가볍게 만들면 환자의 뇌도 치료 과정을 웃음이라는 더 나은 감정과 연결시키는 일이 가능해진다. 만약 강박증을 너무 가볍게 여기는 것 같아 환자가 약간 불쾌하게 느낀다고 해도 이런 긍정적인 효과는 나타난다. 환자가 한번 버럭할 뿐 진짜 화를 내는 게 아니라면 유머를 견지하면서 환자 스스로 웃게 만들기를 바란다. 왜냐하면 바로 이것이 프랭크 패럴리의 '도발적 치료'를 성공적인 치료법으로 만든 방식이기 때문이다. 당연히 가족과 친구들도 쓸 수 있는, 효과 좋은 치료법이다.

공감은 도움이 아니라 해가 되기도 한다

공감 능력은 본질적으로 아주 아름다운 자질이다. 정신 치료와 간병, 돌봄 일은 물론이고 서비스업에 종사하는 사람에게도 아주 중요한 자질이 아닐 수 없다. 하지만 더할 나위 없이 선의로 보이는 공감도 때론 환자에게 해가 되기도 한다. 공감으로는 환자를 자극하기 어렵고 그러면 환자는 (이미 한참 늦은) 변화에 필요한 힘을 얻을 수 없기 때문이다.

인간 감정 상태의 스펙트럼을 분석해보면 이 말이 무슨 뜻인지 더 정확히 알 수 있다. 인간 감정 상태의 스펙트럼을 간단히 다섯 단으로 된 계단으로 분석해볼 수 있다. 이 계단의 맨 아래는 에너지가 가장 약한 우울감과 불안감의 단이다. 그리고 그 위는 분노의 단이다. 분노도 첫 단과 마찬가지로 부정적이긴 하지만 첫 단보다는 힘이 있다. 세 번째 단은 초월의 단이고 그다음 희망의 단과 행동을 부르는 고취 상태의 단이 이어진다. 가장 높은, '행동을 부르는 고취 상태'의 단에서 우리는 행복과 만족감을 느끼며 자율적인 인생을 산다.

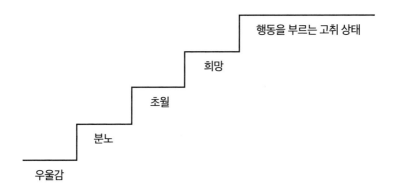

맨 아랫단에서 벗어나고 싶은가? 그렇다면 일단 그 다음 윗단으로 가야 한다. 원칙적으로 가장 아랫단에서 가장 윗단으로 직행할 수는 없다. 그러므로 분노나 화도 꼭 나쁜 것은 아니다. 지금 지닌 에너지로 가능한 다음 단으로 올라가 일단 당장의 깊은 문제에서 벗어나는 것이 중요하다. 그러기 위해서는 현재 자신의 인생을 돌아보며 각 단의 배후에 숨어 있는 진실을 알아차리기만 하면 된다. 우리는 모두 살면서 한 번쯤은 바닥을 치게 되지 않는가? 그럴 때는 분노를 분출해야만 행동에 필요한 에너지를 얻을 수 있다. 그 분노의 대상이 자신인지 다른 사람인지는 사실 중요한 문제가 아니다.

예를 들어 사람들은 파트너가 바람을 피웠다는 사실을 알고 나서야 비로소 그 사람과 헤어진다. 이미 오래전에 헤어져야 했던 관계에서 마침내 이별을 선언하게 만드는 것은 결국 해로운 관계 그 자체가 아니라 상대의 배신에 대한 분노다. 분노가 헤어질 만큼의 에너지를 만들어 준 것이다. 이렇게 해방이 일어나면 우리는 초월의 세 번째 단에 다다른다. 더 이상 자신을 정당화할 필요도, 무언가를 숨길 필요도 없다. 단지 자기 자신으로 존재하기만 하면 된다. 그러다 다른 누군가를 만나 새로운 관계를 맺게 되면 네 번째 단에 있는 자신을 발견한다. 그리고 이 희망이 최종적으로 '행동을 부르는 고취 상태'라는 다섯 번째 단으로 이어지고, 여기서 우리는 새로운 관계를 위해 적극적으로 노력할 충분한 힘을 얻게 된다.

첫 단에서 바로 다섯 번째 단으로 직행하는 사람은 없다. 두 번째 단에서 가능한 한 짧게 머무는 게 좋지만, 어쨌든 한 단 한 단 올라가게 된다. 두 번째 단을 아예 생략하는 것은 안 된다. 그러면 첫 번째 단에 필요 이상으로 오래 머무르게 될 테니까 말이다.

'다른 사람을 사랑하게 돼서 기존의 해로운 관계가 깨진다면 어떨까?' 하고 생각하는 사람도 있을 것 같다. 이 경우 망가진 관계, 그러니까 가장 아랫단에서 곧장 더 나은 관계를 희망하는 네 번째 단으로 올라가지 않을까? 하지만 자세히 생각해보면 그렇지 않다. 이 경우에도 어떤 일로 인해 도저히 참을 수 없게 되어 기존의 관계가 깨지는 것이기 때문이다. 두 번째 단인 분노와 화 때문에 제대로 된 대화가 불가능해지고 결국 둘 중의 한 명이 관계에 관심이 없는 상태, 즉 초월의 세 번째 단계에 이른다.

감정의 계단 그림은 거꾸로 봐도 의미하는 바가 크다. 이 계단은 기본적으로 힘들게 올라가야 하지만 대단히 빨리 내려갈 수도 있다. 다시 말해 모든 것이 좋을 때도 한 번의 나쁜 경험으로 금방 우울의 나락으로 떨어질 수 있다. 하지만 이미 나락에 있다면 우리는 그 나락에서 오직 빠져나올 수만 있다. 다시 한 단 한 단 위로 올라가기만 한다면 말이다. 단, 이때 두 번째 단을 피하려고 해서는 안 된다. 오히려 적극적으로 환영하며 분노와 화를 있는 그대로의 모습으로, 즉 에너지가 넘쳐서 계단을 잘 올라갈 수 있는 상태로 보아야 한다. 더 큰 도약을 위해 지금 잠시 주춤하고는 있지만 말이다.

환자의 가족은 때로는 확신을 가지고 강박증, 불안증, 우울증으로 힘들어하는 가족을 강하게 다룰 줄도 알아야 한다. 하지만 악의에 찬 말이나 모욕감을 주는 것은 절대 안 된다. 약간의 저항과 분노를 유발해 환자가 다시 계단을 올라가는 데 필요한 에너지를 얻을 정도의 유머면 딱 좋다. 이 목적을 충족시키는 웃긴 문장을 찾앞다면 그것을 안정적인 웃음 닻으로 만들어야 한다. 그럴 수만 있다면 환자는 필요할 때 즉시 도움을 받을 수 있는 효과적인 도구를 하나 갖게 된 것이다.

웃음 닻을 만들어라

성공한 코미디언들은 웃음을 부르는 닻을 많이 갖고 있다. 각종 프로그램에서 특정 제스처나 문장이 웃음 닻으로 굳어져, 그 제스처를 하거나 문장을 말하기만 해도 관중들은 그 즉시 유쾌한 기분을 느낀다. 예를 들어 뤼디거 호프만Rüdiger Hoffmann은 "네, 우선 안녕하십니까? 혹시 알고 계신지 모르겠지만……"이라는 말로 유명하다. 이렇게만 말해도 사람들이 웃으니 웃음 닻의 전형이 아닐 수 없다. 최소한 나는 언제나 웃게 된다.

우리 클리닉의 정신 요법 의사들도 웃음 닻을 기꺼이 애용한다. 특히 '에르빈'을 이용하는 걸 아주 즐긴다. 에르빈은 큰 눈이 툭 튀어나온 분홍색의 작은 고무 돼지 인형이다. 강아지들이 아주 좋아하는 장난감인데, 바보 같이 생겼을 뿐만 아니라 어떻게 누르느냐에 따라 달라지는 꿀꿀대거나 꽥꽥대는 소리가 무척 웃기다. 나는 불안증이나 우울증, 혹은 강박증 속으로 자꾸 침잠하는 경향(이것은 해롭기만 한, 일종의 자기 프로그래밍이다)이 있는 환자들을 상담할 때면 에르빈을 '탐지기'로 고용해 나를 보조하게 한다. 부정적인 믿음 문장이 환자의 입에서 나올 때마다 (나와 동료들은 이것을 자기파괴적 과정이라고 부른다) 에르빈이 아주 웃긴 소리를 내기 때문에 나중에는 내가 이 돼지 가까이 손을 가져가기만 해도 환자들은 웃음을 터뜨린다. 이때 좋은 점은 환자들이 에르빈 때문에 웃기도 하지만 어쩔 수 없이 자기 자신에 대해서도 웃게 된다는 것이다. 이 익살맞은 돼지가 환자들의 입에서 부정적인 믿음 문장이 나올 때면 시끄럽게 떠들어대기 때문이다. 상담 내내 꿀꿀 소리와 꽥꽥 소리가 끊이지 않을 때도 있는데, 그럴 때 환자는 자신이 부정적인 프로그래밍에 얼마나 능한지에 대해 놀라곤 한다. 예시로 우리 클리닉 환자의 이야기를 하나 들려주겠다.

N씨는 성공한 사업가로, 일에 관해서라면 뭐든 마음대로 할 수 있는 위치에 있었다. 그런데 남편과 사춘기 딸 둘로 이뤄진 가정에서는 남편의 권력이 강한 편이었다. N씨와 마찬가지로 성공한, 자기 사업체를 가진 건축 전문가인 남편은 아이들을 키우는 문제는 물론이고 집안일에도 사사건건 이의를 제기하곤 했다. 그러다 스트레스가 특히 심했던 어떤 기간에 N씨는 자신이 남편과 딸들을 해칠 것 같다는 생각을 자주 하게 되었다. 가족을 무척 사랑하는 그녀는 그 생각에 매우 당황했고, 그런 생각을 최대한 억압하려 했다. 그 과정에서 강박적 생각을 상쇄하려는 강박 행동으로 먼저 씻기 강박이 생겼고, 나중에는 수집 강박이 생겼다. 그녀는 자신의 두 딸이 다섯 살 때까지 썼던 모든 물건에 집착하게 되었고, 예를 들어 아이들이 그때 그렸던 그림이 한 장이라도 사라지면 신경 발작을 일으킬 정도였다. 그 물건들은 그녀가 엄마 역할에 몰두할 수 있었고 남편과 동등하고 행복한 결혼 생활을 유지했던 시절을 떠올리게 했다. 조건 없는 사랑과 안정

감, 엄마로서 받는 존중감 같은 감정들이 단란한 가정의 모습으로 그 물건들에 정박해 있었던 것이다.

치료자로서의 내가 할 일은 첫째로 그런 정박을 적당히 바꿔주는 것이었고, 둘째로 그녀가 혼자서도 부정적인 믿음 문장에 적극적으로 대처할 수 있도록 웃음을 부르는 안정적인 닻을 만들어 주는 것이었다. N씨가 받고 있는 스트레스의 가장 큰 원인은 잘못된 믿음 문장으로 보였다. 그녀는 지속되는 스트레스에 스스로 강박적인 생각과 행동으로 반응하고 있었기 때문이다.

믿음 문장 제조기

N씨가 우리 클리닉을 찾은 첫날부터 몇 분 지나지 않아 나는 그녀가 진짜 '믿음 문장 제조기'라는 걸 알 수 있었다. 유난히 부정적인 믿음 문장이 끊이지 않는 환자를 우리 클리닉에서는 그렇게 부른다. 따라서 나는 그녀에게 에르빈을 소개하지 않을 수 없었다. 나는 N씨에게 그녀가 스스로에게 해로운 프로그래밍을 시도할 때마다 그 즉시 에르빈이 웃을 거라고 설명했다. N씨의 표정을 보고 나는 그녀가 상담을 위해 많은 준비를 했지만 강아지 장난감 앞에서 말을 해야 한다는 생각은 해보지 못했다는 걸 알 수 있었다.

N씨 저희 회사의 큰 고객이 갑자기 경쟁사로 가려 했을 때가 시작이었어요. 그 고객을 붙잡지 못했다면 회사는 문을 닫았을 거예요.

여기서부터 벌써 에르빈이 크게 꿀꿀댔으므로 N씨는 이야기를 이어나갈 수 없었다. 그녀가 이게 무슨 일인지 이해할 수 없다는 표정을 지었기에 내가 말했다.

나 그러니까 지금 고객 한 명만 떨어져 나가도 회사의 문을 닫아야 할 정도로 환자분의 회사가 허약하다고 진심으로 말씀하시는 것인가요?

N씨 당연히 그건 아니죠. 하지만 만약 그 고객이 정말 떠났다면 아주 빨리 새 고객을 찾아야 했거나 최소한 직원 몇 명은 해고해야 했을 거예요.

나 그렇게 말씀하시니 사정이 아주 다르게 들립니다. 최악의 경우 '직원 몇 명을 해고해야 한다'와 '회사가 문을 닫아야 한다' 사이의 차이점이 보이시나요?'

N씨는 이제 심기가 정말 불편해 보였다.

N씨 그건 그다지 중요한 문제가 아닌 것 같은데요. 표현이 조금 서툴 렀을지는 몰라도 그게 제 진짜 문제와 무슨 상관이 있죠?

에르빈이 이번에는 정말로 크게 꿀꿀거렸다. N씨는 애매한 미소를 지으며 고개를 가볍게 절레절레 흔들었다.

나　에르빈은 생각이 좀 다른 것 같네요. 저도 마찬가지고요. 혹시 환자분의 진짜 문제도 단지, 음…… 뭐라고 하셨죠? 아, '표현이 조금 서툴러서' 그렇게 해결하기 힘든 게 아닐까요? 환자분이 하는 말을 스스로도 늘 들으시니까요. 환자분께서는 회사에서 스트레스가 컸을 때 처음 강박증이 생겼다고 하셨죠? 그렇다면 그 스트레스가 얼마나 컸는지, 그중 스스로 만든 스트레스는 어느 정도인지 알아보는 게 좋지 않을까요?

N씨　저 스스로 스트레스를 만들었다고 생각하진 않아요. 100명이 넘는 직원들의 생계가 제게 달려 있고…….

　이때 다시 에르빈이 끼어들었는데 이번에는 더 오래 시끄럽게 꽥꽥댔다. 또다시 말을 멈출 수밖에 없었던 N씨는 이제 정말로 화가 난 듯했다. 하지만 덕분에 그녀는 다음 계단으로 가는 데 필요한 에너지 상태에 이를 수 있었다. 바로 내가 바라던 바였다.

나　보세요. 부정적 믿음 문장이라는 말이 의미하는 게 바로 이겁니다. 스스로에게 필요 이상 스트레스를 주지는 않는지 의심하기도 전에 환자분은 금세 또 다른 스트레스를 자신에게 주고 계세요. 100명이 넘는 직원들의 생계가 환자분에게 달렸다고 했는데, 바로 그런 생각이 스트레스를 더하고 있습니다. 환자분 회사는 혹시 자선단체인가요? 그러니까 다른 곳에서는 절대 일할 수 없는 사람들만 고용하나요?

N씨는 이제 기분이 완전히 상한 채 대답했다.

N씨 물론 아니죠. 우리 직원들은 최고 능력자들이라고요. 오히려 경쟁사에서 스카우트하려 하니 문제죠.

나 아, 네. 그렇다면 에르빈이 이번에도 부정적 믿음 문장을 제대로 알아차렸네요. 그러니까 직원들의 생계가 환자분에게 달렸다는 말은 정확히 말하면 사실이 아니죠. 다른 곳에서도 일할 수 있으니까요. 그건 안 그래도 스트레스 가득한 환자분에게 스트레스를 더하는 데 완벽한 생각이에요. 그런데 왜 그런 생각을 할까요? 환자분은 좋은 경영자라면 언제나 스트레스를 받아야 한다고 생각하나요?

N씨 아뇨, 물론 아닙니다. 하지만 나는…….

N씨는 말을 더듬었다. 그리고 또 애타게 끼어들 순간을 기다리고 있는 에르빈을 보았다. 그러다 그녀는 크게 웃으며 머리를 절레절레 흔들고는 말했다.

N씨 세상에나! 선생님 말씀이 맞네요. 저는 대체 왜 이러는 걸까요? 제가 하는 생각과 말을 들으면 다 맞는 말 같은데, 선생님 말씀이 더 합당하네요.

나 네, 그래서 이제부터 우리는 작은 연습을 하나 할 겁니다. 저는 환자분이 얼마나 자주 부정적 믿음 문장에 빠져서 필요 이상의 스트레스를 유발하는지 스스로 깨닫게 되기를 바랍니다. 환자분 곁에 환자분만의 에르빈을 하나 만들어드리려고 하는데 어떠신가요? 다시 스스로에게 필요 이상 스트레스를 주려고 할 때 그걸 알려주는 환자분만의 개인 경고 시스템 같은 거죠.

N씨   오, 정말 도움이 될 것 같은데요. 발정기 돼지들이 꽥꽥거리는 소리를 계속 듣지 않아도 된다면 말이에요.

그 말은 나의 치료법에 대한 기분 좋은 동의였다. 우리는 둘 다 웃음을 터트렸다.

나   네, 안 그래도 좀 조용한 방식을 써볼 거랍니다. 웃기지는 않지만 똑같이 아주 믿을 만한 기술입니다. 환자분은 이 경고 시스템을 이미 오래전에 구축해놓았지만 지금까지 모르고 계셨을 뿐이에요. 다시 말해 환자분께서도 이미 꿀꿀대는 에르빈을 하나 갖고 있습니다. 그건 다름 아니라 바로 나쁜 기분이에요. 원칙적으로 나쁜 기분은 그게 무엇이든 사실 꿀꿀대는 에르빈이랍니다. 불안, 분노, 미움, 질투, 슬픔, 우울, 심지어 강박 충동까지 모두요. 이러한 감정을 느낀다는 건 언제나 바로 직전에 내면의 대화가 있었다는 뜻입니다. 소리내어 말했을 수도 있고 머릿속으로 생각만 했을 수도 있지만 어느 쪽이든 마찬가지입니다. 그리고 이건 나쁜 감정이든 좋은 감정이든 똑같아요. 긍정적 감정에도 원칙적으로 내면의 대화가 선행됩니다. 하지만 이 대화는 이롭고 친절한 대화지요. 예를 들어 "지금까지 나는 늘 해결책을 찾아냈어. 이번에도 꼭 그럴 거야!" 같은 것이 좋은 믿음 문장입니다. 이런 자신과의 대화는 용기와 확신을 부르죠. 그리고 어려운 문제와 씨름하며 해결책을 찾는 데 필요한 에너지를 제공한답니다.

N씨는 그때부터 부정적인 감정이 들 때면 잠시 멈추고 방금 어떤 생각을 했는지 스스로에게 물어보기로 했다. 하지만 스트레스가 심하면 그렇게 부정적인 믿음 문장을 알아차리고 더 나은 문장으로 대체하는 일이 결코 쉽지 않으므로 나는 그럴 때 도움이 될 '작업The Work'*이라고 알려진 기술을 하나 더 가르쳐주었다. 이런 도움 덕분에 N씨는 몇 달 안에 스스로 만드는 스트레스 수치를 줄이는 데 성공했고 차츰 강박증도 상당히 극복했다. 이 기술에 대해서는 조금 후에 자세히 알아보기로 하자.

긍정적 믿음 문장과 부정적 믿음 문장

믿음 문장이란 진짜로 맞는 사실인지 의심하지 않고 하는 말이다. 다른 사람에게 말할 때도 있지만 대개는 자신에게 하는 말이다. 심리학자들에 따르면 우리는 하루에 최소 70번 이상 믿음 문장으로 자신에게 거짓말을 한다고 한다. 타인과 대화할 때 자기만

---

* 세계적인 영적 지도자 바이런 케이티Byron Katie가 제시한 방법이자, 그녀가 쓴 책의 제목이기도 하다. 한국에서는 《네 가지 질문》이라는 제목으로 출판되었다.

의 믿음 문장에 빠져 있다는 걸 알아차리려면 상당한 연습이 필요하다. 그래도 적어도 이때는 상대가 피드백을 줄 수도 있고 필요하면 이의를 제기할 수도 있다.

하지만 자신과의 대화에서는 그런 조정이 일어나지 않는다. 혼자 무언가에 대해 오래 고민할 때 부정적인 믿음 문장들이 쉬지 않고 이어지는 악순환에 빠질 위험이 있다. 이런 생각의 늪에 자주 빠지는 사람은 언젠가는 정신적인 문제를 갖게 될지도 모른다. 하지만 꼭 그런 것은 아니다. 나쁜 기분을 감수하는 대신 머릿속에서 일어나는 일에 대한 통제권, 나아가 자기 감정에 대한 통제권을 되찾을 수도 있다. 이를 위해서는 부정적인 감정을 느낄 때마다 어떤 믿음 문장에 가장 직접적인 책임이 있는지 질문하는 것이 가장 좋은 방법이다. 지금 당장 '작업'으로 믿음 문장의 진실성을 검사해보고, 가능하면 더 진실에 가깝고 더 나은 느낌을 주는 다른 문장으로 바꿔보기 바란다.

당신의 생각을 모두 믿지 말 것

이제부터 부정적인 생각이 거짓말임이 밝혀질 때마다, 그리고 의식적으로 그 생각을 다른 더 나은 생각으로 대체할 때마다 즉시 당신의 감정 상태가 좋은 쪽으로 바뀔 것이다. 약간의 인내심을 갖고 조금만 연습하면 인생을 점점 더 가볍게 만들지, 점점 더 무겁게 만들지 스스로 결정할 수 있다. 상황을 윤색하는 것도, 문제를 외면하려는 것도 아니다. 우리의 목적은 문제에 대한 해결책을 찾고, 스스로 만든 문제로 힘들어하며 힘을 낭비하지 않는 것이다.

도널드 마이켄바움Donald Meichenbaum, 아론 벡Aaron T. Beck, 앨버트 엘리스Albert Ellis 같은 인지 행동 치료의 창시자들은 이미 옛날부터 부정적 믿음 문장의 힘이 얼마나 파괴적인지 잘 알았다. 그래서 인지 치료에서도 환자가 자신의 생각을 다 믿지 않는 법을 배우는 것이 처음부터 아주 중요한 부분을 차지했다. 그리고 1980년대 말, 미국의 베스트셀러 작가 바이런 케이티Byron Katie가 '자신에게 하는 거짓말'을 알아차리는 것뿐만 아니라 그런 거짓말을 환자가 인생의 활력을 더 느낄 수 있는 방향으로 바꾸는 '작업'이라는 매우 효과적인 방법을 개발해냈다. '작업'은 '네 가지 질문'과 '뒤집음'이라는 핵심적인 두 과정으로 이루어진다. 바이런 케이티의 책《네 가지 질문》을 읽어볼 것을 적극 추천한다. 나도 규칙적으로 '작업'을 하는데, 내가 여전히 부정적인 믿음 문장들을 갖고 있다는 사실에 놀라곤 한다. 그래도 발견하자마자 몇 초 만에 이 문장을 없앨 수 있으므로 괴로울 일은 좀처럼 없다. 다음은 내가 일상에서 자주 말하는 믿음 문장의 예이다.

오늘 어쩐지 모든 게 다 힘이 드는군!

이런 생각을 해보지 않은 사람은 아마도 없을 것이다. 이런 생각은 99.9퍼센트 거짓말일 테지만 일단 '작업'을 거쳐야 그렇다는 것을 알게 된다. 이런 부정적인 자체 프로그래밍으로 인생을 힘들게 만들고 있다는 걸 오늘 또 알아차렸으니 바로 지금 나를 위해, 그리고 당신을 위해 이 생각을 본보기로 아주 구체적으로 '작업'하며 자아비판을 한 번 해보려고 한다. 그러려면 일단 다음의 네 가지 질문을 해야 한다.

1. 이것은 진실인가?
2. 나는 이것이 진실이라고 정말 확신할 수 있는가?
3. 이 생각을 믿을 때 나는 어떻게 반응하는가?
4. 이 생각이 없다면 나는 누구인가?

첫 번째 질문부터 살펴보자. 아까 '오늘 어쩐지 모든 게 다 힘이 드는군!'이라는 생각이 내 머리를 스쳐지나갔을 때 나는 책상에 앉아 이 책 앞부분을 다듬고 있었다. 정오쯤이었고 이미 아내와 브런치를 맛있게 잘 먹은 후였다. 그런 사실 때문에라도 이 생각은 벌써 거짓말이 확실하다. 무엇보다 '다'라는 말은 분명 거짓말이다. 조금 전 아침을 먹을 때만 해도 힘들다고는 전혀 생각하지 않았으니까 말이다.

아침부터 그런 생각이 들었다고 해도 이 생각은 거짓말임이 틀림없다. 정오에 오늘 하루가 정말 '다' 힘들 거라고 100퍼센트 확신할 수는 없으니까 말이다. 그러므로 적어도 두 번째 질문에서 나는 그렇게 확신할 수 없음을 정직하게 인정해야 했다.

이제 세 번째 질문을 해보면 더 흥미진진해진다. 이 생각을 정말로 믿는다면 나는 어떻게 반응하는가? 내 경험에 비춰볼 때 나는 오늘 하루를 질질 끌려가듯 보낼 것이다. 꼭 해야 할 일만 마지못해 하고, 밤이면 그렇게 하루를 비생산적으로 보낸 스스로에게 화를 낼 것이다.

마지막 네 번째 질문은 하나의 잘못된 생각이 얼마나 하루를 망칠 수 있는지를 분명히 깨닫게 해준다. "이 생각이 없다면 나는 누구인가?" 음, 추측하건대 어제와 그제의 나로 살 것이다. 즐겁게 글을 쓰고 밤이면 낮에 쓴 글에 만족하며 그것을 다시 읽어보는 저술가로 말이다.

진짜 하이라이트는 이제부터다. 바로 '뒤집음'이라는 단계다. 이제 우리는 본래의 믿음 문장에 가장 반대되는 문장을 만들고 둘 중 어느 쪽이 진실에 더 가까운지 조사해야 한다. 그런데 이때 믿음 문장을 일반화 문장으로 대체하는 실수를 해서는 안 된다. 일반화 문장은 '모두', '아무것도 ~않다', '항상', '절대로' 같은 단어가 들어가는 문장이다. 일반화된 문장은 그 자체로 이미 거짓말이다. "당신은 내 말을 듣는 법이 없어" 같은 문장이 좋은 예시다. 이런 말을 하는 순간에는 맞는 말처럼 보일 수 있다. 하지만 세상에서 가장 부주의한 사람도 때로는 남의 말을 듣고, 그래야 소통이란 게 이뤄질 수 있으니 실제로는 거짓인 문장이다. 그렇다면 이제 "오늘 어쩐지 모든 게 다 힘이 드는군!"의 반대 문장을 한 번 생각해보자. "오늘은 힘든 일이 하나도 없다"는 일반화 문장이므로 안 된다. 다음은 내가 두 번째로 생각한 문장이다.

사실 오늘 대체로 아주 좋아. 그냥 하기 싫은 일이 하나 있을 뿐이야.

이 문장을 떠올리다가 나는 불현듯 깨달았다. 내 세금 신고 일을 담당하고 있는 세무사가 며칠 전에 서류 몇 개를 더 찾아봐달라고 부탁했다. 그런데 그 서류를 금방 찾을 수가 없었다. 아무래도 내가 엉뚱한 곳에 철을 해놓은 게 분명했다. 그 생각을 하자마자 몇 시간이고 온갖 서류철을 뒤지는 내 모습이 떠올랐다. 내가 정말 환자들에게 "어떤 방식으로 그런 생각을 하나요?"라고 물었던 그 사람이 맞나? 눈치챘겠지만 정신 요법 의사도 자신의 환자들과 똑같이 말도 안 되는 상상들을 하곤 한다. 그때 나도 최악의 경우 어떤 일이 일어날지에 대해 상상했다. 서류를 찾는 일이 정말로 그렇게 오래 걸릴 거라고 100퍼센트 확신할 수 없는데도 말이다. 여기서 우리는 믿음 문장이 내면의 대화로만 이루어지는 게 아니라 영화 장면들처럼 이어질 수도 있음을 알 수 있다.

계산적 비관주의의 함정

가능한 모든 일에 대비하는 게 좋고 현명한 거라고 생각하는 사람들이 있다. 이들은 나쁜 일을 예측하며 계산적으로 비관주의를 고수해야만 실제로 나쁜 일을 당해도 당황하거나 놀라지 않을 수 있다고 생각한다(그러므로 계산적 비관주의인 것이다). 그런데 우리 뇌는 상상 속 재난에도 진짜 재난처럼 반응하므로 이것은 굉장히 잘못된 작전이다. 계산된 비관주의자의 뇌는 늘 위기 상태에 있을 수밖에 없다. 그렇기 때문에 필요 이상으로 나쁜 기분을 느끼고, 좋은 기회들을 놓치게 된다. 늘 최악을 대비하는 사람은 자신의 정신이라는 요새 안에서 완전무장하고 앉아 있을 뿐 앞으로는 한 발자국도 나아가지 않는다. 이런 상황에서는 성장이나 개발이 어렵고 최선의 경우라도 현상 유지만 가능하다. 강박증 환자라면 현상 유지는 절대 사양하고 싶을 것이다.

다시 나의 문제로 돌아와보자. 나는 길고 지루할 수도 있는 일을 하고 싶지 않았으므로 그 서류를 찾는 것을 며칠 미뤘다. 그러다 오늘 11시 즈음 '아참! 세무사가 말한 그 서류 당장 찾아봐야 해!' 하고 생각했던 것이다. 하지만 나는 책을 먼저 쓰고 싶었으므로 서류를 당장 찾지는 않았고 그래서 정오쯤에 그 '미루기'에 짜증이 났다. 그래서 '오늘 어쩐지 모든 게 다 힘이 드는군!'이라고 생각하게 된 것이다.

'뒤집음'으로 막힌 곳 풀기

'뒤집음'을 통해 내가 당장 해야 할 일은 단 하나뿐이라는 사실을 깨닫자, 정말 하기 싫던 일이 아름다워 보일 정도는 아니어도 못할 것도 없는 일이 되었다. 나는 최악의 경우라도 한 시간이면 서류 공략에 충분하다고 어림잡았다. 그리고 좋아하는 노래들만 모아둔 플레이리스트를 틀고 라테 마키아토를 만들어 커다란 잔에 채운 후 일을 시작했다. 그러고 나서 20분도 채 되지 않아 찾아야 하는 서류들을 발견했다. 나는 10분 동안 그것들을 스캔하고 세무사 사무실로 보낸 다음 서류를 다시 제자리에 정리했다. 단지 잘못된 믿음 문장 하나만 처리했을 뿐인데, 나의 하루가 얼마나 더 좋아졌는지를 보면 그저 놀랍기만 하다. 나는 생산적인 하루를 보낼 테고 오후를 다 망치고 밤에 후회하지 않아도 될 것이다. 잘못 철해 놓았던 서류를 20분 정도 찾아야 했지만, 덕분에 좋은 음악과 맛있는 라테 마키아토를 즐겼다. 이 정도면 괜찮은 거래 아닌가?

한 번에 하나씩 고쳐나가기

'작업'과 함께 N씨도 자신의 스트레스 수치를 눈에 띄게 줄여나갔다. 그리고 남편 혹은 딸들에게 무언가 해로운 짓을 할지도 모른다는 강박적 상상을 더 이상 하지 않게 되었다. 하지만 수집 강박은 마지막까지 그녀를 괴롭혔다. 좋은 엄마와 좋은 아내라는 느낌이 여전히 아이들의 어린 시절을 상징하는 물건들에 정박해 있었던 것이다. 뒤이은 상담에서 나는 N씨에게 물었다.

나   그렇다면 환자분이 지금도 좋은 엄마고 좋은 아내란 사실을 어디에서 느끼고 싶은가요?

N씨   아이들과 남편이 저에 대해 좋은 피드백을 해주면 그렇게 느낄 수 있을 것 같아요. 지금은 제가 뭐든 다 잘못하고 있고 그래서 항상 스트레스를 유발한다고 하거든요.

나   일단 그 말씀도 일반화를 포함한 부정적 믿음 문장이라는 사실은 덮어두죠. 이제 일로 인한 스트레스가 상당히 줄었으니 가족들을 위한 시간을 많이 낼 수 있지 않나요?

N씨 그렇죠. 안 그래도 집에 있는 시간이 많이 늘었어요. 하지만 왠지 제 가족은 아직 그 사실을 모르는 것 같아요.

나 네, 그렇군요. 일단 환자분은 가족에게 좋은 피드백을 받고 싶으시죠? 그건 간단합니다. '피드백'은 사실 먹을 것을 다시 돌려받는다는 뜻이죠. 가족분들과 대화할 때, 우선 환자분이 어떤 정보를 먹일 겁니다. 그리고 그 정보에 대한 반응으로 피드백을 받는 겁니다. 그 피드백이 현재 환자분에게는 듣기 싫은 소리겠지만 어떤 피드백을 받느냐는 결국 환자분이 결정하는 겁니다. 기본적으로 환자분이 한 말에 대한 대답이 피드백이니까요. 메아리 같은 거예요. 메아리를 받으려면 먼저 무언가를 외쳐야 합니다. 그 메아리가 마음에 들지 않으면 먼저 다르게 외치면 되는 겁니다. 그러니까 원하는 피드백을 받을 때까지 융통성을 갖고 자신의 소통 기술을 개선해나가는 것, 이것이 더 나은 피드백을 받기 위한 비결입니다.

N씨 지금 제 가족이 제가 요즘 더 많은 시간을 집에서 보내는 걸 알아차리지도 못하는 게 제 잘못이라는 말씀인가요?

나 '잘못'이라는 말을 '책임'이라는 말로 바꾸면 더 좋을 것 같습니다. 네, 맞아요. 환자분이 받는 피드백에 대한 책임은 환자분에게 있습니다. 남편분과 따님들이 받는 피드백에 대한 책임은 마찬가지로 남편분과 따님들에게 있지요. 제 생각에 방법은 두 가지입니다. 모두가 자신의 입장과 자신만의 소통법을 주장하거나, 어느 한쪽이 자신이 받은 '피드백'에 책임을 지거나요. 여기서 가장 먼저 융통성을 갖고 반응하는 사람이 권력자가 됩니다. 가족 안에서 전체 역동성을 더 나은 쪽으로 바꿀 수 있는 권력자 말입니다.

N씨는 잠시 생각한 후 말했다.

N씨 요즘 제 두 딸은 친구가 최우선인 것 같아요. 그 외에는 기껏해야 쇼핑 정도를 좋아하죠. 가족이 모두 함께 저녁을 먹으면서 그날 있었던 일을 이야기하는 모습은 상상도 할 수 없어요. 둘 다 계속 밖으로만 나도니까요. 선생님의 그 피드백 이론에 따르면 제 딸들이 저와 함께 시간을 보내기를 바란다면, 제가 먼저 어떻게 해야 딸들이 기꺼이 저녁을 함께 드셔주실지 방법을 찾아내야 한다는 거네요.

나 바로 그겁니다. 그리고 두 따님에게 같이 시간을 보내고 싶은데 어떤 방식이 좋겠냐고 물어보셔도 좋겠지요. 누군가를 사랑한다고 해서 꼭 그 사람과 늘 함께 있어야 하는 건 아니잖아요. 때로는 사랑하는 사람에게도 그만의 시간과 공간을 허락해야 합니다. 그리고 여유를 갖고 다시금 유대감을 느낄 수 있는 새로운 방법을 찾아야겠지요.

놀랍게도 N씨의 딸들은 엄마의 그런 제안에 금방 '엄마와 사춘기 딸들을 위한 날'을 자진해서 지정해주었다. 예전처럼 용돈을 받아 스스로 옷들을 사는 대신 한 달에 한 번 셋이 함께 온종일 쇼핑을 하기로 한 것이다. N씨는 그 첫날부터 대성공을 거뒀다. 그녀는 정말 오랜만에 딸들과 많이 웃고 떠들고 놀았다. 게다가 그날 딸들의 권유로 자신을 위한 옷도 샀는데, 그 옷이 N씨에게 아주 특별한 역할을 하게 되었다. 그녀가 수집해왔던 물건들의 역할을 이어받아, 아이들과의 사랑 가득한 새로운 관계를 상징하게 된 것이다. 따라서 물건들을 수집하면서 자신이 여전히 사랑 가득한 엄마고 좋은 아내라고 느낄 필요가 점차 없어졌다.

'엄마와 사춘기 딸들을 위한 날' 덕분에 남편과의 관계도 좋아졌다. 거의 성인이 다 된 아이들과 어떻게든 저녁 시간을 함께 보내야 한다는 압박감이 사라지자 부부만의 여유로운 시간을 가질 수 있었고, 서로 감정적으로 다시 가까워지게 된 것이다. 마지막 상담 날에 N씨와 나는 더 이상 강박증이나 수집 강박에 대해 말하지 않아도 되었다. 단지 피드백을 더 잘 주고받는 방법과, 부정적인 믿음 문장은 그것을 적절히 처리하지 못할 때만 해롭다는 이야기를 주고받았다.

수집 강박과 호더 증후군 사이의 경계선

호더 증후군Hoarders syndrom(저장 강박 장애)을 통해 잘못된 믿음 문장을 알아차리지도 없애지도 못하는 일이 어떤 중대한 결과로 이어질 수 있는지 알아보자. 호더 증후군은 자칫 수집 강박과 헷갈릴 수 있으므로, 먼저 둘의 차이점을 알아본 다음 가벼운 증상의 호더 증후군에 꽤 도움이 되는 치료법을 하나 소개하려고 한다.

호더 증후군 환자는 수집 강박 환자보다 현저히 더 많은 물건들을 쌓아두고, 내면의 대화도 다른 방식으로 이루어진다. 예를 들어 진짜 호더 증후군 환자는 낡은 잡지를 보면 '읽고 싶다' 혹은 '필요할 수도 있다'고 생각한다. 반면 수집 강박 환자는 옛날에 사랑했던 사람이 그 잡지를 즐겨 읽었던 것이나 그가 그 잡지의 광고를 보고 첫 반려동물을 들였던 일을 추억한다. 가치 없는 물건에 강한 감정을 정박하고 가치를 부여하는 것이다.

수집 강박 환자와 호더 증후군 환자의 또 다른 차이점은 전자가 수집에 훨씬 더 까다롭다는 것이다. 수집 강박 환자는 반드시 특정 물건만 수집하지만 호더 증후군 환자는 언젠가 어떤 식으로든 필요할 수도 있는 물건을 모두 모아둔다. 호더 증후군 환자는 고장난 전자제품, 옛날 신문, 빈병, 요구르트 포장 용기, 택배 상자 등 모든 것에 어떠한 가치가 있다고 생각한다. 그래서 호더 증후군 환자가 자존감 문제를 갖고 있다고 추측하는 심리학자들이 많다. 맹목적인 수집이 내면의 공허를 채운다고(실제로 그렇지 않을지라도 최소한 환자가 그렇게 느낀다고) 추측하는 것이다. 극단적인 호더 증후군의 경우 그럴 수 있지만 가벼운 호더 증후군이라면 나는 이런 가설이 그다지 맞지 않다고 생각한다. 나는 지금까지 몇 주 만에 수집 강박에서 완전히 벗어나 굉장한 해방감을 느끼는 환자를 많이 봐왔다.

이 사람들은 결정적으로 다음의 두 가지 사실을 깨달았다.

- 부정적인 감정은 조사해야 하는 부정적 믿음 문장이 있음을 알려주는 소중한 지표다.
- 자신만의 가치 체계는 때로 생각의 오류 위에 세워진다. 이러한 생각의 오류는 약간의 산수만으로도 없앨 수 있다.

이게 SNS에 쓰는 글이었다면 나는 이 마지막 문장 끝에 윙크 표시 이모티콘을 더했을 것이다. 아쉽지만 이 책에서는 곧장 치료 사례로 넘어가 '생각의 오류'나 '약간의 산수'가 무엇을 뜻하는지 설명하려고 한다.

호더 증후군에서 벗어나기

'익명의 호더 증후군' 자조 모임은 독일에 호더 증후군 환자가 180만 명 이상 존재할 거라고 추측한다. 46명 중 한 명이 호더 증후군 환자라는 뜻이다. 그리고 이 환자들의 80퍼센트가 여성일 것으로 추측된다. 예전에는 호더 증후군이 노년층에서 많이 발생한다고 봤지만 지금은 40~50대에서 발생하는 빈도가 훨씬 더 높다.[23] 많은 전문가들은 집 안이 쓰레기장이 되면 될수록 호더 증후군 치료가 어려워진다는 데 동의해 최대한 빠른 치료를 권한다. 호더 증후군 환자의 수집 강박이 아직은 일상에 크게 지장을 주지 않고 주변 사람들이 잘 알아차리지 못한다면 2장에서 설명한 '추진 장치' 트릭을 써볼 만하다. 그런데 치료 목적의 큰 목표와 큰 고통의 조합은 치료자가 환자 머릿속의 논리 시스템 안에서 움직여야만 효과가 있다. 무가치한 물건들에 막대한 가치를 부여하는 환자만의 논리 시스템 말이다. 존중심을 갖고 표현한다면 환자가 절약 정신이 강하고 환경 문제에 대한 책임감이 투철하다고도 말할 수 있다. 그러므로 오직 이 환자만의 가치 체계 안에서 긍정적인 측면들을 흔들 때 환자가 근본적으로 다시 생각하게 만들 수 있다. 다음은 관련한 임상 사례 가운데 하나다.

우리 클리닉의 한 동료가 회의 시간에 우울증으로 치료받는 환자 K씨에 관해 이야기했다. K씨의 호더 증후군은 처음에는 그의 우울증에 따라오는 부수적인 문제처럼 보였다. 그런데 치료를 진행하다 보니 사실은 그 반대였음이 드러났다. 호더 증후군이 먼저 있었고, 그래서 이 51세의 남성은 자꾸 사회적으로 고립되어 우울증이 생겼던 것이다. K씨가 그의 75세 어머니와 함께 상담에 나타났을 때 이 사실은 더욱 더 분명해졌다. 그의 단호한 어머니가 상담에 꼭 참석해야겠다고 말했고 K씨도 이의가 없었으므로 내 동료도 동의했다.

동료 환자분께서 아무것도 버리지 못하게 된 지 14년 되었다고 하셨지요. 그 시작점을 어떻게 그렇게 정확히 아시죠?

K씨 당시에 벌써 우리 집 지하실이 미어터졌거든요. 그래서 차 두 대를 세워놓을 수 있는 이웃집 차고를 빌렸어요. 이웃이 연로하셔

서 운전면허를 반납하고 갖고 있던 차 두 대를 모두 팔았기 때문에 차고가 비어 있었거든요.

동료 이미 그렇게 지하실이 터질 듯했다면 그전에도 물건을 쌓아두는 경향이 있었다는 거군요.

K씨의 어머니 제가 말씀 좀 드려도 될까요? K는 저희 언니 소유의 작은 집에 월세를 내고 혼자 살아요. 이 집에는 방이 다섯 개 있는데 K는 그중 방 두 개를 쓰죠. 그래도 그 방들은 괜찮아 보여요. 그런데 나머지 방 세 개와 지하실, 차고는 모두 물건들로 꽉 차 있어서 그 안에 들어가면 꼼짝도 할 수 없어요. 이건 23년 전 제 남편이 죽기 전부터 그랬죠. 추가로 빌린 그 차고도 벌써 물건들로 꽉 차서 정작 자기 차는 비가 오나 눈이 오나 밖에 세워놓는답니다.

K씨 하지만 모두 언젠가는 쓸 물건들이에요. 지난주만 해도 차고에서 플라스틱 호스를 꺼내와서 잔디깎이의 망가진 휘발유 파이프를 고쳤다고요.

동료는 K씨가 잘못된 믿음 문장의 함정에 빠져 있음을 알아차렸다. 하지만 이렇게 정중히 물었다.

동료 그 말씀은 환자분께서는 자원을 매우 아껴 쓰는 사람이고 뭔가 망가져도 즉시 새 물건을 사진 않는다는 뜻이지요?

K씨 맞아요. 하지만 어머니는 절대 그렇게 생각하지 않으시죠.

이쯤 되면 추진 장치 트릭을 쓰지 않을 수 없다. 동료는 이렇게 말했다.

동료 게다가 환자분은 굉장한 부자이신 게 틀림없겠네요!
K씨 아뇨. 전혀 그렇지 않은데요. 왜 그런 생각을 하셨죠?

여기서 동료는 K씨의 원래 믿음 문장, 그러니까 K씨가 호더 증후군을 갖게 만든 것으로 추정되는 믿음 문장을 뒤집는 중이다. 이 '뒤집기'는 분명 진실에 더 가까워지는 일이겠지만 환자에게는 매우 고통스럽기도 할 것이다. 그는 지금까지 정말로 자신이 절약 정신이 투철하고 자원을 소중하게 생각한다고 믿어왔으니까 말이다.

동료 아, 돈을 그렇게 물 쓰듯 쓰시니까 부자이실 거라고 생각했어요.

K씨는 물론 그의 어머니까지 대체 무슨 말인지 모르겠다는 듯 서로를 바라보았고 내 동료는 정확한 설명을 시작했다. 후에 K씨가 한 말에 따르면 그가 앞으로 살면서 절대 잊지 못할 경험이었다.

동료 환자분 집과 말씀하신 차고에 매달 얼마를 지불하고 계신가요?
K씨 집은 이모 소유라서 저렴하게 살고 있습니다. 매달 난방비와 전기세 등을 포함해서 1300유로를 내고 있어요. 차고는 한 달에 90유로밖에 안 해요.

내 동료는 아무 말 없이 빈 종이와 펜을 꺼내 계산을 시작했다. 그리고 K씨에게 마침내 계산한 결과를 말하는 순간 그의 얼굴은 백지장처럼 하얘졌다.

동료 지난 14년 동안 환자분은 그 차고 하나에만 1만 5120유로를 쓰셨습니다. 그리고 지난 23년 동안 지금 사는 집의 최소 3분의 2를 창고로만 쓰셨으므로 월세 3분의 2에 해당하는 돈을 창고비로 내신 겁니다. 그게 23만 9200유로죠. 이 둘을 합하면 25만 4320유로입니다. 당연히 여기서 환자분이 모으신 물건들로 실제로 절약한 금액은 빼야겠죠. 아까 말씀하신 잔디깎이의 호스 하나를 새로 사는 데는 얼마나 들까요?

K씨는 대답하지 않고 허공을 응시하기만 했다. 머릿속으로 어떻게든 내 동료의 말을 반박해 보려고 하는 것 같았다. 하지만 아무리 애써도 호더 증후군 탓에 그가 지금까지 25만 유로를 그냥 버린 것이 분명해 보였다. 아들이 지금 무슨 생각을 하고 있는지 짐작한 K씨의 어머니는 이렇게 말했다.

K씨의 어머니 그 돈이면 네가 그렇게 사고 싶다던 테슬라 자동차를 사고도 남았겠다. 그리고 시내에 있는 아담하고 좋은 아파트에서 살 수도 있었겠고 말이야.

그리고 그녀는 나의 동료에게로 고개를 돌린 다음 부연 설명을 했다.

K씨의 어머니   K는 정원 일이라면 질색이거든요. 정원에 나가보지도 않을 뿐 아니라, 이웃의 불평 때문에 마지못해 잔디를 깎는 거랍니다. 시내에서 살고 싶다는 말을 얼마나 자주 했는지 몰라요. 시내와 직장이 더 가깝기도 하고요.

존재하기보다 소유하기

정신분석학자 에리히 프롬Erich Pinchas Fromm은 이렇게 말했다.

호더Hoarder*들은 느낌에 무능하기에 '존재하기'보다 '소유하기'를 선택하게 된다.

K씨의 논리 체계 안에서도 '소유하기'는 대단한 위상을 누렸다. 하지만 이런 가치 체계는 내 동료가 뚝 부러지게 계산하며(여기서 K씨 어머니의 적극적인 도움을 받았다) '소유하기'와 '존재하기'를 비교하자 흔들리기 시작했다. K씨는 기쁨과 뿌듯함을 선사하며 그의 '존재 계좌'를 꽉 채워줄 것들을 소유하는 대신 쓰레기를 보관하는 데

---

* 물건을 강박적으로 모으는 사람.

25만 유로나 쓰고 좋아하지도 않은 정원 일을 하며 살았던 것이다.

추진 장치 덕분에 환자는 불편한 깨달음을 얻게 되었다. 그리고 그 깨달음 덕분에 다시 어느 정도 무언가를 느끼는 상태가 되었고, 그렇게 '느낌에 대한 무능'에서 벗어날 수 있었다. 뼈아픈 경험이 있었기에 기쁨과 자부심 같은 긍정적 느낌으로 향하는 길을 보게 된 것이다.

큰 목표와 큰 고통

2장에서 언급했듯 인간이 변하는 데는 대개 두 가지 경우가 있다. 첫째는 큰 고통이 생겼을 때, 둘째는 큰 목표가 생겼을 때다. K씨는 좋은 아파트나 새 자동차를 생각하는 것만으로는 호더 증후군을 극복할 수 없었다. 자신의 '가치 체계'를 재고했더라면 그 두 가지를 이미 오래전에 갖고도 남았을 거라는 뼈아픈 깨달음 후에야 그는 마침내 필요한 첫발을 뗄 수 있었다. 그래서 상담을 마치고 일주일 후 K씨는 그해가 가기 전에 집과 차고를 비우고 시내로 이사하기로 결심했다.

내 동료는 물건들을 치우는 것이 괴로운 일이 아니라 진작에 누렸어야 했을 해방임을 느낄 수 있도록 여러 기술들을 제시하며 K씨를 도왔다. 현재 K씨는 아담하고 깔끔한 아파트에 살고, 남는 돈으로는 자동차 할부금을 내고 있다. 내 동료의 조언에 따라 자신에게 그 꿈의 자동차를 선물로 사준 것이다.

물론 내면의 가치 체계를 전환하는 일이 모든 환자에게 특효로 작용하지는 않을 것이다. 호더 증후군이 이미 많이 진전되어서 일상에서 기본적으로 해야 할 일조차 하지 못하고 모든 것을 방임하고 있다면 추진 장치를 아무리 잘 쓴다고 해도 대단한 효과를 보기는 어렵다. 하지만 호더 환자들 대부분은 다행히 그 정도로 심각한 상태는 아니다. 그러므로 그들의 입장에 서서 그들 내면의 가치 체계를 제대로 흔들어보면 분명 도움이 될 것이다.

끊임없이 떠오르는 생각
천착 강박

연구로 증명되었다며 우리가 매일 약 6만 가지 생각을 한다고 주장하는 글을 인터넷에서 많이 볼 수 있다. 하지만 어디에서도 그 출처를 찾아볼 수는 없다. 실제로는 "매일 약 6200가지 생각을 한다"가 맞을 것이다. 이 숫자는 캐나다의 퀸즈 대학이 조사해 2020년 세계적으로 저명한 과학지인 《네이처》에 발표한 것이니까 말이다.[24] 사실 6200가지 생각도 충분히 많다. 우리는 매일 끊임없이 생각하는 것이다. 그렇다면 여기서 한 가지 질문을 던질 수 있다. 생각이 꼬리에 꼬리를 물고 이어지는 것이 이토록 정상적인 것이라면 천착 강박이라는 진단은 어떻게 가능할까?

여기서도 감정이 결정적인 역할을 한다. 사랑에 빠진 사람이 아침부터 밤까지 사랑하는 사람만 생각한다고 해서 힘들어하거나 아파하지는 않는다. 하지만 부정적인 사고의 틀에서 빠져나올 수 없다면 그건 좀 달리 봐야 할 문제다. 이때 동반되는 감정의 폭은 매우 넓고 낙심, 회의, 슬픔, 분노, 혐오, 질투, 공격성 등을 포함한다. 이것은 우울증 환자들이 느끼는 감정과 크게 다르지 않다. 우울증 환자들도 부정적인 생각 속에서 안절부절못하며 그런 상태에서 도저히 벗어날 수 없다고 말한다.

서양 의학은 형식적 생각 장애(천착도 여기에 속한다)와 내용적 생각 장애(예를 들어 강박적 생각)를 구분한다. 보통은 후자가 먼저 발생한다. 그 후에 환자가 혼란스러운 나머지 그 문제에 천착해 도무지 생각을 정리할 수 없게 되는 것이다. 하지만 강박적 생각을 늦지 않게 멈추거나 최소한 무력화할 수 있다면 원칙적으로 천착 강박까지 이르지는 않는다. 그렇게 늦지 않게 멈추게 하는 법은 이 책에서 지금까지 많은 치료 사례로 충분히 살펴보았다.

그렇다면 형식적 생각 장애가 이미 발생한 상태라면 어떻게 해야 할까? 부정적이고 강박적인 천착이 너무 심해서 환자가 강박증으로 힘들 뿐만 아니라 불안증이나 우울증까지 우려해야 할 정도라면? 이 경우 나의 전작 《어느 날 갑자기 공황이 찾아왔다》에서 소개한 이른바 '패턴 깨기Musterunterbrecher 요법'이 도움이 될 수 있다.

천착의 비밀 패턴

우리의 생각과 행동은 항상 일정한 패턴을 보인다. '이 닦는 법' 처럼 어떤 패턴들은 늘 같은 방식이어서 분명히 알 수 있다. 재미

삼아 이 닦는 모습을 며칠 동안 스마트폰 카메라로 찍어 비교해보면 자신이 매일 정확하게 같은 과정으로 움직인다는 사실을 확인하게 될 것이다.

천착의 과정도 하나의 패턴을 따른다. 그런데 이 패턴은 너무 익숙해서 대개 쉽게 알아차리지 못한다. 천착 강박증 환자가 생각의 나선이 본격적으로 돌기 시작할 때 감지하는 원형의 느낌이 있다. 사람들이 괜히 생각이 '맴을 **돈다**'거나 '생각의 **고리**'에 빠졌다거나 생각이 '**돌고 돈다**' 같은 표현을 쓰는 것이 아니다. '어떤 주제를 중심으로 생각이 **돌아간다**', '어떤 생각이 머릿속을 **돌아다닌다**', '머리가 **돌** 것 같아 무섭다' 같은 말도 있다. 부정적인 생각으로 괴롭다고 말하는 사람은 언제나 어떻게든 원형의 움직임으로 그 상황을 설명하게 된다. 이것은 분명한 사실이다.

간단한 패턴 깨기로 천착 멈추기

다음에 다시 생각이 맴을 돌 때는 그 생각이 모두 어떤 방향으로 도는지 한 번 관찰해보길 바란다. 레코드판 같은가, 자동차 타이어 같은가? 왼쪽으로 도는가, 오른쪽으로 도는가? 아니면 원통이 앞뒤로 왔다 갔다 하는 것 같을 수도 있다. 혹은 환자들이 자주 하는 말처럼 소용돌이처럼 위아래로 감겨 올라갔다 내려갔다 할 수도 있다.

당신만의 개인적인 회전 방향을 알아차렸다면, 그 방향을 잘 기억해두기 바란다. 다음번에 다시 천착을 시작할 때도 정확히 바로 그런 식으로 움직일 테니까 말이다. 당신의 뇌는 부정적인 생각을 특정 방식으로만 돌게 하는 데 너무 익숙하다. 하지만 아주 간단한 트릭만으로도 그런 당신의 뇌를 속일 수 있다. 단순히 당신 뇌 속의 모든 것이 그와는 정반대 방향으로 돌아간다고 상상하는 것이다. 그렇게 천착의 익숙한 패턴을 깰 때 당신의 뇌는 굉장히 헷갈릴 수밖에 없다. 몇 초 안에 머릿속이 고요해질 것이다. 그냥 한 번 시도해보길 바란다. 우리 뇌가 패턴에 관해 얼마나 고지식한지 알게 되면 놀랄 것이다.

4장

어린이와 청소년의
강박증

기본적으로 이 장은 이미 강박증 진단을 받았거나 강박증이라는 의심이 드는 아이의 부모를 위해 썼다. 이 장에서는 첫째로 어린이·청소년 강박증의 유발 인자들을 자세히 살펴보고, 둘째로 우리 클리닉의 경험에 비추어볼 때 구체적으로 어떤 치료법이 가장 효과가 좋은지 알려줄 것이다. 강박증 환자의 약 절반 정도가 15세 이전에 강박증이 생겨난다. 일찍 알아차리고 옳은 치료법을 쓴다면 앞으로 당신의 아이가 겪을 고통을 크게 줄일 수 있다.

사춘기 청소년의 성장 중인 뇌

사춘기, 특히 사춘기 초입은 강박증 발생에 큰 역할을 하는 시기로 보인다. 이 시기 청소년의 뇌는 일종의 공사장이라 할 만하므로 사실 놀랄 일은 아니다. 이 시기에는 특히 전전두피질Prefrontal cortex

부분이 매우 혼란스럽다. 주의력, 숙고, 결정, 미래 준비 같은 일을 전담하는 전전두엽을 '성격의 자리'라고도 하는데[25], 25세 정도가 되어야 비로소 완전히 성숙해진다. 강박증 환자들의 뇌를 스캔해본 결과 전전두엽에서의 움직임이 이례적인 패턴을 보인다는 사실이 밝혀졌다.[26] 강박증을 일으키는 상황에 직면할 때와 강박적인 행동을 보일 때 모두 그랬다.

하지만 다행히도 전전두엽의 움직임에 긍정적인 영향을 줄 수 있는 방법은 많다. 이미 이 책에서 언급된 방법들 외에도, 예를 들면 배외측 전전두피질Dorsolateral prefrontal cortex에 반복적인 경두개 자기장 자극TMS을 주는 것도 강박 행동을 적극적으로 통제하는 데 도움이 될 수 있다. 이것은 많은 연구에서 증명된 사실이다.[27] 경두개 자기장 자극의 정확한 작용기전은 아직 분명히 밝혀지지 않았지만, 강박증은 물론이고 불안증과 우울증에도 상당한 효과가 있는 것으로 보아 우리 뇌의 대사에 긍정적인 영향을 주는 것으로 보인다. 경두개 자기장 자극 치료가 어떻게 이루어지는지, 어떤 사람에게 적합한지는 6장에서 살펴보기로 하자.

어린이와 청소년의 강박증 치료는 빠를수록 좋다

강박증은 어릴수록 빨리 제대로 된 치료를 시작해야 한다. 루트비히–막시밀리안 뮌헨 대학교가 빈드다흐 암 아마제Windach am Ammersee 심신상관 질병 클리닉과 함께 한 연구 결과[28]를 보면 이 사실이 더욱 자명하다. 이 연구에서 16세 이전에 강박증이 발병한 환자는 나중에 심각한 강박증 증세를 일으킬 위험이 유난히 커진다는 사실이 발견되었다. 하지만 초기에 잘 치료받으면 이런 경향은 줄어든다. 환자가 '판스PANS'나 '판다스PANDAS'에 걸린 경우가 아니라면 말이다. 만약 판스나 판다스라면, 강박적 행동의 원인이 뇌에 영향을 주는 박테리아나 바이러스 감염 때문이므로 이에 적합한 치료가 필요하다.

판스와 판다스

어릴 때는 강박증, 틱 장애, 식이 장애가 매우 갑자기 나타날 수 있다. 건강하던 아이가 갑자기 아무 이유 없이 심한 이상 행동을 보인다면 부모는 무척 당황할 수밖에 없다. 만약 그런 일이 생긴다면 그 즉시 정신과 의사를 찾아가기보다는 먼저 판스나 판다스[29]가 아닌지 검사해보기를 권한다. 판스와 판다스를 숙지하고 있는 의사가 그리 많진 않으니 의사가 잘 모르더라도 당황하지는 말자. 하지만 아이의 건강이 달린 문제니 판스·판다스 검사를 강하게 요구해야 한다. 필요하다면 다른 의사를 찾아가는 것도 좋은 방법이다.

판스

판스는 소아 혹은 청소년에게 발생하는 '급성 신경 정신 증후군Pediatric Acute-onset Neuropsychiatric Syndrome'의 약자다. 일반적으로 강박증, 식이 장애가 각각 혹은 같이 올 수 있다. 이에 더해 다음 증상 가운데 최소 두 가지 이상을 동반하기도 한다.

- 잦은 요의와 야뇨증
- 필체 변화
- 눈에 띄는 동작 패턴 혹은 틱(운동 근육의 비정상적 움직임)
- 갑자기 엄마와 떨어지려 하지 않는 등의 불안 증상
- 아기 때 하던 행동으로 돌아감
- 학교 성적이 급격히 나빠짐
- 잦은 신경질, 공격성 혹은 강한 거부를 나타내는 행동
- 원인을 알 수 없는 육체적 통증
- 수면 장애

판스는 박테리아나 연쇄상구균, 감기 바이러스 같은 바이러스 감염으로 일어난다. 또한 부비강염, 마이코플라즈마 폐렴Mycoplasma pneumonia 혹은 호흡기 감염 등도 유발 인자로 추측된다. 이런 감염이 어린이와 청소년에게 특히 강한 면역 반응을 일으키는데, 그 과정에서 자가 면역 항체가 뇌까지 전진할 수 있다. 그렇게 되면 일련의 정신적·육체적 문제들이 일어난다. 하지만 본래 원인을 치료하면 증상들은 서서히 사라진다.

판다스

아쉽게도 판다스는 귀여운 곰의 이름이 아니라, '연쇄상구균 감염으로 인한 소아 자가 면역 신경 정신질환적 장애Pediatric Autoimmune Neuropsychiatric Disorders Associated with Streptococcal infections'의 약자이다. 판스가 바이러스와 박테리아 감염 모두에 의해 생길 수 있다면 판다스는 박테리아 감염, 그것도 연쇄상구균 A그룹 감염만을 그 유발 인자로 보고 있다. 판다스도 판스처럼 갑자기 강박증이 생겨난다. 이런 증상은 대체로 인후염이나 성홍열 직후, 또는 드문 경우지만 피부 발진 직후 일어난다. 판다스를 더욱 의심하게 하는 다른 기준들로는 다음과 같은 것이 있다.

- 여러 가지 이례적인 틱의 출현
- 3세부터 2차 성징기(사춘기) 사이의 환자
- 신경학적 특이 현상이나 기묘한 움직임의 패턴이 발생하며, 두 증세가 함께 일어나기도 함
- 드문드문 일어나는 강박증과 틱(갑작스레 발생한 후 한동안 사라졌다가 다시 일어남)

내 아이가 혹시 판다스일까?

하버드 의대 임상심리학과 교수 제프 시만스키Jeff Szymanski는 2012년 판다스의 전형적인 발병 과정을 잘 설명하는 훌륭한 논문을 하나 발표했다. 그 일부를 번역하면 다음과 같다.[30]

상상해보자. 당신은 일곱 살 아이의 부모다. 아이는 얼마 전 목이 아프다고 했지만 금방 나은 것 같았다. 그런데 어느 날 아침 당신은 아이의 비명 소리에 잠에서 깬다. 아이는 진정하지 못하고 갑자기 병원균을 극도로 무서워한다. 당신은 도무지 무슨 일인지 알 수가 없다. 아이는 학교에 가는 것도 완강히 거부한다. 이 또한 전에 없던 일이다. 날이 갈수록 아이의 행동은 심각해진다. 피가 날 정도로 손을 씻고 음식이 오염됐을 수도 있다며 먹기를 거부한다.

비슷한 일을 겪었다면 당신의 아이에게 갑작스럽게 강박증이 생긴 것 역시 연쇄상구균 감염 때문일 수 있다. 다행스럽게도 너무 늦지 않게 항생제로 치료하면 강박증도 대부분 시작됐을 때처럼 갑작스럽게 사라진다. 하지만 나쁜 소식도 있다. 의사와 정신 요법 의사 중에는 판스와 판다스에 대해 잘 모르는 사람이 많다. 그래서 페니실린으로 박테리아를 죽이는 대신에 인지 행동 치료나 정신과 약으로 아이를 치료해보려고 할 수도 있다. 어쩌면 그러는 동안 치료 적기를 놓칠 수도 있고, 강박 행동이 신경학적으로 고정될 수도 있다. 나의 조언은 이렇다. 당신의 아이가 판스나 판다스일지도 모른다는 의심이 들면 주저 말고 이 분야의 권위자를 찾아가보길 바란다. 판스나 판다스에 대해 너무 늦게 알아서 치료의 적기를 놓쳤다면 그런 상황에 적합한 정신 치료를 권한다. 비록 단순한 감염이 원인이었더라도 해로운 행동 패턴이 뇌에 이미 깊이 정박했다면 그에 맞는 정신 치료를 병행해야 한다.

코로나19가 판스와 판다스 아이들에게 미친 영향

판스 혹은 판다스에 걸린 아이들은 주변 환경과 스트레스에 매우 예민하게 반응한다. 2021년 이탈리아에서는 코로나 팬데믹 동안의 봉쇄가 이런 아이들에게 어떤 영향을 주었는지에 관한 연구가 있었다.[31] 그 결과 조사 대상자의 71퍼센트가 코로나 안전 조치 규정에 강한 증세로 반응했다는 사실을 발견했다. 특히 수면 장애, 감정적 불안정, 우울증적 불쾌감, 식이 장애 등이 심해졌고 강한 거부 행동, 잦은 분노 등의 증상도 많은 아이에게서 관찰되었다.

물론 이는 팬데믹 동안 건강한 사람에게도 늘어난 증상들이다. 하지만 판스나 판다스를 앓는 어린 아이들에게는 이런 증상들이 대개 훨씬 더 심하게 나타난다. 어떤 종류든 스트레스는 이들에게 최후의 결정타가 될 수 있다. 어느 정도 극복했다고 생각했던 강박증과 식이 장애가 다시 심해지거나 지금까지 해왔던 치료가 원점으로 돌아갈 수도 있다. 그렇다고 이런 아이들을 무조건 감싸기만 하라는 뜻은 아니다. 하지만 미디어 소비 같은 불필요한 스트레스 요인들을 확연히 줄이는 게 도움이 될 수 있다. 인터넷이나 텔레비전 뉴스를 보며 현재 세상이 얼마나 위험한 곳인지 매일 확인한다면 이미 높은 상태인 스트레스 수치를 한 번 더 올리게 되므로 문제가 커질 수도 있다. 어차피 팬데믹, 기후 변화, 정치적 갈등, 전쟁 등 무엇에 관해서든 강박적으로 뉴스를 보는 일로는 세상을 더 나은 곳으로 만들 수 없다. 하지만 미디어 소비를 조금 줄이면 건강은 아주 많이 좋아질 수 있다.

아이의 뉴스 소비량을 줄일 것

이 글을 쓰는 동안 러시아 대통령 블라디미르 푸틴이 우크라이나를 침공했다는 뉴스를 들었다. 코로나도 아직 극복하지 못했는데 또 다른 세계적 위협이 모두의 현관문을 두드리고 있다. 상황이 참 걱정스럽지만 나는 이렇게 조언하고 싶다. 당신 아이의 뉴스 소비량을 줄이고 가능하다면 당신의 뉴스 소비량도 최대한 줄여라.

나는 지난 14년 동안 뉴스를 전혀 보지 않았다. 나는 내 뇌에게 부정적인 뉴스의 연속 사격을 받아내라고 요구하고 싶지 않다. 하지만 중요한 뉴스를 놓친 적은 한 번도 없다. 이제는 세상에 무슨 일이 일어나는지 어떻게든 알 수밖에 없는 시대가 되었기 때문이다. 어쩌다 듣게 되는 이야기, 찾지 않아도 나타나는 다양한 헤드라인과 뉴스들…… 구글 앱만 켜도 모든 종류의 정보들이 여기저기서 쏟아진다. 소셜 네트워크는 특히 해롭다. 뉴스, 가짜 뉴스, 광고, 정치적 프로파간다 등이 아무런 맥락 없이 마구 뒤섞여 있다. 게다가 유튜브, 페이스북, 인스타그램, 틱톡 같은 앱의 알고리즘이 우리의 관심사를 정확하게 분석하기 때문에 우리는 흥미진진할 게 '분명할' 것들을 계속 보게 된다. 그리고 그것들은 안타깝게도 대부분 나쁜 소식들이다. 건강에 해로운 이런 악순환은 우리가 아주 의식적으로 새로운 목표에 집중하지 않는 한 빠져나올 수 없다. 당신이 믿든 믿지 않든, 인터넷 거대 기업들의 인공지능이 매일 당신에게 제시하는 것들을 조절할 수 있는 사람은 오직 당신 자신뿐이다. 미디어 소비를 자중하고, 당신 정신에 좋은 정보만 보이도록 알고리즘을 바꿔라.

뇌에 더 좋은 먹이 먹이기

격동의 시대일수록 그리고 개인적 문제가 클수록 그만큼 뇌에 더 좋은 먹이를 주어야 한다. 그러려면 내 생각에는 이 책에 소개된 열 문장 요법만큼 좋은 것도 없다. 긍정적인 과제로 자신의 뇌세포를 바쁘게 만드는 사람은 미디어가 조성하는 불안감에 좀처럼 빠지지 않는다.

열 문장 요법은 이중으로 더 좋은 삶을 만든다. 첫째, 열 문장 요법을 규칙적으로 실행할 때 불안증과 강박증이 확연히 줄어든다. 둘째, 열 문장 요법은 인생의 목표들에 매우 빨리 도달하게 만드는 어렵지 않은 정신 요법이다. 우리 클리닉에서는 열 문장 요법을 벌써 몇 년째 실행하고 있고, 많은 환자들도 이 열 문장 요법을 습관화했다. 모두 열 문장 요법이 인생에서 일으키는 긍정적인 효과를 놓치고 싶지 않기 때문이다.

2차 성징이 막 시작된 청소년 정도만 되어도 충분히 스스로 열 문장 요법을 실행할 수 있다. 더 어린 아이들은 부모가 좋은 본보기가 되어주면 된다. 아이가 어떤 바람과 목표를 가장 좋아할지 잘 살펴보고 함께 생각 여행을 떠나보기를 바란다. 이 여행에서는 각각의 감각 채널이 우리가 탐험해야 할 정거장이 될 것이다. 놀이처럼 이런 과정을 해나가면 아이는 더 즐겁게 받아들일 것이다. 그리고 강박증 없는 인생을 사는데 필요한 모든 신경세포가 더 빨리 성장할 것이다.

알코올과 약물의 위험성

알코올과 약물은 성인에게도 다양한 정신적 문제를 일으키지만, 청소년에게는 그 위험이 몇 배로 커진다. 청소년의 뇌 발달 과정이 굉장히 불균형적이기 때문이다. 우리 뇌에서 보상 느낌을 주는 영역인 중뇌 변연계는 이 시기에 이미 충분히 성숙하는 반면, 전전두피질은 성숙하기까지 여기서 8~12년이 더 걸린다. 이 때문에 청소년기 자녀를 둔 부모라면 익히 경험했을 문제들이 발생할 수밖에 없다.

중뇌 변연계는 알코올과 약물 같은 흥분제가 효력을 발휘하는 곳이다. 그리고 이제 막 발달을 끝낸 중뇌 변연계는 경험에 목말라 있다. 하지만 안타깝게도 충동과 감정을 통제하는 전전두피질은 아직 성장 중이다. 결과적으로 청소년은 아직 절반만 감당할 수 있는 길의 경계를 넘나들고 있는 셈이다. 이 사실은 소셜 미디어 이용, 컴퓨터·스마트폰 게임, 알코올·약물 소비 모두에서 문제가 된다. 그런데 안타깝게도 알코올·약물 소비는 전전두피질의 성장 자체도 저해한다. 최악의 경우 강박증, 불안증, 우울증, ADHD 등을 일으키기 쉬운 신경 네트워크가 만들어지기도 한다.

그런 의미에서 대마 소비에 관한 최근 이슈들에 주목할 필요가 있다. 청소년 시기 대마 소비가 다양한 정신적 장애를 불러올 수 있음을 알려주는 연구 결과가 많다.[32,33,34] 무엇보다 대마는 조현병 발병 위험을 높인다. 이러한 상황을 볼 때 나는 현재 독일에서 진행되고 있는 대마 소비 합법화 노력에 매우 회의적이며 "예전에는 다들 대마를 피웠지만 아무 문제 없었다" 같은 논리를 인정하지 않는다. 내가 어렸을 때만 해도 대마는 천연 물질이었지만 지금은 거의 고효능의 합성 대마 제제만 통용되고 있다. 천연 대마초인 줄 알고 피웠다가 나중에 그렇지 않음을 알게 되는 경우가 허다하다. 당연히 이런 인공 마약의 작용 기전은 아주 다르고 몇 배는 더 강력하며 그 효능을 제대로 예측할 수 없다. 소비 후 빠른 심장 박동, 환각, 경련, 구토 같은 증세도 흔하게 나타난다.

더 걱정스러운 것은 정신 이상 증세가 점점 더 자주 목격된다는 것이다. 1960~1970년대에는 전혀 없던 대마의 부작용이다. 혹시라도 대마가 합법화된다면, 합성 물질이 첨가된 대마가 가능한 빨리 시장에서 사라지기를 바란다. 이것이 내가 대마 합법화에서 기대할 수 있는 유일한 것이다. 정부 통제하에 합법적으로 재배되는 천연 상품이라면, 최소한 그 효능을 예측할 수 있으므로 복용량을 정하기도 한결 쉽다.

하지만 좋은 소식도 있다. 알코올과 약물이 청소년의 뇌에 남긴 손상도 다시 되돌릴 수 있다. 향정신성 물질을 멀리하고 열 문장 요법 같은 긍정적인 정신 운동으로 뇌를 강화한다면 강박증, 불안증 심지어 우울증까지 완전히 극복할 수 있다.

소셜 미디어가 만든 병

2017년 영국 왕립공중보건학회RSPH는 소셜 미디어가 청소년의 정신 건강에 미치는 영향을 조사했는데 그 실태가 심각한 것으로 드러났다.[35] 연구를 관장했던 셜리 크래머Shirley Cramer는 연구 결과를 이렇게 요약했다.

> 소셜 미디어의 중독성은 담배와 알코올보다 더 해롭다. 우리는 소셜 미디어가 정신에 미치는 영향을 더 이상 간과할 수 없다.

이 조사에 따르면 특히 인스타그램과 스냅챗은 청소년에게 불행이나 불안 같은 감정을 불러일으킨다. 이는 지난 몇 년 동안 우리가 환자들에게서 관찰한 사실과도 일치한다. 최근에 강박증 환자가 눈에 띄게 증가했다는 사실도 덧붙여야겠다. 소셜 미디어 중독 환자는 강박증이 특히 심하다.

소셜 미디어 중독

독일 여론조사기관 포사연구소FORSA institute가 2021년 독일 공보험 회사DAK를 위해 진행한 조사[36]에 따르면 '중독'이라는 표현이 절대 과장이 아님을 알 수 있다. 이 조사에 따르면 독일에서 12~17세 청소년의 85퍼센트가 매일 평균 세 시간을 소셜 미디어를 보는 데 소비한다. 이 중 2.6퍼센트는 심지어 중증 중독을 결정하는 모든 기준을 충족했다. 이 말은 독일에서 약 10만 명의 미성년자가 틱톡이나 인스타그램에 너무도 중독되어 있어 갑자기 그것들을 하지 못하게 되면 실제로 금단 증상을 겪는다는 뜻이다.

당신의 자녀가 소셜 미디어 중독인지 아닌지 알고 싶다면 다음의 일곱 가지 질문에 답해보자. 여섯 개 이상의 질문에 그렇다고 답한다면 치료가 필요하다. 중독이 확실하다고 해서 스마트폰을 즉시 빼앗는 것은 아무런 도움이 안 된다. 그렇게 하면 아이가 부모의 조언을 더 듣지 않거나 아예 거부하게 되고, 소셜 미디어를 더 심하게 갈망하게 될 수도 있다. 부모 스스로 스마트폰을 멀리하며 모범을 보이고 아이가 여가 시간을 더 의미 있게 보낼 방식을 제시하는 게 더욱 현명한 방법이다. 이것저것 시도하다 보면 간단한 해결책을 발견하고 놀랄 수도 있다. 아이들은 우리가 생각지도 못한 것들을 좋아하기도 한다.

나의 딸도 작년에 너무 많은 시간을 스마트폰을 보며 보냈다. 그래서 한번은 내가 지하실에서 다트판을 꺼내와 정원 벽에 달고 다트 화살도 넉넉히 준비해두었다. 그리고 저녁때 내 친구들과 한두 번 다트 놀이를 했는데, 그럴 때면 당시 열다섯 살이었던 딸도 슬그머니 관심을 보이며 같이 놀고 싶어 했다. 이제 우리집 정원은 딸과 친구들의 만남의 장소가 되었고, 이전에는 몇 시간이고 스마트폰만 들여다보던 아이들이 웃고 떠들며 다트 토너먼트를 벌이곤 한다.

소셜 미디어 중독을 확인하는 7가지 질문

- 대부분의 시간에 스스로에게 불만을 느끼는가?
- 남들이 당신보다 흥미진진한 인생을 사는 것 같다는 생각이 자주 드는가?
- 소셜 미디어에서만 본 사람과 자신을 자주 비교하는가?
- 당장 할 일이 없을 때조차 종종 스트레스를 느끼고 소셜 미디어를 봐야 안정감을 느끼는가?
- 자주 외롭다고 느끼는가?
- 당신 몸에 불만인가? 혹은 자꾸 환경을 바꾸고 싶은가?
- 뭔가 놓치는 것 같아 자주 불안한가?

특히 마지막 질문과 관련된 '포모FOMO', 즉 '나만 소외될 것 같은 두려움Fear Of Missing Out'은 불안증, 우울증 그리고 강박증을 유발하기 쉽다. 그런데 포모는 정확히 무엇을 뜻하는 말일까?

예를 들어 보자. 어쩌면 당신에게도 익숙할 상황이다. 당신은 퇴근하고 집에 돌아왔다. 그리고 심심해서 페이스북의 뉴스 피드를 스크롤한다. 옛날 학교 친구가 어느 바닷가에서 석양을 뒤로하고 손에는 화려한 색의 칵테일을 들고 서 있다. 다시 스크롤을 하니 이번에는 직장 동료가 맛있어 보이는 음식 사진을 올려놓았다. 번화가에 새로 생긴 레스토랑에서 방금 찍은 것이다. 조금 전까지만 해도 당신은 집 소파에 앉아 좋아하는 드라마를 보며 아주 만족해하고 있었는데, 이제 뭔가를 놓치고 있다는 느낌이 엄습한다. 더 나쁘게는, 당신만 인생을 즐기지 못하고 있다는 생각이 강하게 든다. 이런 일이 가끔만 일어난다면 그다지 문제 될 게 없다. 이제 정말 좀 밖으로 나갈 때라는 걸 알리는 신호일 수도 있다. 그런데 이런 느낌이 아직 성장 중인 어린이와 청소년들의 뇌로 들어간다면 어떨까? 아이들도 피드에 올라오는 게시물들이 대부분 극단적으로 긍정적이거나 부정적이라는 사실을 잘 알지만, 그래도 그런 것들을 자꾸 보다 보면 무의식적으로 자신이 뭔가를 놓치고 있다는 생각을 계속 할 수밖에 없다.

중독의 첫 단계, 포모

'포모'는 중요한 사회적 이슈를 나만 놓칠지도 모른다고 불안해하고, 다른 사람들이 좋은 것을 경험할 때 나만 그러지 못하는 것 같아 걱정하는 상태를 말한다. 앞서 언급했듯이 이런 느낌이 가끔만 엄습한다면 전혀 걱정하지 않아도 된다. 인간은 사회적 존재고,

직간접적으로 참여하는 사회적 활동에서 삶의 기쁨을 느끼기 때문이다. 포모가 문제가 되는 것은 인스타그램이나 스냅챗, 페이스북을 하루도 건너뛸 수 없을 때다. 혹은 왓츠앱이나 페이스북의 메시지를 못 봐서 파티 이벤트를 놓친 일에 굉장히 화가 날 때다.

소셜 미디어 없이도 사회적 교류에 대한 욕구를 충족시킬 수 있는, 아이가 좋아할 만한 과제나 목표를 아이에게 제시하라고 조언하고 싶다. 관련해서 6장에 몇 가지 방법들을 써두었다. 아이가 건강한 방식으로 도파민을 생산하도록 돕는 방식들이다.

억지로 보게 되는 정보들

인터넷에서 어떤 상품에 대해 알아본 직후 비슷한 상품 정보들이 쏟아지는 경험을 한 적이 있을 것이다. 애초에 사고 싶은 마음이 없었거나 이미 벌써 샀다고 해도 말이다. 인터넷 시대에 가장 가치가 높은 것은 데이터다. 그래서 당신은 물론 당신 아이들의 인터넷 속 발자국까지 추적되고 평가된다. 인터넷 거대 기업들의 목표는 다음에 우리가 다시 인터넷을 여행할 때 우리의 관심사를 정확하게 제시하는 것이다. 그들은 우리가 인터넷을 이용할 때마다 즉시 무언가를 사고 싶게 만들고, 다음번 장사를 위해 우리의 데이터를 수집한다. 좋든 싫든 인터넷상의 우리 움직임은 마케팅 회사와 온라인 사업자들에게 그 자체로 돈이다. 공짜로 인터넷을 쓴다고 해도 어차피 데이터로 값을 전부 지불하고 있다는 말이 괜히 나온 것이 아니다.

이 책을 쓰기 위해 자료 조사를 시작하자 소셜 미디어들은 아주 짧은 시간 안에 강박증 관련 영상과 글을 나에게 쏟아부었다. 강박증을 뜻하는 해시태그 '#OCD'는 정말 흔했다. 이 영어 약자는 실제 강박증과는 아무 상관이 없고, 단지 약간의 강박적인 성격을 드러내는 게시물에도 아주 애용되고 있었다. 완벽하게 정리된 옷장 서랍, 완벽한 대칭을 이루는 정원, 심지어 정밀하게 탄 가르마까지 모두 '#OCD'를 달고 있었다.

서로를 장려하는 완벽주의와 강박증

소셜 미디어 소비와 뗄 수 없는 관계인 또 다른 현상으로 완벽주의가 있다. 하지만 이 주제는 뒤에서 자세히 살펴볼 테니 여기서는 간단하게 언급만 하고 넘어가려고 한다. 소셜 미디어는 사실 그 이름과 다르게 반사회적인 매체다. 시기, 질투, 자기 의심, 혐오를 부추기기 때문이다. 무엇보다 젊은 유저들이 무수한 게시물에서 보는 것이 사실이라고 믿게 만든다는 점이 가장 큰 문제다. 소셜 미디어 속 사람들은 여러 필터와 포토샵을 거쳐 아름답게 꾸민 최고의 모습만 보여준다. 이것은 진짜 삶과는 거리가 멀지만, 완벽주의를 자극하는 것은 어쩔 수 없다. 모든 것이 완벽해야 한다고 생각하면 어쩔 수 없이 계속 자신을 남과 비교하게 되고, 남들은 멋진 삶을 사는데 나만 소외된 것 같다는 생각이 자꾸 든다.

며칠 전에 길거리 카페에 앉아서 관찰한 한 장면이 떠오른다. 내 옆 테이블에는 기껏해야 열한 살 정도 됐을 여자아이가 부모와 함께 앉아 있었는데, 그 아이는 부모가 자기의 사진을 찍으려는 것을 결단코 거부했다. 아이는 어떻게 찍혔는지도 모를 사진이 돌아다니는 걸 참을 수 없으며, 자기 '최애 필터'와 적절한 옷차림이 아닌 이상 사진을 찍을 수 없다고 했다. 그 아이가 그때만 유난히 그랬는지 아니면 완벽주의적인 재능이 다분한 아이였는지는 모르겠다. 하지만 완벽주의 경향과 강박증이 서로를 장려하는 관계라는 것만큼은 확실하다. 그리고 요즘 어린 친구들이 소셜 미디어에 올리고 보는 것들이 이런 좋지 않은 장려를 더 부추긴다.

게임에 의한 강박

컴퓨터 게임을 탓하기는 쉽다. 왜 과도한 컴퓨터 게임이 강박증을 유발하거나 악화시키는지 그 이유를 열거하기만 하면 나도 참 편할 것이다. 하지만 이런 흑백논리로는 중요한 측면을 놓칠 수밖에 없다. 컴퓨터 게임은 때로 강박증 환자의 주의를 돌리는 데 유용하다. 예를 들어 복잡한 롤 플레잉 게임은 대개 많은 시간과 집중을 요구한다. 모든 캐릭터를 제대로 무장시키고, 누구와 협력하고 어떤 작전을 써야 최선인지를 아는 데 수백 시간이 걸리기도 한다. 높은 집중력을 요구하는 게임에 열중할 때 강박증은 약해지거나 몇 시간 동안 완전히 사라지기도 한다. 환자는 강박증이 아닌 다른 것에 집중할 때 강박증 없는 삶이 어느 정도 가능하다는 사실을 배울 수 있다.

그런데 어떤 게임은 강박증을 악화시키거나 심지어 없던 강박증도 만드는 행동 양식을 유발하기도 한다. 예를 들어 무기, 새 에너지, 필요한 열쇠 등을 찾으려면 무엇 하나도 놓치지 않고 구석구석 살피는 일에 익숙해져야 하는 게임이 있다. 언제부턴가 자신의 몸이나 집도 똑같이 구석구석 꼼꼼하게 살피고 있다면 게임을 하면서 자신도 모르게 얻게 된 습관일지도 모른다. 예를 들어 게임 속에 어떤 물건이 분명 서른 개 숨어 있는데 스물아홉 개밖에 찾지 못하는 상황이 발생한다면 강박증이 심해질 수 있다. 마침내 마지막 물건을 찾았을 때 오는 만족감은 대단하지만, 그러는 동안 완벽주의 경향이 싹틀 수 있다. 진짜 인생과 달리 컴퓨터 게임에서는 모든 자원을 100퍼센트 모았을 때만 앞으로 나아갈 수 있으니까 말이다. 완벽주의 경향은 강박증을 매우 부추기므로 이런 컴퓨터 게임은 도움이 되기보다 해로운 경우가 더 많다.

게임과 현실이 뒤섞이는 가상현실

게임 스코어를 저장하는 등 무해해 보이는 일조차 강박증을 강화할 수 있다. 잠시 게임 화면 앞에 있는 아이가 되어보자. 몇 시간을 들여 마침내 특정 레벨에 도달했는데 저장을 잘못하는 바람에 모든 것을 처음부터 다시 시작해야 한다면, 그때부터 이 아이는 게임 스코어를 저장하는 과정을 한 번이 아니라 여러 번 거쳐야만 안심할 수 있을 것이다. 처음부터 다시 시작해야 하는 재난을 두 번 다시 겪고 싶지 않아서 하는 이런 보험 같은 행동이 아주 빠르게 강박 행동이 되기도 한다. 혹시 이미 통제 강박이 있다면 더 심해질 수 있다.

현실에서는 공원 벤치에 앉아 있는 일도 하지 않을 강박증 환자가 컴퓨터 게임 속이라면 몇 시간이고 늪지와 진창을 헤매며 싸울 수도 있다. 게임 세상과 현실이 뒤섞일수록 우리 정신에 미치는 영향도 그만큼 더 커진다. 하지만 이것을 꼭 부정적으로 볼 필요는 없다. 게임 속 스토리텔링에 따라 강박증과 불안증을 조금씩 없앨 수도 있다. 하지만 아직까지는 게임 디자이너들이 심리학자나 정신 요법 의사의 조언을 듣는 경우를 거의 보지 못했다. 몇몇 대학에서 가상현실 안경과 데이터 장갑 등을 사용하는 치료 목적의 앱을 개발하고 있기는 하다. 이런 앱으로 비행 공포증, 거미 공포증 등을 치료하는 데 도움을 받을 수 있다.

정신 요법 하청업체로서의 가상현실

나는 건강을 위해 기술 발전을 활용하는 것은 언제나 좋다고 생각한다. 하지만 지금까지 드러난 방식에 대해서는 회의적이다. 우리는 가상현실의 무한한 가능성을 활용하기보다 기존의 낡은 치료법을 위한 하청업체로만 쓰고 있기 때문이다. 현재의 가상현실 기술은 기껏해야 기존의 노출 치료를 현실에서 가상현실로 옮기는 데 활용되고 있을 뿐이다. 가상현실 속 노출 치료가 진짜 현실에서의 치료만큼 효과를 보여주고는 있지만 참으로 근시안적인 행태가 아닐 수 없다. 비행기를 타고 대서양 위를 날거나 거미를 보는 일을 단지 참을 수만 있게 만드는 것을 넘어 정말로 기쁘고 행복하게 반응하도록 우리 뇌에 새로운 신경학적 네트워크를 깔아주는 것도 분명 가능하기 때문이다. 3D 애니메이션 아티스트인 조슈아 슬라이스Joshua Slice는 2017년에 이미 이 사실을 감동적으로 증명한 바 있다. 당시 그는 유튜브에 자신의 애니메이션 거미, '루카스'에 대한 첫 영상을 올렸다. 이 거미는 너무 귀여워서 구독자들의 마음을 온통 사로잡았을 뿐만 아니라 심지어 거미 공포증이 있는 사람들마저 거미를 좋아하게 만들었다. 현재 수많은 루카스 영상[37]이 공개되어 있는데, 그 영상에 달린 댓글들만 보아도 슬라이스가 얼마나 대단한 일을 해냈는지 알 수 있다.

다시 컴퓨터 게임으로 돌아가보자. 디지털 게임 세상에 빠질 때 우리는 소외될 수도 있고 연결될 수도 있다. 컴퓨터 게임은 중독과 병적인 욕망을 불러일으키기도 하고, 일상의 스트레스에서 벗어날 수 있는 바람직한 안식처를 제공하기도 한다. 컴퓨터 게임에 반응하는 방식은 환자마다 다르므로 이런 시간 때우기 게임을 싸잡아서 나쁘다고 말할 수는 없다. 다만 게임 전후와 게임을 하는 동안 어떤 기분이 드는지 잘 살피는 것이 중요하다. 긍정적인 효과가 월등하다면 게임을 계속하지 않을 이유가 없다. 하지만 부정적인 효과가 더 크다면 나는 강박증이 희미해질 정도의 주의력을 요구하는 다른 일을 찾아보라고 권하고 싶다. 그리고 그 새로운 시간 때우기 활동이 열 문장 요법 속 목표들을 이루는 데도 일조한다면 한번에 두 마리 토끼를 잡는 것이다. 실제로 취미 활동을 열정적으로 할 때 우리는 시간 가는 줄 모를 뿐만 아니라 그 일로 생활비를 버는 경우도 있다. 그렇게 된다면 그보다 더 좋은 일이 있을까? 6장에 관련한 좋은 사례가 있으니 참고하기를 바란다.

주의를 돌리는 것보다는 효과적 치료가 낫다

강박증은 뇌가 따분해할 때, 즉 익숙한 일을 할 때나 저녁에 소파에 앉아 그날 하루의 스트레스를 날리며 멍하니 쉴 때 우리를 덮치곤 한다. 그럴 때면 우리 환자들은 최대한 주의를 딴 데로 돌리려고 한다. 컴퓨터 게임이나 주의력을 요구하는 다른 일을 해서 불편한 생각을 잊으려는 것이다. 이런 방법은 그 순간에는 도움이 되지만 장기적으로는 그렇지 않다. 원하는 정도의 효과를 유지하려면 마약 중독자처럼 계속 더욱 강력한 무언가를 필요로 할 테니까 말이다.

반면 인생에 새로운 목표를 정하고 열광하며 그것에 모든 주의를 쏟아부을 수도 있다. 일반적으로 목표가 클수록 그리고 그 목표에 도달하는 데 많은 에너지가 요구될수록 강박증을 극복할 가능성도 더 커진다. 큰 목표란 대개 우리가 가장 원하는 것일 테고, 우리가 가장 원하는 것이어야만 많은 시간과 노력을 투자할 준비가될 테니까 말이다. 인생에 새로운 목표를 정하고 시간과 노력을 투자할 때 긍정적인 삶을 위한 뇌의 역량도 점점 더 커진다. 목표에 다가갈수록 그 일에 자기도 모르게 더 열중하게 되고, 자기 인생을더 풍성하게 해줄 특별한 무언가에 곧 도달할 거라는 생각에 점점더 기뻐하게 된다. 이때 우리 뇌도 새롭고 긍정적인 신경 네트워크를 점점 더 많이 만들며 긍정적인 삶을 위한 역량을 키우게 된다. 강박적 생각이 차지할 공간이 점점 더 줄어드는 부수 효과가 생기는 건 물론이다.

5장

강박증의 원인을
근본적으로 바꾸는 법

강박증의 원인은 매우 다양하다. 게다가 강박증 유발 인자로 의심해야 할지 아니면 강박증을 강화하기만 하는지 정확히 알 수 없는 질환, 습관, 생활 환경도 많다. 완벽주의 경향, 부족한 자기 포용력, 지나친 스트레스도 자주 원인으로 지목되지만 강박증을 유발하고 강화하는 것들의 목록에서 가장 상위를 차지하는 것은 불안증이다. 특히 충분히 제대로 치료받지 못한 불안증이라면 더더욱 그렇다. 사실 강박증의 배후에는 거의 항상 불안이 도사리고 있다고 해도 과언이 아니다.

불안에서 벗어나기

다시 말하지만, 강박적인 생각과 행동은 늘 어느 정도는 강력한 불안증에서 나왔다고 봐야 한다. 공식적으로 불안증 진단을 받았는지 받지 않았는지는 중요하지 않다. 예를 들어 씻기 강박과 통제 강박 뒤에는 건강염려증, 구토 공포증, 전염 공포증, 결벽증 등이 숨어 있다. 2장에서 불안증과 강박증이 각각 내면의 서로 다른 독백에서 나오며 전자가 회피 행동으로, 후자가 강박 행동으로 이어진다는 사실을 살펴보았다. 그렇다면 여기서 의문점이 하나 생긴다. 이 둘이 완전히 다른 내면의 독백에서 나온다면 어떻게 불안증에서 강박증이 나온다는 것일까? 인간은 극단적인 상황에 부딪히면 아주 오래된 유전적 프로그램에 의해 싸움 혹은 도주 모드에 들어간다. 여기서 '혹은'은 두 반응이 동시에 일어나지는 않는다는 뜻이다.

뒤로 물러나는가, 아니면 적극적으로 행동하는가는 결정적으로 3장에서 살펴본 감정의 다섯 단계 중 어느 층에 있느냐에 달렸다. 우울과 불안이 지배하는 1단계라면 내면의 독백은 '나는 아무것도 할 수 없어'가 된다. 하지만 이미 분노와 화의 두 번째 단계에 있다면 '뭔가를 해야 한다'로 생각이 바뀐다. 이런 전환이 구체적으로 어떻게 일어나는지는 건강염려증의 경우를 예로 들어 알아보자.

건강염려증으로 힘든 사람은 심각한 병에 걸릴 것 같아서 대단히 불안해하거나 의사가 알지 못하는 병에 이미 걸렸다고 확신한다. 후자의 경우 환자는 '닥터 쇼핑'을 나선다. 평균 이상으로 자주 의사를 바꾼다는 뜻이다. 이런 행동의 배후에는 다음 의사는 지금까지 모든 의사가 보지 못한 병을 마침내 '발견'할 것이라는 바람이 숨어 있다. 예를 들어 암이나 뇌졸중처럼 죽음에 이를지도 모르는 병 말이다.

물론 의사가 무언가를 놓칠 수는 있다. 하지만 한 의사가 아니라 많은 의사가 당신 몸에는 아무 이상이 없고 당신의 뇌가 장난을 치는 거라고 말한다면 대부분은 정말 건강염려증인 것이다. 건강염려증을 적절한 방법으로 제때 치료하지 않는다면 환자는 점점 더 무기력한 상태에 빠지며 자주 이렇게 생각하게 된다.

- 아무도 날 도와주지 않아.
- 난 아무것도 할 수 없어.
- 아무도 내 말을 믿지 않아.

- 내가 뭘 하든 어차피 다 소용없어.

- 너무 늦기 전에 사람들이 내 말을 믿어야 할 거야.

이렇게 생각하는 사람은 감정의 다섯 단계 중 그 첫 층에 있는 것이다. 감정적으로 가장 나쁜 이 단계에서 몇 달에서 심지어 몇 년을 버티기도 한다. 그리고 무력감이 주는 고통이 너무 커서 새로운 감정을 느낄 수밖에 없는 상태가 될 때 비로소 이 단계에서 벗어난다. 이런 변화를 위한 최후의 자극은 주로 가족이나 친구에게서 온다. 사람이 우울증과 불안증에 얼마나 지배당할 수 있는지 가까이에서 오래 지켜본 사람들 말이다. 안 그래도 힘든데 외부에서 추가적인 압박까지 오면 환자는 불쾌해하거나 심지어 분노하게 된다. 이때 두 번째 단계로 올라갈 에너지가 생긴다. 하지만 이 분노의 단계는 짧게 지나가는 것이 가장 좋다. 이 단계는 초월, 희망, 행동을 부르는 고취된 상태로 올라가기 위해 잠시 거쳐야 하는 단계일 뿐이기 때문이다.

혼자라면 어떻게 해야 할까?

환자는 두 번째 단계에서 필요 이상으로 오래 머물거나 심지어 첫 단계로 다시 내려갈 수도 있다. 이것은 결정적으로 다음 두 가지 조건에 달렸다. 첫째, 분명한 목표가 있고 그 목표를 내면화해서 위로 향하는 길을 계속 갈 에너지가 나오고 있는가? 둘째, 좀 더 건강해지는 길을 알고 인생의 기쁨도 함께해 줄 사랑하는 사람과 좋은 정신 요법 전문가가 주변에 있는가? 두 번째 요건이 부족하거나 주변에 좋은 뜻으로 감싸기만 하는 사람만 있다면 고충이 있을 수 있다. 분노의 모습을 한 변화의 동력은 있지만 옳은 방향을 알려줄 사람이 없다면 말이다. 그러면 풀린 에너지가 통제가 안 될 때 일어날 일이 일어나고 만다. 바로 저항이 가장 적은 길을 선택하는 것이다. 이런 선택은 강박증으로 향하는 직선로가 되기도 한다. 자신의 인식법을 의심하고 부정적인 믿음 문장을 계속 찾아내 적절히 바꾸는 것보다, 청결에 과도하게 신경 쓰고 건강을 해로울지도 모를 위험 요소들을 여러 번 점검하는 것이 훨씬 더 쉽기 때문이다. 환자는 이제 도주 모드를 싸움 모드로 바꾸는 데 성공했고 최소한 희생자 역할에서는 벗어났지만 그렇다고 결코 편해진 것은 아니다. 끊임없이 싸워야 한다는 것은 편안함과는 거리가 한참 멀다. 끊임없이 싸우는 것, 그것도 두 개의 전선에서 싸우는 것은 강박증 환자가 매일 하는 일이다. 강박증을 없애기 위해 싸우거나, 강박증 때문에 일어나는 죄책감이나 자기 의심과 싸우거나 둘 중 하나다.

비상사태에 있는 뇌는 반사적으로 싸우거나 도주한다

강박증이 심할수록 주변 사람뿐만 아니라 당사자도 '멀쩡한 내가 왜 이렇게 무의미한 행동을 반복할까?'라고 자꾸 되묻게 된다. 그 대답은 이렇다. 겉으로는 멀쩡해 보여도 때로 우리 뇌의 능력이 쪼그라들기 때문이다. 스트레스와 공포가 극심할 때 우리는 현대의 호모 사피엔스가 아니라 네안데르탈인이 된다. 순전히 생물학적인 이유로, 그러니까 신경전달물질들 때문에 제대로 생각하는 게 불가능해지는 것이다. 그래서 우리는 반사적으로 싸우거나 도주한다. 이때 근육으로 피가 몰리게 되는데, 방어하거나 도망가는 데 모든 에너지를 쓸 수 있게 하기 위해서다. 말 그대로 머리에서 피가 싹 빠져나가니 무섭거나 불안할 때 얼굴이 백지장이 되는 것도 당연하다. 피의 재분배로 우리 뇌 중 고도로 진화한 부분, 다시 말해 가장 최근에 진화한 부분은 산소와 영양소를 순간적으로 덜 받게 되고 그 순간 이성이 달아난다. 의학적으로는 아드레날린과 코르티솔이 너무 많이 분비되어 분명한 생각을 방해한다고 설명할 수 있다. 이것은 비상사태를 대비한 우리 뇌의 행동 프로그램으로, 인간 역사 초기에 발전해 위험한 환경에 있던 우리 조상들의 생존에 도움을 주었다. 하지만 현대에는 그다지 유용한 프로그램이 아니다. 우리 인간은 이제 문제가 생기면 싸움이나 도주가 아니라 반성적 사고와 소통으로 해결해야 한다는 걸 어느 정도는 알고 있다.

신경가소성의 저주와 은총

사람은 누구나 살다 보면 크고 작은 불안 발작을 경험한다. 방금 설명했듯이 이런 불안 발작은 위기 상황에서 육체적 능력을 높이는 오래된 유전적 프로그램 때문에 일어난다. 하지만 다행히 인간은 계속 진화해왔다. 현재를 사는 우리는 싸우거나 도주하는 것에 만족하지 않고 생각하고 탐구한다. 그렇기에 많은 사람이 우리의 몸이 아직도 네안데르탈인처럼 활동하고 있다는 사실을 받아들일 수 없거나 받아들이려 하지 않는다. 그 대신 어지러움, 심장 뜀, 가슴 답답함 등 다양한 불안 증세들에 괴로워하고 그 배후에 무엇이 있는지 고민한다. '몸이 과잉 반응을 보이는데 머리는 방관만 하는 것 같은 이런 상태의 원인을 알고 싶다. 나도 모르게 병이 들었나? 혹시 뇌종양, 뇌졸중, 심장마비는 아닐까?' 이런 생각은 너무도 이해할 만한 반응이지만 안타깝게도 이런 천착 때문에 한 번으로 끝날 수 있는 경험이 거듭되는 불안 발작으로 발전할 수 있다. 거듭되는 생각이 강력하고 부정적인 감정과 만날 때 우리 뇌의 구조가 바뀐다. 불안에 대한 불안이 몇 주 혹은 며칠 만에 생각의 자동 패턴이 되어 시냅스 연결로 우리 뇌 속에 깊이 박히는 것이다.

이 모든 일의 배후에 숨어 있는 신경생물학적 과정을 우리는 '신경가소성'이라고 부른다. 신경가소성의 작동법은 다음과 같다. 당신이 무언가를 생각할 때 그 생각이 당신 뇌 속에 신경 네트워크로 저장된다. 그래야만 나중에 그 생각을 다시 떠올릴 수 있다. 하지만 우리가 매일 하는 평균 6200개의 생각이 모두 똑같이 중요하지는 않으므로 우리 뇌는 무엇을 오래 저장하고 무엇은 빨리 잊어버려야 하는지 끊임없이 선택해야 한다. 이 선택의 기준은 이렇다. 가끔 생각하거나 거의 생각하지 않는 것은 중요하지 않다. 반면 우리가 거듭 생각하는 것 혹은 끊임없이 생각하며 철저히 규명하고자 하는 것은 아주 중요하다. 기껏해야 약간의 미소를 짓게 하는 생각, 꿈, 바람 등은 중요하지 않다. 강력한 느낌을 유발하는 목표,

걱정, 불안 등은 아주 중요하다.

뇌의 입장에서 생각에 바탕이 되는 느낌이 긍정적인지 부정적인지는 전혀 중요하지 않다. 동반되는 감정이 강력한지 아닌지가 중요하다. 강력한 감정을 동반하는 생각은 우리 뇌에 더 안정적으로 정박한다. 이런 방식으로 우리 뇌 안에 신경 고속도로가 생겨 중요한 듯한 생각들을 빠르고 확실히 배달한다. 그 외 나머지는 천천히 배달해도 상관없다.

그러므로 신경가소성은 우리 뇌의 신경 네트워크가 끊임없이 다시 만들어진다는 뜻이다. 우리 뇌는 중요한 생각뿐만 아니라 몸의 운동 과정도 안정적으로 저장한다. 여기서 뇌의 목적은 가능한 한 많은 연산력을 대뇌에서 소뇌로, 그러니까 의식에서 무의식으로 옮기는 것이다. 반복되는 것들을 에너지 절약 차원에서 자동화시키며 무의식적으로 실행되게 만든다. 그렇게 해야 새롭고 모르는 것들을 받아들일 의식의 용량이 최대한 커지기 때문이다. 당신도 악기나 타자를 연습할 때 일어나는 일을 잘 알 것이다. 처음에는 어렵고 복잡했던 운동 과정이 점점 쉬워지다가 나중에는 자동적으로 흘러간다.

신경가소성은 배웠던 것을 잊게도 만든다. 우리의 머릿속 저장 공간이 유한하기 때문에 어쩔 수 없다. 오랫동안 생각하지 않은 것, 실행하지 않은 것, 느끼지 않은 것은 모두 그 신경 네트워크를 끊는다. 그래야 중요하다고 분류된 다른 것들을 위한 공간을 충분히 확보할 수 있기 때문이다. 학교 다닐 때 배웠지만 졸업하고는 전혀 쓰지 않은 외국어, 악기 연주법, 어릴 때 작은 것들에서 즐거움을 찾았던 능력도 마찬가지다. 뇌과학자들은 "써라, 안 그러면 없어진다Use it or loose it"라는 말을 자주 한다. 가진 능력을 쓰지 않으면 그 능력을 저장해둔 신경 네트워크가 사라질 것이다. 물론 그 흔적은 남기에 재빨리 되찾을 수는 있지만 신경학적 직선로, 다시 말해 무의식적 자동화는 정기적으로 사용할 때만 유지될 수 있다.

신경가소성을 영리하게 이용하기

내가 신경가소성의 기능을 설명하면 환자들은 그 즉시 "이제 제가 왜 이런지 드디어 이해했어요!"라고 말하곤 한다. 갑자기 세상에 온통 두렵고 걱정할 것들만 있는 것 같고, 삶이 주는 아름다움은 절대 보이지 않는다면 신경생물학적 이유가 있다고 볼 만하다. 의식의 초점이 늘 불안과 강박을 부르는 것들에 맞춰져 있으므로 편안하거나 기쁜 순간에도 그것을 즐기는 능력이 점점 퇴화한 것이다. 하지만 절망할 필요는 없다. 지금은 믿을 수 없겠지만 우리는 신경가소성을 좋은 방향으로 이용할 수도 있다. 신경가소성은 자신이 원하지 않는 것에 집중할 때 저주가 되니까 말이다. 반대로 새롭고 긍정적인 목표에 집중할 수 있다면 신경가소성은 아주 빠르게 은총으로 바뀐다.

불안증에 의한 강박증 극복하기

치료하지 못한 불안증 때문에 강박증이 생겨났다면 나는 먼저 불안증부터 치료해야 한다고 분명히 말하고 싶다. 불안증 문제가 해결되자마자 강박증도 눈에 띄게 좋아지는 경우가 많기 때문이다. 참고로 지금까지 불안증 치료로 약물만 복용한 경우도 마찬가지이다. 불안증 약은 증세만 완화할 뿐 왜곡된 자기 인식이나 부정적인 믿음 문장을 바꿔주지는 않는다. 하지만 대개 이 두 가지가 불안과 공포의 진짜 원인이므로 이 해로운 것들을 뿌리째 근절해야지만 불안증이 사라진다.

이 외에도 불안증의 외부 원인으로 의심되는 것들이 있는데, 안타깝게도 우리는 이것들을 너무 간과하고 있어서 나는 불안증 혹은 불안증에 의한 강박증 환자가 이렇게 많다는 사실이 전혀 놀랍지 않다. 예를 들어 갑상샘 질환 약 복용량을 조금만 잘못 잡아도 심한 불안 발작을 일으킬 수 있다. 음식물 알레르기나 특정 약물 복용으로 인한 부작용도 마찬가지이다. 불안증의 원인을 열거하고 상응하는 해법을 제시하는 것은 이 책의 주제와는 맞지 않고, 《어느 날 갑자기 공황이 찾아왔다》라는 적절한 책이 이미 출간되어 있다. 이 책에서 나는 약을 먹거나 아픈 유년기를 다시 들쑤시거나 노출 치료를 하지 않아도 불안증을 치료할 수 있는 방법들에 대해 자세히 설명해두었다.

노출 치료를 받지 않고도 강박증을 치료할 수 있을까?

3장에서 배운 열 문장 요법을 주기적으로 실행한다면 불안증을 유발하는 상황에 노출되지 않고 불안증은 물론 강박증까지 자력으로 극복할 수 있다. 노출 치료 대신 지금까지 불안과 강박으로 가득했던 자동화된 생각을 머릿속에서 제대로 재프로그래밍하는 것으로 문제를 해결할 수 있다. 열 문장 요법을 오랫동안 단호하게 연습한다면 언젠가는 몇 주 전까지만 해도 불가능했던 일을 쉽게 해내는 자신을 보게 될 것이다. 이것은 자신의 뇌를 자기 스스로 바꿀 수 있다는 증명이고, 이 증명은 굉장한 동기 부여가 될 것이다. 그런 후에는 나머지 길을 가기가 한결 수월해진다. 그 길의 끝에 불안과 강박에서 완전히 벗어난 삶이 기다리고 있을 것이다.

오랫동안 정신적 문제와 싸워온 사람이라면 그 고통이 금방 끝날 수도 있다는 말에 회의적인 반응을 보인다는 것을 나는 경험상 잘 알고 있다. 이들은 불안증과 강박증에서 벗어나기 위해 안 해본 일이 없지만 아무 소용이 없었다고 말한다. 그러면 나는 우리 클리닉의 방법으로 치료한 사례들을 읽어보라고 권한다.

재발 방지에 가장 좋은 것

불안증과 불안증에서 발전한 강박증을 성공적으로 치료한 환자가 몇 년 후 다시 우리를 찾아올 때가 있다. 그리고 오랫동안 상태가 아주 좋았는데 갑자기 다시 불안증이 나타났고 심지어 공황 발작까지 생겼다고 말한다. 그럴 때면 나는 언제나 제일 먼저 "열 문장 요법을 규칙적으로 실행하십니까?" 하고 묻는다. 사실 물을 필요도 없는 질문이다. 모두 이렇게 답하기 때문이다. "아니요, 문제가 없는 것 같아서 그만뒀어요."

이들은 열 문장 요법을 아플 때만 복용하고 건강해지면 끊어도 되는 일종의 약이라고 착각한 것이다. 하지만 이 요법은 약이 아니라 약을 불필요하게 만드는 긍정적인 라이프스타일이다. 건강한 식습관이나 주기적인 운동처럼 말이다.

이렇게 생각해보자. 당신은 오랫동안 건강한 식습관을 유지하고 있으며 일주일에 두세 번 피트니스 센터에서 운동도 한다. 그렇다면 조만간 거울 앞에서 당신의 날씬하고 탄탄한 몸을 보며 감탄하고 흐뭇해할 시점이 올 것이다. 이제 당신은 어떻게 하겠는가? "좋아, 바로 이게 내가 원했던 거야. 이제 운동은 그만하고 소파에 앉아 쉬면서 초코바와 감자칩을 먹어야겠어"라고 하겠는가? 그렇게 하면 날씬하고 탄탄한 몸이 그리 오래가지 않을 것이다! 열 문장 요법도 똑같다. 물론 몇 주 동안이나 강박증 혹은 불안증 증세가 전혀 없다면 열 문장 요법을 매일 하지는 않아도 된다. 하지만 새롭게 얻은 자유를 위해 최소한 매주 서너 번 15분씩 '유지 운동'은 해야 할 것이다. 운동과 건강한 식습관이 긍정적인 힘을 발휘하려면 일상이 되어야 하는 것처럼 열 문장 요법도 마찬가지이다. 일상에 더해지는 이 상대적으로 작은 변화가 주는 보상은 막대하다. 내 말을 믿기를 바란다. 바라던 목표들에 굉장히 빠르게 도달할 수 있을 것이다. 당신은 이제 스트레스 저항력이 강하고 모든 종류의 정신적 장애에서 당신을 보호하는, 눈에 보이지 않는 보호복을 하나 착용한 것이나 마찬가지다.

강박증 환자들이 지켜야 할 그 밖의 규칙들

강박증이 심한 정도에 따라 열 문장 요법을 실행할 때 지켜야 할 규칙이 몇 가지 있다. 이 규칙들을 잘 따르면 강박증에 쓸데없이 먹이를 주는 일을 피할 수 있다.

- 규칙적으로 열 문장 요법을 실행하되 지나치게 실행하지는 않는다. 하루 한 번, 20~30분 정도면 충분하다. 밤에 잠들기 전에 하는 것이 가장 좋다. 우리 뇌는 렘REM수면 동안 좋은 신경 네트워크를 더 빨리 만들어낸다.

- 열 문장 요법이 잘 되지 않는다고 너무 조급해하지 않는다. 내면의 장면을 '보는' 것이 힘들다 해도 걱정할 필요 없다. 내면의 장면을 '느끼고' '생각하는' 것을 어려워하는 사람이 많고, 옳은 방법도 틀린 방법도 없다. 중요한 것은 정기적으로 시각화를 반복하면서 조금씩 디테일을 추가하는 연습이다. 나머지는 시간이 알아서 해줄 것이다.

- 잘되지 않는 날도 있을 테지만 당연한 일이다. 독일 운전 연합ADAC은 운전할 때 장애물이 아니라 가고 싶은 곳을 보라고 조언한다. 그 말처럼 해보자. 아름답고 편안한 삶, 그곳이 우리가 가고 싶은 곳이다.

- 열 문장 요법에서는 아무것도 삼갈 필요가 없다. 열 문장 요법은 삶의 모든 분야에서 일어날 수 있는 최고의 것을 상상하는 것이다. 예를 들어 불안감이 심해져 예전에 즐기던 커피를 지금은 마시지 않는가? 그렇다면 최소한 상상 속에서는 마음껏 커피를 마시되 절대 불안해하지 말고 안정과 평안함을 유지하라.

- 강박 행동을 상상하지 않는다. 상상 속 전기 스위치를 켜고 끌 때는 딱 한 번씩만 한다. 손 씻기나 여타 강박 루틴도 마찬가지다. 최소한 머릿속으로는 강박증

이 이미 다 사라진 듯 행동하라. 상상 속 성공은 새로운 신경 고속도로를 만들고, 그 고속도로가 조금씩 상상 속 성공을 현실로 만들어줄 것이다.

- 연습하는 동안에는 강박 행동도, 머릿속에서 일어나는 강박 루틴들도 최대한 중지한다. 처음엔 멈추기 어렵겠지만 며칠만 지나도 수월해질 것이다. 감각 채널 각각을 중심으로 따로따로 상상하다 보면(다섯 채널 요법) 금방 새로운 시냅스 연결이 생겨날 테니까 말이다.

스트레스와 불운에 맞서기

스트레스가 강박증의 주요 원인이 될 수 있다는 사실은 딸들의 물건에 집착했던 N씨의 사례로 살펴본 바 있다. 하지만 N씨의 계속되던 스트레스는 대부분 부정적인 믿음 문장들 때문이었고, '작업'으로 믿음 문장들을 처리할 수 있게 되자 감정적 과부화가 많이 줄어들었다. 하지만 우리가 어떻게 할 수 없는 스트레스도 있고, 심지어 도움이 되는 스트레스도 존재한다. 좋은 스트레스와 나쁜 스트레스를 구분하는 것은 생각만큼 그리 어렵지 않다.

좋은 스트레스, 나쁜 스트레스

스트레스를 더 이상 받지 않는다고 주장하는 사람이 있다면 거짓말을 하고 있거나 산속에서 20년 이상 수행한 구도자일 것이다. 삶에는 늘 스트레스가 따라오기 마련이다. 하지만 스트레스가 꼭 나쁜 것만은 아니다. 나쁜 스트레스를 '디스트레스Distress'라고 한 다면 '유스트레스Eustress'라는 좋은 스트레스도 있다. 유스트레스 는 어려운 문제를 헤쳐 나가는 데 필요한 동기와 동력을 제공한다. 예를 들어 결혼식, 회갑이나 칠순 같은 특별한 생일 혹은 큰 시합 을 앞두고 느끼는 흥분 같은 것이 유스트레스 상태다. 이럴 때 우 리는 기쁘면서도 긴장하고 예민해진다. 이것은 잘못된 것도 아픈 것도 아니다. 이런 유스트레스는 집중력과 일의 능률을 올려주고, 긴장감이 사라지면 그 즉시 강한 행복감을 맛보게 된다.

진짜 문제인가, 스스로 만든 문제인가?

우리는 누가 봐도 나쁜 상황에 처하기도 한다. 그런데 사실 그 렇게 나쁜 상황이 아닌 경우가 훨씬 더 많다. 나는 아주 좋은 일조 차 나쁜 일이라고 생각하는 능력이 뛰어난 사람들이 얼마나 많은 지 보고 늘 놀라곤 한다. 좋은 일을 나쁜 일로 보는 것은 유스트레 스가 아니고 순수한 디스트레스다. 이런 일은 거의 항상 부정적인 믿음 문장이나 지나친 완벽주의 때문에 일어난다. 강박증 환자는 이 점에 있어서 세계 챔피언이므로 자신만의 부정적인 예상 습관 을 재프로그래밍하는 것이 무척 중요하다. 이 재프로그래밍을 '작 업'으로 하든, 열 문장 요법으로 하든, 다른 어떤 적당한 기술로 하 든 당신의 선택이다. 중요한 것은 지금 그 일이 당신이 어떻게 할 수 없는 진짜 위협도, 나쁜 업보도, 성격의 문제도 아니라는 사실 을 아는 것이다. 긍정적인 일에 강박증 혹은 불안증으로 반응하는 사람은 아마 자기도 모르게 그런 방식을 몇 년 이상 훈련해왔을 것이다. 하지만 그래왔다는 사실을 의식한다면 그 즉시 자신을 불행하게 하는 습관을 없애는 도구와 방법을 찾을 수 있다.

불운을 마주할 때

살다 보면 안타깝게도 불운한 상황에 어쩔 수 없이 부딪히기도 한다. 사고, 정치적 문제, 폭력에 휘말리기도 하고 사랑하는 사람의 죽음을 겪기도 한다. 이런 일을 당하면 뿌리까지 흔들리므로 다시 삶이 주는 아름다움을 발견할 수 있을 정도로 회복하는 데 시간이 걸릴 수밖에 없다.

그런데 불운을 소화하는 방식은 사람마다 차이가 크다. 많은 불운을 겪고도 다시 충만하고 빛나는 삶을 사는 사람이 있는가 하면 한 번의 충격적인 경험에서 영원히 회복되지 못하는 사람도 있다. 정신 치료는 100년 이상 후자에 주목해왔다. 그래서 왜 어떤 사람들은 유난히 괴로워하고 저항력이 부족한지에 관한 내용이 많이 연구되어 있다. 그 대답을 듣고자 하는 사람이라면 지금 엉뚱한 책을 읽는 것이다. 이 책은 유난히 빨리 회복하는 사람들이 어떻게 그럴 수 있는지에 대한 책이기 때문이다.

충격적 경험 후에 생긴 강박증

정신적 충격을 겪은 후 강박증이 생길 수도 있다. 2013년에《트라우마 스트레스 저널Journal of Traumatic Stress》에 발표된 연구에 따르면 충격적인 경험을 한 사람들의 약 8퍼센트가 트라우마로 인한 장애를 겪게 된다고 한다.[38] 강박증 외에도 외상 후 스트레스 증후군이 대표적이며 불안증, 식이 장애, 해리 장애, 통증 증후군 등이 일어날 수 있다. 하지만 92퍼센트의 사람들은 다행히 몇 달 안에 트라우마를 극복하고 다시 큰 문제 없이 살아간다.

2011년《호주 심리학자Australian Psychologist》에 발표된 그랜트 데빌리Grant J. Devilly와 피터 코튼Peter Cotton의 또 다른 연구[39]를 보면 불행한 쪽에 서 있는 이 8퍼센트의 사람들은 심리 상담을 너무 많이 받은 것일지도 모른다. 두 학자는 트라우마를 너무 분석하다 보면 역효과가 날 수 있으며 심지어 치료를 방해할 수도 있음을 보여주었다. 이것은 많은 환자를 치료하면서 내가 알게 된 사실과도 일치한다. 트라우마를 부른 사건을 몇 달이고 분석하며 이해하려 애쓰는 것은 문제를 해결하는 것이 아니라 오히려 더 단단하게 만든다.

나의 경험에 따르면 트라우마의 형식적인 면에 집중하며 환자가 나쁜 경험을 청각적·시각적으로 어떻게 소화하고 있는지 알아내는 것이 치료에 훨씬 더 효과적이다. 정신치료학에서는 문제를 완전히 이해할 때만 없앨 수 있다고 믿고 이것이 오랜 진실로 통해 왔지만, 신경가소성을 생각하면 이는 틀릴 뿐만 아니라 심지어 위험한 생각일 수 있다. 너무 많은 분석은 자꾸 트라우마를 재현하고 그 결과 끔찍한 경험을 더 잘 기억하게 만들기 때문이다. 반대로 트라우마의 부정적인 닻에 의도적으로 다른 긍정적인 닻을 덧

씌우면, 예를 들어 열 문장 요법을 이용해 신경학적으로 우리 뇌를 더 나은 길로 유인하면 환자들은 그 문제의 사건을 기억하기는 해도 불편한 감정이 일어나지 않는다고 말한다. 트라우마로 인한 장애는 신경생물학적으로 그 존재 근거를 완전히 없앨 때 가장 빨리 극복할 수 있다.

문제가 아닌 해결책에 집중하기

예전에 나의 스승 중 한 분이 이런 말을 한 적이 있다. "누군가에게 물어볼 때는 그 일을 확실히 잘 아는 사람에게 물어라." 당연한 말처럼 들리지만 정말 이 말대로 하는 사람은 그리 많지 않다. 나는 가깝다는 이유 하나로 아직도 부모나 친구에게 연애에 관한 조언을 구하는 사람을 많이 알고 있다. 그들이 조화로운 관계를 잘 유지하지 못하는 사람이라도 말이다. 또는 자기 직업에 만족하지 못하는 직업 컨설턴트가 자신에게 잘 맞는 직업을 알려줄 거라고 믿는가 하면, 한 번도 부자인 적이 없는 사람에게 재테크 팁을 구하기도 한다.

물론 누구에게 조언을 구할지는 당신 마음이다. 그래도 노파심에 덧붙인다면 외향적인 사람일수록 더 조심해서 조언자를 선택해야 한다. 외향적인 사람은 대개 즉흥적인 결정을 어려워하고 자신의 직감보다는 다른 사람의 생각을 더 신뢰한다. 그래서 주변 사람들로부터 최대한 많은 조언을 구한 다음 대다수가 하는 말을 따르고는 한다.

하지만 안타깝게도 대다수가 하는 말이 꼭 최고의 결과를 부르지는 않는다. 대다수가 하는 조언은 단지 가장 무난한 길일 뿐이다. 이 말에 동의할 수 없다면 예를 들어 '이상적인 연인 관계'에 대한 다수결에 따른 결정이 실제로 얼마나 도움이 될지 한번 생각해보자. 이 한 가지 질문에 대답해보라. 당신 주변의 사람들 대다수가 사랑 가득한 멋진 관계를 유지하고 있어서 매일 놀랍고 심지어 조금 질투가 나기도 하는가?

만약 그렇다면 정말 축하할 일이다! 당신은 현재 어떻게 하면 이상적인 관계를 유지할 수 있는지 잘 알고 좋은 파트너십을 만끽하고 있는 사람들에 둘러싸여 있다. 그런 사람들의 조언이라면 기꺼이 자주 받아야 한다. 하지만 그렇지 않다면 좋은 관계의 비법을 분명히 알고 있는 다른 사람을 찾아야 한다. 좋은 관계를 유지하는 사람이 아예 없다고 말하는 것이 아니다. 다만 유감스럽게도 수년 동안 어쩔 수 없이 크고 작은 타협을 해가면서 그 상태에 만족하며 사는 사람이 훨씬 더 많다. 그리고 당신이 지금까지 신뢰해온 조언은 바로 이들이 해준 조언이다. 직업 선택, 돈을 다루는 방법, 건강 문제에 대해서도 마찬가지다.

이 이야기가 지금 당신의 강박증과 무슨 상관이 있을까? 불안, 불만족, 의심, 질투, 수면 부족 등 모든 스트레스는 강박증의 증세를 강화한다. 긍정적인 문장으로 바꿔 말하면, 행복하고 편안한 사람일수록 강박증을 물리치기가 더 쉽다는 말이다. 강박증이 없는 삶으로 가는 길은 강박적인 생각과 행동에서 벗어나는 길이 아니라 더 가볍고 즐겁게 사는 삶으로 향하는 길이다. 또한 문제가 아닌 해결책에 집중하는 길이다.

좋은 롤 모델로부터 배우기

나는 항상 가능하면 좋은 롤 모델로부터 배우려고 노력해왔다. 그래서 그런지 처음부터 내 치료법의 핵심은 해결책에 집중하는 것이었다. 나는 사적으로 강인한 정신의 소유자들과 만날 때면 그들의 인생 이야기를 듣고 싶어 한다. 그들은 인생의 어떤 가치와 목표들을 향해 가고 있는가? 어떤 내면의 대화를 하는가? 그리고 대체 어떻게 그렇게 인상적인 회복력을 갖게 되었을까? 이때 나의 목적은 내 환자들과 나를 위해 건강하고 충만한 삶을 부르는 것이 무엇인지 최대한 자세히 알아내는 것이다. 믿음 문장의 힘과 유머의 치료 효과에 대해서는 이미 자세히 설명했다. 이제 회복력이 유난히 좋은 사람들에게서 자주 보이는 또 다른 점을 하나 이야기하려 한다. 어쩌면 강박증이 아니라 비즈니스에 대한 조언으로 보일 수도 있지만, 스트레스를 대폭 제거하는 방법이므로 강박증 치료에도 매우 도움이 된다. 지금부터 더 나은 시간 관리법 두 가지를 소개하려 한다.

더 나은 시간 관리

정신적으로 강인한 사람들은 대개 시간 관리에 능하다. 이들은 언제나 일을 하는 데 있어 적절한 시간 제한을 두며 쉬는 시간이나 휴식기를 반드시 가진다. 이들은 알게 모르게 파레토 법칙과 파킨 슨의 법칙을 잘 지키고 있는 것이다.

파레토 법칙

파레토 법칙은 '80 대 20 법칙'이라고도 한다. 이미 알고 있는 사 람도 많을 것이다. 1897년 이탈리아의 경제학자이자 사회학자인 빌프레도 파레토Vilfredo Pareto가 처음 제시한 법칙이다. 파레토는 많은 경우 80퍼센트의 일을 해내는 데 20퍼센트의 시간을 소비하 고, 나머지 20퍼센트의 일을 하는 데 80퍼센트의 시간을 쓴다는 사실을 계산해냈다. 파레토 법칙은 지금도 유효하고, 인생의 많은 분야에서 옳다는 것이 증명되었다. 예를 들어 80퍼센트의 인터넷 사용량이 20퍼센트의 도메인에서 이루어지고, 80퍼센트의 교통량 이 20퍼센트의 도로에서 이루어지고, 많은 회사에서 80퍼센트의 수익을 20퍼센트의 생산품에서 거둔다.

파레토 법칙을 시간 관리에 적용할 때 우리가 가장 먼저 해야 할 일은 어떤 일을 해야 20퍼센트의 노력으로 80퍼센트의 결과를 끌어낼지 알아내는 것이다. 그 일을 찾아내고 집중할 수 있다면 돈 을 훨씬 쉽게 벌 수 있을 뿐만 아니라 스트레스도 상당히 줄일 수 있다. 너무 좋게 들려서 믿기 어려운가? 그렇다면 우리 클리닉의 또 다른 사례를 통해 실제로 가능한 일임을 보여주겠다.

셔츠 단추를 만져야만 하는 환자

2021년 3월, 도장塗裝 기능장이자 통제할 수 없을 정도로 접촉 강박이 꽤 진행된 환자를 상담하게 되었다. 환자는 셔츠의 단추를 위에서 아래로 하나씩 만져야만 안정을 찾을 수 있었다. 정확하게는 손가락 끝으로 모든 단추를 세 번씩 돌리며 쓰다듬어야 했고, 이 과정이 중간에 끊기면 처음부터 다시 시작해야만 했다. 때로는 이 기묘한 루틴 없이 며칠을 보내기도 했지만, 스트레스가 심한 날은 셔츠 단추 만지기를 여러 번 반복해야 했다. 단추 없는 티셔츠나 스웨터를 입는 날이면 그 기묘한 습관이 청바지의 버클이나 컴퓨터 키보드처럼 뭔가 툭 튀어나온 것들로 옮겨갔다. 모든 튀어나온 부분을 순서대로 손끝으로 세 번 돌리며 쓰다듬었고, 그 일이 다른 일로 중단되면 처음부터 다시 시작해야 했다. 마음이 편안한 날은 노력하면 하지 않을 수도 있었지만, 스트레스가 큰 날에는 참는 게 불가능했다.

우리는 먼저 환자의 스트레스 수치를 최대한 낮춰보기로 했다. 환자는 일주일에 평균 50시간을 일했다. 정말 하고 싶은 일도 있었고, 한 달 수입을 맞추기 위해 억지로 하는 일도 있었다. 환자는 벽을 대리석처럼 고급스러워 보이게 만드는 특별 도장 기술을 쓰는 일을 가장 좋아했고, 그 일을 정말 잘했다. 그 일을 하기로 한 날은 '강박증 없는' 날이 된다는 것을 환자 자신도 잘 알았다. 게다가 대리석 도장 기술은 보수도 훨씬 좋았다. 그러므로 우리는 20퍼센트의 노력으로 80퍼센트의 효과를 낼 수 있는 일이 무엇인지 더 이상 찾지 않아도 되었다. 그는 앞으로 대리석 도장 일을 주로 하면 되는 것이다.

하지만 내가 이제부터 대리석 도장 일만 해보는 게 어떻겠냐고 했을 때 그는 손을 내저었다. 그리고 슬픈 표정을 지으며 좋은 생각이긴 하지만 그 일만 전문으로 하기에는 고객이 턱없이 부족하다고 했다. 나는 아무 말도 하지 않고 3장에서 소개했던 에르빈에게 대신 답하게 했다. 그 즉시 에르빈은 열심히 꽥꽥거리고 꿀꿀거렸다. 환자는 자신의 생각이 사실이 아닌 부정적인 믿음 문장임을 받아들였다. 에르빈이 조용해지자 나는 물었다.

"그 일을 원하는 고객이 적을 거라고 어떻게 그렇게 확신하시죠? 어쩌면 그런 식의 도장을 원하는 사람이 많은데 환자분께서 지금 당장은 찾지 못하시는 건 아닐까요? 선생님께서 그 일을 잘하신다는 걸 고객들에게 알리고 계신가요? 웹사이트가 있으신가요? 지금까지 해오신 작업 사진을 잘 찍어서 올리면 선생님이 전문가라는 걸 보여줄 수 있을 텐데요. 구글 광고는 해보셨나요? 반경 100킬로미터 안에 대리석 도장을 원하는 사람이 있다면 즉시 선생님 웹사이트를 볼 수 있게 만들 수 있어요."

환자는 그런 웹사이트도 없었고 광고도 하고 있지 않았다. 웹사이트가 하나 있기는 했지만 아주 옛날 버전이었고 스마트폰이나 태블릿으로 이용하기에 무척 불편했다. 구글 검색 엔진에 '대리석 도장'이라고 검색하면 그의 웹사이트는 나오지 않았고, '도장'이라고 치고 그가 사는 도시로 한정해 검색해도 네 번이나 페이지를 넘겨야 그의 웹사이트가 나왔다. 그의 웹사이트는 99퍼센트의 잠재 고객이 어쩌다 보기도 힘든 위치에 숨어 있었던 것이다. 남은 1퍼센트가 그의 웹사이트를 본다고 하더라도 도장이 잘 된 벽 사진도, 멋진 기술의 장점을 드러내는 글도 찾을 수 없었다.

우리는 대리석 도장 기술을 잘 드러내는 웹사이트부터 빨리 제작해야 한다는 데 동의했다. 광고 효과를 제대로 내려면 전문가에게 맡기는 게 좋을 것 같았다. 우리의 목표는 그가 사는 지역의 누군가가 대리석 도장 전문가를 찾을 때 구글 검색의 첫 번째 결과로 그의 사이트가 올라오게 하는 것이었다.

두 달 후, 새 웹사이트가 온라인에 등장한 지 열흘째 되던 날 우리는 다시 만났다. 환자는 광고 효과 덕분에 새 고객과 대리석 도장 계약을 큰 건으로 두 개나 해둔 후였다. 그리고 1년이 훌쩍 지난 지금 환자는 정말로 대리석 도장 일만 하면서 그의 작은 사업체를 잘 꾸려나가고 있다. 이제 일주일에 평균 30시간만 일해도 예전보다 훨씬 더 많이 벌었으므로 그는 매우 만족했고 그만큼 강박증에 대한 저항력과 회복력도 무척 강해졌다. 따라서 점점 강박 행동을 하지 않아도 되었고 상담 약 다섯 달 뒤부터는 이미 완치가 된 상태였다.

파킨슨의 법칙

참고로 이 환자가 그렇게 빨리 스트레스 수치를 낮추며 강박증을 극복할 힘을 충분히 얻은 건 단지 파레토 법칙만 잘 이용했기 때문은 아니었다. 이 환자는 전문가에게 새 웹사이트와 광고를 의뢰하면서 분명한 기한을 정해주었는데, 이것은 파킨슨의 법칙도 아주 모범적으로 이용한 것이었다. 파킨슨의 법칙은 1955년 영국의 사회학자 노스코드 파킨슨C. Northcote Parkinson이 발견한 아주 간단한 법칙이다.

일은 완료하는 데 주어진 시간만큼 늘어난다.

지하 창고나 다락방 청소를 해보면 이것이 얼마나 맞는 말인지 알 수 있다. 데드라인의 압박이 없으면 일을 끝내기까지 아주 오랜 시간이 걸린다. 손에 잡히는 물건이 다 언젠가 필요할 것 같고, 그것에 얽힌 추억이 떠오르고, 어쩌면 중고 장터에 팔거나 최소한 기증할 수도 있을 것 같다. 그런데 만약 빨리 이사를 해야 하거나 빌려온 트럭이 벌써 집 앞에 주차되어 있다면 모든 물건을 단지 몇 시간 안에 처분하기도 한다. 그 기회에 몇 년 전부터 버려야 했던 물건들을 마침내 버리는 것이다. (호더 증후군이 없다면 말이다.)

파킨슨의 법칙은 어떻게 이 도장 기능장 환자를 도왔을까? 웹사이트를 다시 꾸며야겠다고 몇 년째 생각만 하는 사람들은 놀랍게도 굉장히 많다. 하지만 생각만 하고 정확한 기한을 정하지는 않는다. 글과 사진들을 최대한 고치고 다듬어야 한다고 믿는 완벽주의 경향까지 있다면 웹사이트 하나를 만드는 데 몇 년이 걸릴지도 모른다. 이 정도 기간이라면 상황에 따라 고객 수백 명을 잃게 될 수도 있다. 반면 이 환자는 웹사이트 제작 숙제를 재빨리 전문가에게 맡겼고 정확한 기한도 정했다. 이 행동으로 그의 스트레스 수치는 확연히 낮아졌고 수입도 증가했다. 그는 더 편안한 삶을 살게 되었고, 그 결과 강박증도 극복했다.

파킨슨의 법칙 적용하기

당신도 무슨 일이든 필요 이상으로 오래 끄는 경향이 있다면, 한 가지 일을 끝내는 데 얼마의 시간이 필요한지 판단할 때 조금 인색하게 구는 것을 권한다. 대개 필요 이상으로 시간을 많이 들인다고 해서 성과가 더 좋아지지는 않는다. 오히려 제한 시간을 엄격하게 둘 때 중요한 것과 우선할 것을 더 정확하게 볼 수 있다. 당신은 엄격하게 시간 제한을 두는 것도 스트레스를 부르고, 강박증 환자는 조금의 스트레스에도 강박증이 심해진다고 항의하고 싶을 수도 있다. 정확하게 시간을 지키려고 애써야 하는 것이 어떻게 도움이 된단 말인가? 이 질문에 대답하기 위해서는 좀 더 자세히 알아볼 볼 필요가 있다.

파킨슨의 법칙과 파레토 법칙에 따른 시간 관리는 하루아침에 할 수 있는 것이 아니다. 수십 년 묵은 수많은 믿음 문장을 재고하는 일이 선행돼야 하기 때문이다. 예를 들어 '대기만성大器晚成'이나 '삶은 원래 괴로운 것이다' 같은 말이 있다. 이런 낡은 지혜들에 의문을 품고 '작업'으로 그 진실성을 조사해보면 아주 다른 결론에 도달하게 될 것이다. 다시 말해 도장 기능장 환자처럼 정확히 그 반대라는 사실을 알게 될 것이다.

하지만 모든 강박증 환자에게 통하는 방법은 없다. 어떤 사람에게는 금방 효과가 있던 방법이 다른 사람에게는 아무 효과가 없거나 강박증을 더 심화시키기도 한다. 당신의 강박증에 있어 진짜 전문가는 단 한 사람, 바로 당신이다. 당신에게 통하는 방법이 있다면 그것을 더 많이 이용하자. 효과가 없다면 다른 방법을 시도하는 것이 낫다. 중요한 것은 이 책에서 소개된 모든 방법에 최대한 편견 없이 접근하는 자세다. 우리가 갖는 예상이나 기대는 그 방법의 효과에 굉장한 영향을 미친다. 내가 확실히 말할 수 있는 것은 이 책에 소개된 방법들이 모두 각각 열 명 이상 되는 환자들의 강박증을 치료해주었다는 사실이다. 시간 관리에 대한 이 두 방법도 마찬가지다. 처음에는 이 두 법칙을 일상에 적용하는 데 조금 시간이 걸렸지만 덕분에 일상에서의 스트레스가 많이 줄었다고 하는 환자가 많았다. 그리고 스트레스가 줄면 당연히 강박 행동을 해야 한다는 압박감도 줄어든다.

물론 시간을 엄격히 준수하는 것이 강박적인 경향을 부를 수도 있겠지만, 그 새로운 경향이 더 나쁜 강박적인 경향을 통제할 수 있다면 결론적으로는 긍정적으로 생각할 만하다. 파킨슨의 법칙이 좋은 것 같다면 계속 실행해라. 좋지 않다면 억지로 고수할 필요는 없으니 그때는 파레토 법칙만 이용하자. 무엇보다도 인내심을 갖는 것이 중요하다. 80 대 20 법칙을 성공적으로 이용하려면 지금까지 살면서 비판 없이 받아들였던 것들을 많이 돌이켜봐야 할 것이다. 나는 11년 전 처음 파레토 법칙에 대해 들었던 순간을 지금도 잘 기억하고 있다. 나 또한 파레토 법칙의 잠재성을 내면화하고 마침내 내 일상을 바꾸기까지 거의 반년이 걸렸다. 현재 나는 내 모든 행동을 파레토 법칙으로 조사하는 것이 당연한 일상이 되었다. 그런데도 아직도 아무 효과도 없을 일에 너무 많은 에너지를 쏟아붓고 있는 스스로를 발견하곤 한다. 나는 여전히 배우고 있고, 그래서 좋다. 사람은 평생 배우면서 성장해야 하는 존재며, 잠만 자고 있어서는 아무것도 이룰 수 없다. 하지만 잠도 강박증 관리에 중요하므로 이제 수면 위생에 대해 한번 살펴보자.

수면 부족 해결하기

수면 장애와 우울증이 깊은 관계에 있다는 건 옛날부터 잘 알려진 사실이다. 2017년의 한 연구는 늦게 잠들 때 강박증이 눈에 띄게 심해진다는 사실도 밝혀냈다.[40] 미시간 대학의 제시카 슈베르트Jessica R. Schubert와 뉴욕 빙엄턴 대학의 메레디스 콜레스Meridith Coles는 강박증 환자 30명의 수면 패턴을 한 주 동안 관찰한 결과 수면 시간과 강박증을 억제하는 힘이 서로 직접적인 관계에 있다는 사실을 증명했다. 실험 대상자들은 늦게 잠자리에 들수록 다음 날 강박적 충동에 대한 통제력이 더 나빠졌다. 그 전날의 상태와 상관없이 늘 그랬다. 그러므로 불필요한 스트레스를 피하는 것 외에도 강박증 극복에 도움이 되는 것이 또 있다. 바로 좋은 수면 위생이다.

잘 잘수록 강박증이 줄어든다

일찍 자고, 깊이 자고, 꿈도 꾸지 않고 아침까지 푹 자는 일을 누군들 바라지 않겠는가? 그러나 실망스러운 말을 하지 않을 수 없다. 이런 잠은 어려울 뿐만 아니라 완전히 불가능하다. 사람은 누구나 자면서 꿈을 꾼다. 단지 꿈을 기억하지 못하는 사람이 있을 뿐이다. 한 번도 깨지 않고 잔다는 사람이 있다면 사실 그건 착각이다. 밤에 자다가 몇 번 깨는 것은 정상이므로 걱정할 일도 아니다. 4분 이내에 다시 잠든다면 어차피 기억을 하지 못한다. 자다가 깨는 이유는 얕은 수면, 깊은 수면, 렘 수면(꿈꾸는 단계) 이렇게 세 단계로 이루어진 한 번의 수면 주기가 끝났기 때문이다. 하나의 수면 주기는 70~110분 정도 이어지고 일반적으로 하룻밤에 4~7회 반복된다. 그러므로 자다가 몇 번 깨는 것은 아주 정상이다. 많은 사람들이 밤에 자주 깨는 것을 걱정해 스트레스가 생기고 뒤이어 정말 수면 장애가 생기곤 한다. 금방 다시 잠들지 못할까 봐 불안해하거나 불편한 생각을 거듭하다 보면 편안한 휴식을 취할 수 없다. 그렇게 자꾸 뒤척이다 보면 좋은 수면 위생에서 점점 멀어진다. 다음은 좋은 수면으로 다음 날 강박증을 덜 일으키게 할 수 있는 몇 가지 팁이다.

- 어둡고 쾌적하고 조용한 곳에서 잔다.
- 저녁 7시 이후에는 커피를 비롯한 카페인 음료나 신경을 흥분시키는 물질은 피한다.

- 배가 너무 부르지도 고프지도 않은 상태로 잠자리에 든다. 잠들기 약 세 시간 전 가볍게 먹는 것이 가장 좋다.
- 알코올은 잠드는 데 도움이 되지만 숙면에는 방해가 되므로 결국 좋을 게 없다. 저녁 8시 이후에는 술을 마시지 않는다. 니코틴도 마찬가지다.
- 저녁 8시 이후에는 땀 흘리는 운동은 삼간다. 밤 산책이나 요가와 비슷한 종류의 운동은 매우 좋지만 과격하게 운동하면 전혀 운동을 하지 않는 것만큼이나 좋지 않다.
- 텔레비전 앞에서 꾸벅꾸벅 조는 것은 거의 100퍼센트 나쁜 수면을 부르므로 제때 텔레비전을 끈다. 이미 수면 장애를 갖고 있다면 낮잠도 피한다.
- 가능하면 수면 습관을 해의 순환 주기에 맞춘다. 해가 뜨면 하루를 시작하고 해가 지면 하루를 마감한다. 잠드는 데 가장 이상적 시간은 밤 10~11시고, 이상적 수면 시간은 7.5시간이다.
- 밤에는 밝은 빛, 특히 푸른빛은 피한다. 컴퓨터를 하는 것보다는 책을 읽는 것이 좋다. 꼭 컴퓨터를 해야 한다면 최소한 색온도라도 바꾼다.
- 밤에는 부정적인 정보로부터 자신을 보호하자. 뉴스나 불편한 대화는 삼가는 것이 좋다.
- 잠들기 직전에 꼭 방광을 비우자. 꽉 찬 방광만큼 수면을 방해하는 것도 없다.

불면의 밤

최대한 못 자고 덜 자고 싶다면 이렇게 하면 된다. 잠들기 직전 한 시간 동안 최대한 많이 술을 마신다. 그리고 이제 잠이 오기 시작하면 골치 아픈 문제들을 고민한다. 자다가 깨면 그 즉시 절대

다시 잠들지 못할 거라고 확신하라. 그리고 기왕 깬 김에 다시 부정적인 생각과 감정들에 파고든다.

방금 '내가 왜 그래야 하지? 나는 그렇게 멍청하지 않아!'라고 생각했다면 내가 당신 마음속에 저항을 일으키는 데 성공한 것이다. 이 저항이 왜 중요한지, 그리고 강박증 환자를 제대로 돕기 위해 강박증 환자의 가족이 이런 저항을 어떻게 이용하면 좋은지는 7장에서 살펴보겠다. 여기서는 일단 우리 클리닉의 많은 환자들을 마침내 잘 자게 만들어준 중요한 방법 하나만 언급하고 넘어가려 한다.

바로 열 문장 요법을 이용하는 것이다. 잠자리에 들기 직전이 제일 좋다. 우리는 잠들기 직전에 골몰했던 것을 수면 중에 제일 먼저 처리하므로 열 문장 요법 같은 정신 운동은 꿈의 내용과 수면의 질에 굉장한 영향을 준다. 열 문장 요법을 연습하는 중에 잠이 들어도 괜찮다. 아침에 일어나자마자 나머지를 이어서 끝내기만 하면 된다. 밤에 시각과 청각 채널을 끝내고 촉각 채널을 거치다 잠들었다면 아침에 일어나 바로 그 지점에서 다시 시작해 후각과 미각 채널까지 끝내면 된다. 이런 방식은 우리 뇌의 이른바 '알파파' 상태를 매우 잘 이용할 수 있고, 이때 강박증을 더 빨리 극복할 수 있다. 깨어 있는 상태에서 잠드는 상태로 넘어갈 때 우리 뇌는 알파파 상태다. 이 상태에서 우리가 의식적·정신적으로 처리하는 것은 모두 소뇌에 안정적으로 정박하므로 더 빨리 기억할 수 있다. 반대로 잠들기 전에 부정적인 생각을 많이 하면 당연히 건강에 좋지 않다. 자기 전에 열 문장 요법을 실행하며 알파파의 효력을 최대한 이용하자. 눈에 띄게 건강 상태가 좋아지는 걸 금방 느낄 것이다.

자다가 깬 후 더 이상 잠들 수 없을 때

강박증과 함께 불안증도 있다면 밤에 자다가 화들짝 깬 후에는 정신이 말똥말똥해져서 도저히 다시 잠들 수 없게 되곤 한다. 이런 경우 다시 빨리 잠들고 싶다면 반드시 주의해야 할 사항이 몇 가지 있다.

- 밝은 불빛은 피한다. 스마트폰으로 시간을 확인하는 것도 불필요한 스트레스와 부담만 더할 뿐이니 피해야 한다.
- 화장실에 가야 하지 않는 한 최대한 몸을 일으키지 않는다. 냉장고에서 음식을 꺼내 먹는 것은 절대 금지다. 야식은 언제나 수면을 방해한다.
- 누운 상태에서 감사 명상을 하며 감사할 것들을 생각해본다. 잠들 때까지 마음속으로 당신이 감사하는 것들을 알파벳으로 순서를 매기며 나열해본다.

유전자보다 중요한 것

아직까지 강박증에 쉽게 걸리도록 만드는 유전자가 분명히 밝혀지지는 않았다. 부모가 강박증일 때 자녀도 강박증 경향을 보이는 일이 없지는 않지만 그렇지 않은 아이들도 많다. 쌍둥이의 경우 쌍둥이가 함께 강박증인 경우도 자주 목격되지만 늘 그렇지는 않기에 유전적 원인으로 추론하기는 어렵다. 오히려 가족의 행동을 무의식적으로 따라 하는 거울 행동 양식으로 보는 편이 더 설득력이 있다. 혹은 바람직하지 못한 양육 방식이 강박증을 부추길 수도 있다. 부모가 모든 위험으로부터 자녀를 보호하려고 과하게 애쓰는 것이 그 한 예다. 과잉 불안에서 나오는 이런 행동을 아이가 따라 할 수 있고, 그러다 강박증이 생길 수 있다. 실수를 용납하지 않는 완벽주의가 자녀 양육의 척도인 가정도 마찬가지이다. 실수를 고통스러워 하는 일을 멈추고 실수가 있어야만 성장도 가능하다는 사실을 받아들일 수 있어야 한다. 완벽주의는 장기적으로 인생을 불행하게 만드므로 절대 좋은 척도가 될 수 없다. 다음은 그 이유와 완벽주의에서 벗어나는 방법이다.

완벽주의와 부족한 자기 인정 파훼하기

완벽주의 경향의 사람은 자기 인생만 지옥으로 만드는 것이 아니라 함께 사는 파트너와 자녀의 인생도 불행하게 만든다. 완벽주의자는 자기 자신으로부터 부당한 요구를 끊임없이 받으므로 늘 기분이 나쁘고 스트레스 상태일 수밖에 없다. 나의 배우자 다니엘라는 《당신의 뇌가 사랑을 의심할 때》*라는 훌륭한 책에서 사람들이 완벽주의를 지향하게 된 이유와 완벽주의의 악순환에서 빠져나오는 법을 쓴 적 있다. 그 내용을 여기서 잠깐 인용해본다.

　우리가 알게 모르게 갖는 현대적 가정의 표상은 많은 커플에게 예상치 못한 결과를 부릅니다. 야심, 완벽주의, 멀티태스킹, 꽉찬 계획

---

* 한국에서는 2022년 불광출판사에서 출간되었다.

표……. 이 모든 것은 행복을 향한 가파른 계단이 아니라 장기적으로 볼 때 관계의 연소만 부릅니다. 하루는 고작 24시간이고 모든 인간은 자신만의 한계를 갖습니다. 일상에 대한 우리의 영향력과 예측 가능성에도 한계가 있습니다. "우리 계획과 완전히 다르게 흘러가는 것이 인생이다"라고 작가 헨리 밀러Henry Miller도 경고하지 않았나요? 그런데 우리의 스트레스 레벨은 예상치 못한 일이 일어나서가 아니라 그 일에 우리가 어떻게 반응하고 평가하느냐에 따라 달라집니다.

번아웃 잠재성을 가진 사람들은 그렇지 않은 사람들과 비교해 늘 더 시간이 부족한 것은 아닌데 자기 자신에 대한 기대감만큼은 확고부동하게 높은 경우가 많습니다. 그 기대감은 어떤 경우에도 항상 균형을 유지하고 어떻게든 항상 자연스럽게 기능하려 애쓰는 것으로 그 정점에 이릅니다. 그러기 위해서는 자신에게 매우 엄격한 잣대를 들이밀며 매사를 통제해야 합니다. 하지만 통제할 수 없는 것은 늘 생기기 마련이고 그럼 스트레스가 시작됩니다. 스트레스 칵테일에 무너진 통제력과 무력감만큼 훌륭한 재료도 없습니다. 감정, 상황, 더 나쁘게는 자신을 더 이상 통제할 수 없다면 완벽주의자는 극도의 불편함을 느낍니다. 그런데도 대외적으로는 다 좋다는 인상을 주기 위해 부정적인 감정과 육체적인 경고 신호를 격하게 억누릅니다.

역설적이게도 스트레스가 가장 높은 바로 그 시점에 추가 프로젝트를 떠안는 사람이 많습니다. 문제를 무시하고 자신을 더 바쁘게 몰아붙이는 것은 다른 생각이 들지 않게 하며, 스스로 하는 다른 무리

한 요구들과 거리를 두는 데 심지어 도움이 됩니다(단기적으로는 말입니다). 하지만 결국에는 위험한 추락을 가속합니다.

이것은 기본적으로 연인 관계에서의 완벽주의를 두고 하는 말이지만, 완벽주의에 숨어 있는 이런 사고 방식과 행동 양식이 우리 인생의 다른 부분에서도 그대로 드러난다. 완벽주의 경향의 사람은 좀처럼 만족하지 않는다. 그리고 좀처럼 만족하지 않는 사람은 지금 이룬 일에 자신을 칭찬하지 않고 그렇게 에너지의 중요한 원천을 봉쇄해버린다. 세미나를 할 때면 나는 완벽주의자를 당나귀에 수레를 매고 가는 농부에 비교하곤 한다. 농부는 당나귀를 걷게 하려고 맛있는 당근이 달린 긴 막대기를 당나귀 입 앞에서 흔든다. 배가 고픈 당나귀는 앞으로 한 발자국씩 내딛지만 그 먹이에 가닿지는 못한다. 어쨌든 그렇게 수레는 계속 나아간다. 하지만 문제가 다분한 이런 동기 부여 전략을 너무 오래 쓰다 보면 당나귀는 조만간 화가 나서 더 이상 한 발자국도 움직이지 않을 것이다. 최악의 경우에는 너무 힘들어 쓰러질 수도 있다. 당나귀를 계속 앞으로 가게 하려면 가끔이라도 보상으로 당근을 주는 수밖에 없다. 완벽주의자는 이 농부처럼 자기 코앞에 대고 당근을 흔들기만 하는 사람이다. '이것만 끝내면 다 좋아질 거야. 그럼 좀 쉬면서 나한테 선물도 줘야지.' 단지 이것만 끝내면 된다고 생각하는 이 상황, 어쩐지 익숙한가? 완벽한 버전의 '내' 모습이 꼭 그 당근처럼 바로 '내' 코앞에서 흔들리고 있는 꼴이다. 한 발만 더 가자. 한 발만, 또 한 발만.

완벽주의자는 이상적인 자신의 인생이 '지금 여기 막대기'에 고정되어 있다는 걸 알아야 한다. 한 발 한 발 앞으로 나아갈 때마다 이 막대기도 함께 나아간다. 당근 동기 부여 전략은 최대한 빠르게 불안증, 번아웃, 우울증을 얻는 방법이다. 이럴 경우 강박증도 시간 문제다. 불안증 같은 원래의 질병이 오래될수록 육체적·정신적 다른 질병들이 따라오기 쉬운데, 이것을 '동반질병'이라고 한다. 그리고 이 동반질병의 목록 가장 위에 있는 것이 바로 강박증이다.

완벽주의라는 함정에서 빠져나오기

다음은 완벽주의자가 배워야 할 세 가지다.

- 분명한 중간 목표들을 세운다.
- 중간 목표를 달성했을 때는 제대로 축하한다.
- 실패를 나쁜 것으로 보지 않고, 있는 그대로 본다. 실패는 성장을 촉구한다는 사실을 받아들이며 감사의 마음을 갖는다.

정말 성공한 사람들은 "더 빨리, 더 자주 실패하라"를 신조로 삼는다. 오로지 실패 속에만 성장 가능성이 숨어 있기 때문이다. 실패를 죽도록 피하려고 하는 사람은 모든 종류의 성장을 자진해서 피하는 것과 같다.

사랑받고 싶지 않다면 완벽주의자가 될 것

완벽주의자는 약한 모습을 보이지 않아야 사랑받는다고 생각한다. 하지만 사실은 그 반대다. 자신의 약점을 인정하는 사람이 더 강하고, 멋지고, 사랑스럽다. 슈퍼히어로가 나오는 영화에서 히어로는 반드시 약점을 가져야 하고 실수도 해야 한다. 그래야 우리가 공감할 수 있고, 공감이 갈 때 히어로가 더 소중하게 느껴지기 때문이다. 만약 콘서트를 갔다고 상상해보자. 우리는 무대 위에 선 스타에게 언제 마음을 빼앗기는가? 스타가 처음부터 끝까지 완벽한 공연을 했을 때인가, 아니면 실수가 있었지만 여유롭게 넘겼을 때인가? 나는 새천년을 맞이하던 해 베를린에서 '부에나 비스타 소셜 클럽Buena Vista Social Club'의 공연을 보러 갔던 일을 지금도 생생하게 기억한다. 공연 중간에 갑자기 기술적 문제로 흐름이 끊겼고 꽤 길게 느껴지는 시간이 흘러갔다. 그때 당시 이미 70세가 넘었던 부에나 비스타 소셜 클럽의 멤버 이브라힘 페레르가 기껏해야 자기 나이 절반 정도 될까 싶은 여자 청중 한 명을 무대 위로 인도했고 둘은 서로 즐겁게 춤을 추었다. 그 모습이 너무 감동적이어서 정작 콘서트가 재개되었을 때 그 광경을 더 볼 수 없는 것이 슬플 정도였다.

문제는 실수가 아니라 실수를 대하는 자세다

긍정적인 시행착오 문화를 체화한 사회라면 실수는 공감 표를 모을 기회가 된다. 때로 자신의 실수를 웃어넘길 수 있는 사람, 어려운 상황에서도 여유를 잃지 않는 사람을 싫어하는 사람은 없다. 반대로 자책하며 괴로워하는 사람은 자신뿐만 아니라 주변 사람도 모두 힘들게 만든다. 완벽주의가 극단을 달리는 환자를 마주할 때면 나는 기꺼이 그 사람을 약간 자극한 다음 "완벽하려 애쓰는 사람은 죽음을 갈망하는 사람입니다"라는 말을 던진다. 그러면 대부분 충격을 받는데 그때 나는 재빨리 다음과 같이 부연 설명한다.

"무언가 완벽한 것이 있다면, 우리는 그 완벽한 상태를 깨트리지 않고는 그것에 무엇을 덧붙일 수도 뺄 수도 없습니다. 따라서 완벽주의는 모든 성장의 끝이나 다름없습니다. 그리고 인간이든 자연이든 더 이상 성장하지 않는 것은 죽을 수밖에 없습니다. 나무가 그렇다는 것은 분명히 알 수 있고, 인간이 그렇다는 것은 조금 자세히 봐야 알 수 있습니다. 코, 귀, 발도 우리가 죽을 때까지 거듭 자라납니다. 우리 인격만큼 그 성장을 분명히 볼 수 있는 것도 없습니다. 그러므로 늘 성장하는 인격이 다 자랐다고 주장하는 사람이 있다면 유감스럽지만 그 사람은 죽을 때까지 강박 행동이나 되풀이하면서 시간을 죽일 수밖에 없습니다."

자기 인정은 융통성을 위한 열쇠

인간이 완벽을 추구한다는 것은 그 자체로 모순이다. 왜냐하면 '인간'과 '완벽'은 서로 배타적이기 때문이다. 인간은 본디 성장, 생명력, 다채로움 등 변하는 성질을 가진 존재다. 그런데 완벽은 정확하게 이 모든 것과 반대된다. 게다가 완벽은 혼자 이룰 수 있는 것이 아니라 주변 환경 속에서만 가능하다. 예를 들어 물고기는 물속의 생활에 완벽하게 맞춰진 존재다. 물고기는 사막과는 절대로 맞지 않는다. 그래도 다행히 물고기는 그런 자신을 잘 받아들인다. 실수로 배 위로 튀어 올라갔다고 해도 자신에게 무슨 문제가 있는지 고민하며 골머리를 썩진 않는다. 자신이 잘못된 환경 속에 들어와 있음을 즉시 알아차리고 다시 물속으로 들어가고자 몸을 펄떡댈 뿐이다. 그런데 인간은 몇 년 동안이나 자신에게 좋지 않은 환경을 고수하면서 엉뚱하게도 자신에게서 문제를 찾으려 한다. 정신이 안정되려면 기본적으로 자신이 누구인지, 무엇을 필요로 하고 무엇을 갈망하는지 잘 알아야 한다. 그런데 바로 이 지점에서 강박증 환자는 어려움을 겪는다. 이들은 기묘하고 강박적인 생각이 자신의 진짜 성격이라고 믿는 심각한 실수를 범한다. 하지만 이보다 더 틀린 생각은 없다.

자신이 소아성애자일까 봐 두려워한 환자

나는 다섯 살 난 아들을 둔 A씨와의 상담을 지금도 생생하게 기억한다. 첫 상담에서 내가 본 그의 인생은 수치심과 죄책감으로 가득했다. A씨는 자꾸만 자신이 아들을 성적으로 학대할지도 모른다는 생각이 들어 죽도록 자책하고 있었다. 그런데 나는 그를 치료하는 동안 그런 종류의 위험은 전혀 없다는 걸 알게 되었다. A씨에게는 소아성애자 성향이 없었고 성적으로 매우 정상이었다. 그렇다면 다정하기만 했던 아빠가 어떻게 그런 무시무시한 생각을 하게 되었고 급기야 그런 스스로를 정말로 두려워하게까지 되었을까?

첫 상담 약 6개월 전, A씨는 여느 때처럼 퇴근 후 집으로 돌아왔다. 아들은 아빠를 애타게 기다리고 있었다. 저녁을 먹기 전에 아빠와 아들은 한 시간 정도 시끌벅적하게 놀곤 했는데, 서로에게 쿠션을 던지거나 거실 카펫 위에서 가볍게 치고받기도 했다. 그날도 그렇게 놀던 중 어쩌다 아들이 여러 번 A씨의 성기를 건드렸다. 자극을 받은 A씨는 성기가 발기하는 걸 느꼈지만, 아주 잠깐 그랬던 것뿐이었다. 하지만 A씨가 아이 앞에서 그런 육체적인 반응을 보인 것이 매우 비난받을 일이라고 확신하기에는 충분한 시간이었다.

며칠 후 비슷한 상황에서 똑같은 일이 또 일어났다. 아이와 몸으로 놀아주는 동안 아이가 어쩌다 A씨의 성기를 건드렸고 A씨는 더할 수 없이 자연스럽게 반응했다. 성적인 의도가 전혀 없었지만 육체적 자극으로 음경의 해면체에 피가 몰린 것이다. 하지만 A씨는 그런 사실을 있는 그대로 받아들이는 대신 자신의 문제가 무엇인지 고민하기 시작했다. 그는 아들을 무척 사랑했기에 성적 학대는커녕 어떤 식으로든 아들을 위험하게 하는 일은 상상도 할 수 없었다. 성적 학대라니, 생각만 해도 수치스러웠으므로 절대로 생각하고 싶지 않았다.

하지만 신경가소성의 관점에서, 이때 강박증으로 발전하기 위한 완벽한 환경이 조성되었다. 무언가에 대해 생각하고 싶지 않다는 강력한 바람과 부정적인 감정이 만날 때 우리 뇌는 오히려 그 터부를 강박적으로 맴돌 수밖에 없다. 그렇게 일어날 일이 일어나고 말았다. A씨는 자신이 소아성애자일지도 모른다는 생각을 점점 더 강박적으로 하게 되었고 죄책감을 도저히 참을 수 없어 결국 전문가의 도움을 구하게 된 것이다.

성적으로 흥분하지 않아도 발기할 수 있을까?

남자가 성적으로 흥분할 때 발기한다는 건 모두가 아는 사실이다. 그런데 성적으로 흥분하지 않아도 발기할 수 있다는 것을 모르는 사람이 아직도 많은 것 같다. 단순히 마찰되거나 꽉 끼는 바지만 입어도 해면체에 피가 몰릴 수 있다. 사춘기 호르몬 변화나 과도한 테스토스테론도 발기를 부를 수 있는데, 이때도 성적인 의도는 전혀 없다. 호르몬 변화는 흔히 17세까지의 청소년에게서 관찰되지만 테스토스테론 수치 증가는 모든 나이대의 남자에게 일어날 수 있다. 주기적으로 근력 운동만 해도 그럴 수 있다.[41] 지방이 풍부한 식습관도 테스토스테론 수치를 상승시킬 수 있는데, 지방 속 콜레스테롤 성분에서 테스토스테론이 생성되기 때문이다. 영양제로 많이 먹는 아연 화합물이 테스토스테론 수치를 높이기도 한다.[42] 이런 일이 벌어지면 성적인 관심이 전혀 없어도 약간의 자극만으로도 즉각 발기될 수 있다.

당신의 생각이 당신은 아니다

A씨가 한 유일한 실수는 '자신의 생각'이 곧 자신이라고 믿은 것

이다. 우리가 하루 평균 6200개의 생각을 한다는 사실은 곧 우리가 모두 다중인격자일 수도 있다는 뜻이다. 어떤 때는 사랑 가득한 부모였다가, 어떤 때는 분노한 시민이었다가, 어떤 때는 세상에서 제일 멍청하고 혐오스러운 사람이 되고, 어떤 때는 세상에 둘도 없는 박애주의자가 된다. 우리는 매일 이렇게나 다양한 생각들을 하지만 그중에 실행하는 것은 기껏해야 1퍼센트가 될까 말까다. 그러므로 당신이 어떤 사람인지 말해주는 것은 99퍼센트의 생각이 아니라 1퍼센트의 행동이다. 영화 〈포레스트 검프〉에서 주인공은 이런 주목할 만한 말을 한다. "멍청한 사람은 멍청한 짓을 하는 사람이다." 참으로 지혜로운 말이 아닐 수 없다. 강박증 환자를 위해 이 말을 이렇게 바꿔볼 수도 있을 것 같다.

- 말과 행동으로 타인을 아프게 하는 사람만이 진짜 공격적인 사람이다.
- 말과 행동으로 모독하는 사람만이 진짜 모독자다.
- 주변에 혼란을 부르는 사람만이 진짜 혼란한 사람이다.

물론 스무 번이나 반복해서 손을 씻는 것, 무언가를 계속 세는 것, 무언가를 계속 정리하는 것도 '멍청한' 행동이다. 강박증 환자 자신보다 이걸 더 잘 아는 사람이 있을까? 하지만 이런 행동은 강박적 생각이 끔찍한 행동으로 이어지지 않게 하려는 필사적인 노력이라는 점에서 그 '멍청함'을 꼭 부정적으로만 봐서는 안 된다. 이는 투철한 도덕심의 표현이며, 강박 행동을 하는 사람은 자신과 타인 모두를 최대한 보호하기 위해 그렇게 하는 것이다. 이들은 평균 이상으로 책임감이 강하고 타인을 위하는 사람들로, 단지 생각이 곧 진짜 위협이라고 믿는 실수를 범한 것뿐이다.

당신의 생각을 보지 말고 당신의 인생을 보라

강박증 환자는 자신이 원치 않는 것에 너무 집중하느라 자기 인생을 전체적으로 보지 못하곤 한다. 당신이 누구인지 보여주는 것은 당신의 틱과 생각이 아니라, 당신이 해온 일이다. 이런 이유로 나는 A씨에게 이렇게 질문했다.

나 환자분은 하루 평균 얼마나 많은 기묘한 생각을 하고 그중 어느 정도를 실행하시는 것 같나요?

A씨 모르겠어요. 하지만 제 아이를 해치는 일이라면 단 한 번도 너무 많은 일이겠지요.

나 방금 그 말씀이 환자분의 도덕적 잣대가 얼마나 높은지 보여주네요. 그런 걱정을 한다는 사실 자체가 환자분이 그런 식으로 자녀분을 해치지 않을 거란 사실을 증명해줍니다.

A씨 글쎄요. 제가 보기엔 반드시 그렇진 않아요. 아들을 해친다는 생각 말고는 다른 것을 생각할 수 없는 날도 많거든요.

나 강박증 환자들이 본래 그렇습니다. 그런데 환자분이 정말 소아성애자였다면 그런 생각을 하면서 성적으로 흥분하고 심지어 쾌락까지 느꼈을 겁니다. 하지만 제가 이해하기로 환자분은 정확히 그 반대인 혐오감과 두려움을 느낍니다.

A씨 네. 그런 생각 자체가 싫고, 그런 생각을 하는 스스로가 혐오스럽습니다.

나 자기 자녀를 사랑하지 않고 심지어 난폭하게 대하는 아버지를 본 적이 있나요?

A씨 아, 네. 이웃에 그런 사람이 있어요. 자기 아이한테 또 그러면 꼭 멱살을 잡고 겁을 줄 생각이에요.

나 그런데 환자분은 그렇게 겁을 주겠다고 생각만 하셨죠? 실제로는 그 비슷한 일도 하지 않으셨잖아요? 왜냐하면 그 생각이 환자분 자신은 아니니까요. 그렇게 하면 어떤 일이 벌어질지 잘 알기에 그런 일을 하지 않는 겁니다.

A씨 네, 그렇겠네요. 하지만 그 사람이 계속 그렇게 굴면 언젠가는 아동복지국에 전화할 겁니다.

나 여기서 또 환자분의 생각과 환자분의 행동이 완전히 다르다는 것을 증명하시는군요. 생각은 멱살을 잡고 겁을 주겠다는 것이지만 실제 행동은 아동복지국에 전화하는 것일 가능성이 높군요.

A씨 하지만 그 일과 제 진짜 문제를 비교할 수는 없어요. 저는 그 이웃 때문에 화가 나기는 해도 그 사람에 대해 끊임없이 생각하지는 않거든요.

나 아닙니다. 충분히 비교 대상이 됩니다. 이웃의 행동에 대해 계속 생각하지 않는 것은 그 이웃이 환자분의 가족만큼 중요하지 않기 때문입니다. 아무래도 감정이 결부되면 생각의 고리 속에 빠지기가 더 쉽지요. 그리고 제가 보기에 환자분은 가족이 전부라 할 수 있을 정도로 가족의 존재가 정말 소중한 것 같습니다.

나의 추측이 맞았기에 나는 A씨에게 그가 생각은 많이 했지만 실제로 행동하지는 않았을 다른 몇 가지 예들을 더 들었다. 예시들을 계속 찾아낼수록 A씨는 자신의 걱정이 실제로는 할 필요가 없는 것이라는 사실을 분명히 알 수 있었다. 그의 인생은 다른 사람들의 인생처럼 상상들로 가득했다. 그중에는 폭력적이거나 과도하게 성적인 것도 있었고 기묘한 것도 많았다. 하지만 그런 상상이 위협적일수록 그것을 어떤 식으로든 실행할 위험은 줄어든다. 강박증 환자는 사람들이 조심해야 하는 정신질환자가 아니다. 오히려 그 반대다. 정신질환자에게 양심과 죄책감과 공감 능력이 부족한 경향이 있다면, 강박증 환자에게는 너무 많다. 그래서 자신의 기묘한 상상을 절대 실행에 옮기지 않는 것이다. 이 사실을 이해하자 A씨는 치료의 다음 단계로 나아갈 준비가 되었다. 나는 ABS 요법으로 그의 상상력에 더 나은 먹이를 주고 싶었고, 그의 강박적 생각을 제대로 지워줄 매우 자극적인 먹이가 필요하다고 생각했다.

불은 불로 다스릴 것

강박증이 생기기 전 A씨는 아내와 행복한 성생활을 즐겼다. 그런데 아들에 대한 강박증이 생기자 모든 성적인 자극을 피했다. 부부 관계가 소원해졌다고 느낀 아내는 남편에게 무슨 문제가 있는지 알고 싶었지만, 자신의 강박증을 너무 수치스러워한 남편은 절대 말해주지 않았다. A씨는 아내의 성적인 접촉을 계속 무시했고 결국에는 부부 관계가 삐걱거리기 시작했다. 그리고 그때 A씨가 치료를 결심했던 것이다.

내가 성생활을 피하는 것은 상황을 더 나쁘게 만들 뿐이라고 확실히 말하자 부부 관계는 다시 좋아졌다. 하지만 그의 강박적 생각은 여전했다. 아내와 성적으로 '강박증 이전의 상태'로 돌아가는 것만으로는 부족했던 것이다. 아들에 대한 강박적 생각의 신경학적인 정박을 상쇄할 정도로 강력하지만, 위험하지는 않은 어떤 성적인 생각이 필요했다.

성적인 대화를 나누는 일 자체가 그에게 얼마나 불편한 일이었을지 당신도 짐작할 수 있을 것이다. 하지만 다행히도 대단히 방종한 성적 판타지를 생각해낼 필요는 전혀 없었다. 여기서도 유머가 우리를 도와주었기 때문이다. 그 후의 치료에서 ABS 요법을 쓰며 A씨에게 상상하게 했던 것들은 성적이기는 했지만, 아주 웃겼고 때로는 매우 기묘했다. 어떻게 기묘했는지는 당신의 상상에 맡기겠다. 우리가 여기서 알아야 할 것은 성과 웃음이 함께 갈 수 있다는 점이다.

웃음과 섹스는 멋진 조합

웃음과 섹스가 함께 갈 수 없다고 생각한다면 그건 오산이다. 정말 가까운 사람과 나누는 따뜻한 웃음만큼 성애性愛를 강화하는 것도 없기 때문이다. 서로 웃음을 주고받을 때 다양한 차원의 행복감을 부르는 내인성 오피오이드Opioid가 대거 분출된다.[43] 내인성 오피오이드는 우리 몸속에서 분출되는 일종의 천연 마약으로, 통증과 배고픔을 잊게 하고 성호르몬 분비에 관여한다. 한 마디로 쾌감 생성에 크게 기여하는 물질이다. 쾌감이라는 이 멋진 느낌이 없다면 사랑과 섹스는 단지 아이를 낳기 위한 고역에 지나지 않을 것이다. 게다가 내인성 오피오이드는 스트레스 수치를 확실히 낮추고 심지어 면역력까지 제대로 높여준다. 그러므로 바이러스와 박테리아를 피하기 위해서는 과도하게 손을 씻거나 오염됐을지도 모르는 물건들을 피하는 것보다 자주 웃는 것이 더 효과적일 수 있다.

뇌는 가능성으로 가득한 우주

상상 속에서 우리는 늘 경계를 넘나들지만 이것은 현실과 아무런 상관이 없다. 우리가 이렇게 자유롭게 상상할 수 있는 것은 인간 뇌의 능력이 우주의 다른 어떤 것보다도 월등히 좋기 때문이다. 860억 개의 뉴런이 서로 긴밀하게 연결되어 있어 지구상의 모래알 수보다도 더 많은 경우의 조합이 가능하다. 나는 이것을 우리 뇌의 연산력이라고 부른다. 이 엄청난 연산력은 당연히 출구가 필요하다. 큰 목표에 쓰이지 못한다면 난해한 생각을 하는 데라도 쓰여야 한다. 그렇기에 강박증 환자가 남을 해칠 수도 있다는 가정은 완전히 틀렸다. 그렇게 가정하는 사람은 오래전에 이미 반박된, 정신 요법 초기의 이론들을 아직도 믿고 있는 것이다. 강박증 환자는 당장 뇌관을 제거해야 하는 시한폭탄이 아니다. 오히려 책임감과 공감 능력이 너무 뛰어난 사람이다. 강박증 환자가 조심해야 하는 '미친 짓'은 알베르트 아인슈타인이 말한 미친 짓뿐이다. 이 말은 내가 제일 좋아하는 말이기도 하다.

> 매일 똑같은 일을 하면서 무언가 변하기를 바라는 것이 가장 미친 짓이다.

A씨의 강박증은 자신이 미쳐가는 건지도 모른다는 두려움 때문에 시작되었다. 끔찍해서 하지 않으려고 하면 할수록 그 생각은 자꾸 더 떠올랐다. 하지만 무언가를 근본적으로 바꿀 용기를 내자 비로소 치료의 길이 열렸다. A씨는 그 무서운 상상에 다른 강력한 것으로 대항하겠다고 용기를 냈다. 뇌 속에 그 무서운 상상이 차지하고 있는 자리를 빼앗을 만큼 강력한 것 말이다. 당신도 용기를 내길 바란다! 불은 불로 다스릴 수 있다. 금방 아름다운 삶, 강박증 없는 삶을 되찾기를 바란다.

6장

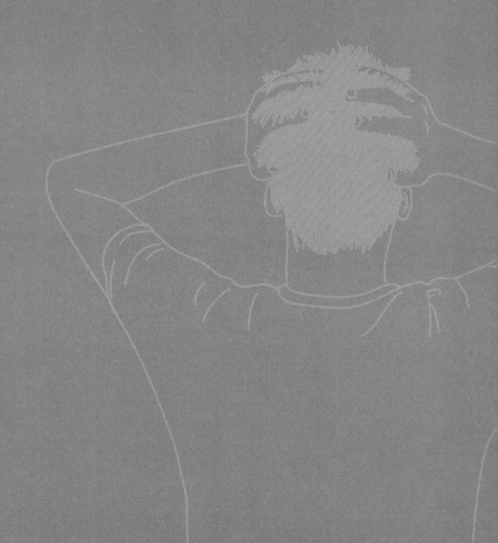

다른 가능한
치료법들

우리 클리닉에서의 경험에 근거한, 강박증에 좋은 치료법들과 수많은 사례를 모두 살펴보았다. 그런데 추가로 언급해야 할 몇 가지 치료법이 더 있다. 이 중에는 치료의 속도를 높이는 데 도움이 되는 것도 있고, 지금까지 언급된 모든 방법으로도 원하는 효과를 얻지 못했을 때 생각해볼 만한 것도 있다. 5장에서 말했듯이 많은 사람이 생각하거나 실행하는 일이 반드시 가장 좋은 결과를 부르는 것은 아니다. 많은 사람이 생각하고 실행하는 일은 대개 가장 쉬운 길일 뿐이다. 강박증을 약물로 치료하는 방법도 그렇다. 나는 약물 요법만으로 강박증을 없앤 사람을 단 한 번도 본 적이 없다. 그리고 행동 요법이 주는 보조적인 효과조차 과장되었다고 생각한다. 그 이유는 이미 3장에서 자세히 밝혔다. 그래도 약물 요법에 대해서도 간단하게나마 언급하고 넘어가려 한다.

약물 치료

강박증 치료를 위한 약물로는 우선 SSRI(선택적 세로토닌 재흡수 억제제) 계열의 항우울제가 처방된다. 독일에서는 현재 다음의 여섯 약물이 통용되고 있다.

- 시탈로프람Citalopram
- 에스시탈로프람Escitalopram
- 플루옥세틴Fluoxetin
- 플루복사민Fluvoxamin
- 파록세틴Paroxetin
- 설트랄린Sertralin

그런데 이 약물의 사용법을 보면 강박증 환자의 절반이 15세 이

전에 발병한다는 사실을 전혀 고려하지 않은 듯하다. 왜냐하면 권장 복용량[44]이 대개 성인 기준이고, 심지어 우울증 치료를 위한 복용량까지 넘어서는 경우도 있기 때문이다. 게다가 부작용과 관련해서는 이 약들 중 플루옥세틴[45]만이 8세 이상부터 복용할 수 있다고 명시되어 있다. 그런데도 시탈로프람, 에스시탈로프람, 설트랄린 모두 흔히 처방된다. 이것은 이른바 의약품의 '허가사항 외 사용Off-Label-Use' 행위이다. 원래 허가된 그룹이 아닌 사람들에게도 약을 처방하는 것이다. 환자들이 강박증을 완전히 극복하는 데 도움만 된다면야 상관없겠지만, 그렇지 못하니 문제다. 일부 환자들에게서 약간의 차도가 목격되지만 이것도 약을 계속 먹는 한에서만 일어나는 차도다. 제약회사는 좋을지 몰라도 환자에게는 도움이 되지 않는다. 게다가 이런 항우울제들은 일으킬 수 있는 부작용도 다양하다. 그렇다면 약을 복용하는 것보다 우리 뇌의 상상력을 이용해 강박증과 싸우는 게 더 낫지 않을까? 생각이 정신적 문제를 만들어낼 수 있다면 그 문제를 다시 없애는 힘도 생각 안에 있을 것이다. 나는 세미나에서 이런 말을 자주 한다.

상상으로 만든 용은 상상으로 만든 검만이 죽일 수 있다.

뇌 심부 자극법

지금까지 이 책에서는 강박증을 완전히 극복하거나 최소한 상당히 극복한 환자들의 사례만을 소개했다. 하지만 강박증이 너무 진전된 상태라 정신 요법만으로는 전혀 효과가 없는 경우도 분명 있다. 이런 환자의 경우 말 그대로 최후의 수단으로써 뇌 깊숙한 곳에 자극을 주는 방법이 존재한다. 뇌 심부 자극술은 파킨슨병 환자에게도 시행되는 수술로, 아주 작은 전극판을 뇌 깊숙한 곳에 심는 것이다. 그러면 이 전극판이 약한 전기 신호를 보내며 강박증에 훈련된 뇌를 바로잡는다.

몇 년 전만 해도 나는 이러한 처치를 권하지 않았다. 위험이 따를 수밖에 없는 외과적 뇌수술을 해야 하기 때문이다. 그런데 2020년, 뇌 심부 자극술이 강박증에도 효과가 있음을 보여주는 새 연구 결과들이 나오면서 내 생각을 바꾸지 않을 수 없었다.[46]

2022년에는 베를린 샤리테 의과대학에서 뇌 속 전극판이 최대한의 효과를 내는 지점을 확정하는 데 성공하기도 했다. 전두엽 피질과 시상하부 중심 사이에서 전기 자극으로 강박적 행동을 유의미하게 줄일 수 있는 섬유 다발 부분을 찾아낸 것이다. 강박증을 앓게 된 지 수십 년이 됐고 다른 치료법은 모두 실패했다면 뇌 심부 자극술이 어느 정도 다시 정상적인 삶을 살 수 있게 하는 현실적인 대안이 될 수 있다. 다만 현재 이 수술은 성인만 받을 수 있고, 이 수술에 적합한지를 판단하는 검사도 꽤 복잡하다.

경두개 자기 자극법

지난 몇 년 동안 강박증, 불안증, 우울증 치료에 경두개 자기 자극법TMS이 점점 두각을 나타내고 있다. 경두개 자기 자극법은 환자를 긴 의자에 편안히 기대게 한 후 환자의 머리 가까운 곳에 전자기 코일을 두고 전자기장을 발생시켜 뇌를 자극하는 시술이다. 입증된 바에 따르면 뇌세포 내 전기 활동을 자극해 정신적 문제를 줄인다고 한다. 치료는 한 번에 30~60분 정도 소요되고, 최소 2주 동안 매일 실행해야 한다. 아프거나 불편하지는 않지만 민감한 사람이라면 전자기 자극을 받는 중에 머리가 조금 간지럽거나 쿵쿵거리는 느낌을 받을 수는 있다.

나는 이 치료만으로 강박증을 완전히 극복할 수 있다고 보지는 않지만, 보조 치료로서는 훌륭하다고 생각한다. 우리 클리닉에서는 2021년 이 시술을 받은 후 한결 증세가 완화되어 열 문장 요법이나 네 가지 질문 작업을 훨씬 수월하게 일상에 적용할 수 있게 된 환자가 총 네 명 있었다. 시술 후 초반에는 강박증이 여전했지만, 다른 요법들의 효과가 아주 좋아지면서 이 환자들 중 셋은 몇 달 안에 강박증 증세에서 완전히 벗어났다. 나머지 한 명도 눈에 띄게 좋아졌지만, 이 글을 쓰고 있는 현재까지는 강박 행동에서 완전히 벗어나지는 못한 상태이다.

경두개 자기 자극법을 고려하고 있고 시술이 가능한 병원을 찾고자 한다면 온라인에서 TMS, rTMS, dTMS 등을 검색해 보기 바란다. 각각 전자기장을 일으키는 기술적인 방법이나 머리와 연결하는 방법만 다를 뿐 효과는 비슷하다. 다만 아쉬운 점은 독일에서는 경두개 자기 자극법이 전액 보험 처리가 되지 않으므로 개인이 치료를 모두 마치는 데 1000~1800유로 정도 든다는 점이다. 게다가 14세부터 가능한 시술이다.

도파민 늘리기

1장에서 설명했듯이 우리 몸에 도파민을 제공하는 방법은 다양하다. 강박 행동을 할 때는 물론이고 중독자가 중독 물질을 섭취하거나 중독 행위를 할 때도 도파민이 분비된다. 하지만 이런 도파민은 피하는 게 좋다. 이 장에서는 더 건강하게 도파민을 얻는 대안들을 살펴보려 한다. 덧붙여 강박증을 최대한 빨리 그리고 영원히 없애는 데 똑같이 중요한 다른 신경전달물질 세 가지도 함께 알아보려 한다.

네 가지 행복 신경전달물질

행복 신경전달물질인 도파민은 강박증 진행에 결정적인 역할을 한다. 특히 나머지 세 가지 행복 신경전달물질들이 너무 부족할 때 그렇다. 신경생물학적으로 바람직한 행복 칵테일에는 기본적으로 도파민, 세로토닌, 노르아드레날린, 엔도르핀이라는 네 가지 재료가 들어간다. 이 재료들이 상호작용하며 서로 완벽한 비율을 유지할 때 안락하고 아름다운 삶이 가능해진다.

이 사실은 내가 강박증 치료에 항우울제를 이용하는 것을 반대하는 이유 중 하나이기도 하다. 항우울제는 세로토닌이나 노르아드레날린 수치를 인위적으로 올리는데, 이것은 건강한 정신이 가장 멀리해야 할 행태이다. 이 네 신경전달물질의 비율은 늘 유동적인 상태를 유지해야 한다. 그래야 현재의 정신 상태와 실질적인 필요에 따라 끊임없이 조절될 수 있다. 마당에 설치된 자동 스프링클러와 비슷하다. 인공지능이 땅의 온도와 습도를 측정하고 꼭 필요한 만큼의 물만 공급하면 더할 나위 없이 좋다. 하지만 며칠 동안 비가 온 날이든 100년 만의 가뭄이 지속되는 날이든 매일 잔디에 같은 양의 물을 준다면 잔디는 익사하거나 말라죽을 것이다. 몇 달혹은 몇 년 동안 매일 똑같은 양의 항우울제를 복용하는 것도 마찬가지다. 행운이 따라준다면 상태가 좋아질 수도 있지만 그렇지 않다면 안 그래도 나쁜 상태가 더 나빠질 것이다.

이 네 가지 행복 신경전달물질은 축구팀의 선수들과 비슷하다. 각자가 맡은 역할이 있고 팀워크가 좋아야 한다. 한 선수가 경기장 주변을 천천히 걷기만 하고 있거나 자기가 잘났다며 공을 독점한다면 경기를 망칠 수밖에 없다. 그렇다면 이 각각의 선수는 정확하게 어떤 역할을 맡고 있고, 어떻게 해야 최상의 팀워크를 만들어낼 수 있을까?

도파민

팀의 공격수 역할을 하는 도파민은 동력 장치이며 우리의 호기심을 높인다. 도파민이 부족하면 움직이기가 싫고 피곤하고 무기력하며 무언가를 자꾸 잊어버린다. 반대로 도파민이 넘치면 과도한 행동 양상을 보이고 강박증이나 중독 증세가 일어나기 쉽다. 그래서 조현병 등의 정신질환을 가진 사람이나 코카인 혹은 암페타민 복용자는 도파민 수치가 매우 높게 나온다. 도파민 과잉은 (강박증 환자들이 익히 알듯이) 필요 이상으로 움직이고 싶게 만든다. 다행히 도파민이 빨리 안정을 찾게 하는 다른 동료 선수가 있으니 바로 세로토닌이다.

세로토닌

세로토닌은 골키퍼에 가까운 역할을 하는 물질로, 우리를 침착하게 만들고 만족감을 준다. 골키퍼가 공을 잘 막아주면 상대팀이 수비를 뚫고 돌진할 때도 팀은 어느 정도 평정심을 유지한다. 하지만 다른 선수들이 자기 역할을 제대로 하지 못해서 자꾸 공을 허락하면 골키퍼도 조금씩 흔들리고 불안해진다. 도파민, 노르아드레날린, 엔도르핀이 모두 제 역할을 하지 못하면 세상 쿨한 세로토닌도 결국 자제심을 잃고 경기장이 떠나가라 소리를 지르게 된다. 이 말은 세로토닌이 과해지면 불안, 동요, 떨림, 흥분이 일어난다는 뜻이다.

노르아드레날린

수비수 역할을 하는 노르아드레날린은 우리의 주의력과 각성도를 조절한다. 이 주의력과 각성도는 우리 의식의 중요한 구성 요소인데, 이 점에 대해서는 뒤에서 '알아차림 연습'을 통해 다시 살펴보겠다. 우리가 스트레스나 위협을 느낄 때 노르아드레날린은 중추 신경계 내 신호 전달을 촉진하며 위협적인 상황을 재빨리 세세하게 분석하게 만든다. 이것은 강박증 환자들이 가진 쓸데없이 과잉된 능력이기도 하다. '심각한 위험'이라는 판단이 서면 노르아드레날린은 아드레날린을 분출시킨다. 벤치에서 쉬고 있는 (5장에서 설명한) 네안데르탈인을 불러들이는 것이다. 그리고 모든 감각과 이성을 말아먹은 이 네안데르탈인이 경기장을 초토화시킨다. 네안데르탈인에게는 오로지 위험을 사라지게 하는 것만이 중요하다.

엔도르핀

엔도르핀은 이 팀의 주장으로, 팀의 도덕성을 책임지는 역할을 한다. 네안데르탈인이 위험을 제거하고 나면 (예를 들어 당신에게 수도꼭지가 잠겼는지 30번 확인하게 하고 나면) 이제 엔도르핀이 출현해 네안데르탈을 다시 벤치로 데리고 간다. 엔도르핀은 불안감, 스트레스, 공격성을 줄이고 안도감을 주는 데 매우 능하다. 엔도르핀이 충분히 분출되면 우리는 통증을 덜 느끼고 명랑해지고 심지어 잠도 잘 잔다. 따라서 엔도르핀은 팀에서 없어서는 안 되는 선수다. 이 물질을 쉽게 생산할 수 있다면 아주 좋을 것이다. 그 방법으로는 운동과 웃음이 있다. 익스트림 스포츠 같은 육체적으로 힘든 운동을 하면 엔도르핀이 폭발한다. 하지만 웃을 때는 엔도르핀이 더 빨리 분출된다. 1분 동안 크게 웃을 때, 10분 동안 근력 운동을 할 때보다 더 많은 엔도르핀이 분출된다.

영예의 전당에 오른 네 선수

어떻게 하면 엔도르핀을 빨리 얻을 수 있는지 알았으니 이제 다시 도파민으로 돌아가 보자. 1장에서 살펴보았듯이 도파민은 계획이 필요한, 심지어 극기가 요구되는 어떤 과제를 끝냈을 때도 분출된다. 원하는 목표가 클수록 그리고 그 목표를 달성하고 싶다는 열망이 클수록 도파민 보상도 커진다. 따라서 자신감이 없거나 계산적 비관주의인 사람은 시험 삼아서라도 가끔 무언가에 도전해볼 필요가 있다. 자신의 그런 성향이 나쁜 경험으로부터 자신을 보호한 것이 아니라 번번이 잠재성을 발휘하지 못하게 했다는 사실을 깨닫게 될 수도 있을 것이다.

목표가 클수록 그곳으로 가는 길 위에 단계별 목표들을 확실히 세워야 한다. 당나귀와 당근 이야기를 기억하자. 단계별로 목표에 도달할 때마다 제대로 보상을 주어야 마지막 목표에 더 빠르고 건강하게 도달할 수 있다. 그리고 강박증이나 중독이 시키는 대로 하지 않아도 도파민을 얻을 수 있다는 사실을 몸과 마음으로 배우는, 아름다운 부수 효과도 얻을 수 있다. 그리고 이제 나머지 두 선수, 즉 세로토닌과 노르아드레날린까지 영예의 전당으로 불러올 수 있다면 행복 칵테일을 위한 재료들이 다 준비된 것이다. 이 마법의 음료는 몇 초만 흔들어도 딱 알맞게 섞일 것이다. 그러면 우리는 강박증에 대항할 힘을 충분히 얻게 된다.

건강한 몸에 건강한 정신이 깃든다

고대 로마 시대부터 사람들은 이미 운동이 정신 건강에 좋다는 사실을 잘 알았다. 그리고 약 2000년이 지난 지금 우리는 그 이유도 안다. 운동은 세로토닌 수치를 올리는 가장 좋은 방법일 뿐만 아니라 '뇌유래신경영양인자Brain-derived neurotrophic factor 단백질'이라는 극도로 중요한 뇌신경생장인자[47,48,49]의 생성도 돕는다. 이 단백질이 충분하면 정신 요법 치료로 이룬 성공이 우리 뇌 속에 잘 저장되지만, 부족하면 그렇지 못하다. 집짓기를 예로 들어보자. 당신은 집짓기 전문가고, 뇌유래신경영양인자는 돌과 시멘트 같은 것이다. 그리고 정신 요법 의사의 조언은 그 집의 청사진이다. 청사진이 얼마나 훌륭하든 당신이 얼마나 노력하든 공사에 필요한 재료가 부족하면 제대로 된 집을 지을 수 없다. 바로 그래서 맑은 공기를 마시고 햇빛을 듬뿍 받으며 운동하는 일이 중요한 것이다.

이제 영예의 전당에 오를 마지막 선수인 노르아드레날린을 보자. 노르아드레날린을 충분히 생산하기 위해 우리 몸이 필요로 하는 것은 소고기, 생선, 가금류, 치즈, 아보카도, 귀리, 아몬드, 바나나, 푸른 잎 채소 등을 최대한 많이 먹는 것이다. 여기에 아마씨나 야생 아마씨 오일, 치아시드 오일 등에 풍부한 오메가-3 지방산을 추가하면 더 좋다. 그러면 노르아드레날린뿐만 아니라 세로토닌과 뇌유래신경영양인자 생성도 촉진된다.

이렇게 '건축 자재'를 충분히 비축한 사람은 이제 자신에게 맞는 목표들이 필요하다. 열 문장 요법이 이루어줄 목표들 말이다. 사람마다 가치관이 다 다르므로 모든 사람의 목표가 같을 수는 없다. 몇 가지 질문을 해보면 자신이 어떤 목표를 열망하는지 알게 될 것이다.

열 문장 요법을 위한 목표 설정

환자들에게 인생의 목표를 물으면 대부분 매우 비슷한 대답이 돌아온다. "강박증이 없으면 좋겠어요!" 혹은 "이 생각을 더는 하고 싶지 않아요!" 같은 대답이다. 하지만 1장에서 설명했듯이, 부정어를 포함하는 목표에 집중해서는 원하는 것을 이룰 수 없다. 치료 목적의 목표 설정은 긍정적인 문장이어야 하고, 자신의 진정한 성장을 위한 것이어야 한다. 다음 질문들이 도움이 될 것이다. 치료의 여정, 그 끝이 구체적으로 어디가 될지 생각해보자.

· 인생에서 가장 중요한 것은 무엇인가? 그것에 관해 어떤 바람을 갖고 있는가?

· 기꺼이 성취하고 싶은 것이 있는가?

· 가장 갖고 싶은 것은 무엇인가?

· 가능하다면 무엇이 되고 싶은가?

· 어떤 능력을 얻고 싶은가?

질문을 조금 바꿔서 이렇게 물어볼 수도 있다.

- 내가 원하는 대로 할 수 있다면, 나는……
- 로또에 당첨된다면 나는……
- 내 마음대로 즐길 수 있다면 나는……
- 나한테 좋은 일을 더 많이 할 수 있다면 나는……
- 실패하지 않는다면 나는……
- 용기가 있다면 나는……
- 할 수만 있다면 나는……
- 책임져야 할 것이 아무것도 없다면 나는……
- 무슨 일을 해도 모두가 나를 좋아하고, 아무도 나를 절대 비판하지 않는다면 나는……

각 질문들에 최대한 많은 답을 모으고 싶다면 당신 인생의 분야들에 하나씩 집중하며 이 질문들을 다시 해보자.

인생의 분야들

- 연인 · 가족 · 친구 관계
- 여가 활동, 취미, 운동, 건강
- 직업적 · 개인적 자기 계발
- 재산 혹은 재정

다음은 이 각각의 분야에서 생각해볼 수 있는 목표들이다.

연인 관계, 가족·친구 관계

- 나는 진실한 사람이고, 사랑하는 이들에게 언제나 투명하고 정직하다. 나는 내 삶을 풍성하게 해주는, 사랑하는 사람과의 대화에 늘 감사한다.
- 나는 사랑하는 사람과 행복하게 산다. 내 옆에 있는 사람이 나를 얼마나 사랑하고 지지하며 긍정적인 자극을 주는지 잘 알기에 나는 늘 행복하다.

여가 활동, 취미, 운동, 건강

- 나는 정말 즐길 수 있는 운동을 찾았기에 크게 노력하지 않아도 꾸준히 재미있게 운동할 수 있다.
- 나는 나의 가장 친한 친구다. 내가 스스로에게 하는 말에는 언제나 사랑과 배려가 넘친다. 나는 나를 잘 보살피고 좋은 사람과 사귀며, 스스로에게 좋은 정보와 건강한 음식만을 준다.
- 주기적으로 취미 생활을 한다(이때 어떤 취미 생활인지 구체적으로 밝힌다. 그렇지 않으면 효과가 없다).

직업적·개인적 자기 계발

- 마침내 나에게 잘 맞고 만족감을 주는 직장 혹은 직업을 찾았다.

- 늘 가고 싶던 워크숍에 참가하는 선물을 스스로에게 주기로 했다.

- 취미로 돈을 벌게 되면서 자립에 성공했다.

재산과 재정

- 새로 산 전기자전거를 타고 여기저기 새로운 곳에 가보며 인생을 즐긴다.

- 새로 이사한 집과 동네가 매우 좋고, 이사를 잘 마친 내가 자랑스럽다.

- 나에게 꿈꾸던 휴가를 선물한다.

- 드디어 원하던 자동차를 타게 되어 기쁘고 스스로가 자랑스럽다.

- 정기적으로 좋은 레스토랑에 가서 식사한다.

어떤가? 혹시 이 목표들을 읽으면서 어느 지점에서 미소를 짓지는 않았는가? 없던 열망이 생기지는 않았는가? 아직 그렇지 않다면 단계별 목표에 도달했을 때 당신 자신에게 줄 만한, 다음의 보상 목록들까지 읽어보자.

보상 목록

좋은 고용주는 직원들에게 이른바 '인센티브Incentive'를 제공하며 직원들의 만족감과 업무 능률을 높인다. 영어에서 인센티브는 격려, 고무, 자극을 의미한다. 고전적으로 인센티브는 돈(보너스)이나 상품 혹은 서비스로 지급되었다. 이런 보상 문화는 아주 성공적이어서 이제는 모든 종류의 인센티브 상품을 취급하는 회사까지 생겼다.

당신은 당신의 가장 중요한 직원, 그러니까 자기 자신에게 정기적으로 인센티브를 주고 있는가? 아니라면 중간 목표에 도달할 때마다 자신에게 어떤 상을 주고 싶은가? 무엇이 당신을 기분 좋게 하는가?

- 제일 좋아하는 카페에서 마시는 라테 마키아토나 아이스크림
- 오랜 시간 산책하기
- 새 옷
- 여행 혹은 주말 소풍
- 향기 좋은 사우나
- 아유르베다* 마사지
- 취미 생활을 위한 새로운 장비

---

*   인도의 전통 의학.

- 한 시간 혹은 하루 동안 아무것도 하지 않거나 책만 읽기
- 새 스마트폰 혹은 전자제품
- 댄스 강습 혹은 그동안 관심이 있어도 배우지 못했던 것

　이 목록에는 당신이 너무 오랫동안 소홀히 여겼을 취미도 몇 가지 있을 것이다. 강박증 탓에 취미 생활을 즐기기에는 시간과 여유가 없었을 테니까 말이다. 나는 어느 환자의 이야기를 예시로 들어 취미 생활이 단지 오래전에 놓친 보상일 뿐만 아니라 말 그대로 새로운 인생으로 들어갈 수 있는 중요한 입장권이 될 수도 있다는 것을 보여주고자 한다. 내 두 번째 책《어느 날 갑자기 무기력이 찾아왔다》에도 쓴 일화다. 이미 읽은 분께는 죄송하지만 그녀의 경험이 너무 고무적이어서 여기서 한 번 더 소개하려 한다. 당신도 용기를 갖고 만족감을 주는 직업을 찾아보기를 바란다. 너무 만족스러워서 완전한 자가 치유가 가능할 정도의 직업이라면 더할 나위 없다.

자신에게 맞는 직업을 찾고 치유된 환자

　34세의 이 여성은 심각한 번아웃으로 우리 클리닉을 찾아왔다. 그녀는 두 아이를 기르는 싱글맘이자 유치원 교사였는데, 싫어하는 상사와 일하고 있었고 동료 교사 둘로부터 따돌림을 받고 있다고 했다. 하지만 그녀는 아이들을 좋아했으므로 다른 직업은 상상해보지 않았다. 일하다 몇 분 정도 여유 시간이 나면 그녀는 스마

트폰으로 '캔디 크러쉬' 게임을 했다. 게임에서 더 높은 레벨에 도달하면 잠깐이나마 뭔가 해낸 것 같았고 쉬는 기분도 들었다.

스마트폰 사용 시간 측정 앱을 설치한 후 우리는 그녀가 그 게임에 매일 평균 1시간 30분을 쓴다는 것을 알게 되었다. 그녀는 대체로 아이들이 잠든 밤이나 버스를 타고 이동할 때 게임을 했다. 지난 한 해 동안 그렇게 그녀는 인생의 550시간 정도를 게임에 소진했다. 하루 8시간을 일한다고 했을 때 이것은 68일의 노동에 해당한다. 이런 결과에 놀란 그녀는 최소한 앞으로 한 달 동안 그 시간을 예전 취미인 사진 찍기를 다시 시작하는 데 쓰기로 했다. 인터넷에서 인물 사진 찍는 법을 검색했고, 밤에는 유튜브를 보면서 포토샵 소프트웨어를 익혔다.

그녀가 일하던 유치원에서는 일 년에 한 번 사진사가 와서 아이들 사진을 찍는 행사가 있었다. 사진사가 찍은 사진은 전년도 사진도 그랬듯 전혀 만족스럽지 않았다. 재밌거나 멋지지도 않았고, 아이들 각각의 특징을 잘 드러내지도 못했다. 모든 사진이 끔찍할 정도로 똑같았고, 아이들은 억지 웃음을 지을 뿐 정말 행복한 모습은 하나도 없었다. 부모들은 자신의 아이를 알아보기도 힘든 사진들에 실망했지만, 추억을 간직하기 위해 마지못해 사진들을 샀다.

석 달이 지난 후, 환자는 어쩐지 그러고 싶어서 자신의 카메라로 유치원에서 웃고 떠들며 노래하고 뛰어노는 아이들을 찍었다. 그리고 밤마다 보정해 현상까지 맡겼다. 유치원 여름 축제 기간에 그녀는 출입구 쪽을 그 사진들로 장식했다. 부모들은 물론 동료 교사들도 사진이 좋다며 감탄했고, 많은 부모들이 그 사진들을 살 수 있느냐고 물었다. 그녀는 장당 3유로 50센트에 사진을 판매했고 하루 만에 유치원에서 받는 주급에 맞먹는 돈을 벌었다.

이것이 2017년 여름의 일이었다. 바로 그해 가을, 그녀는 당당히 유치원 교사 일을 그만두고 자신의 열정을 따랐다. 전직 유치원 교사라는 경력과 그녀가 찍은 멋진 사진들 덕분에 여러 유치원에서 흔쾌히 그녀를 사진사로 고용했다. 그녀는 여전히 유치원에서 일하지만, 이제 모든 일을 스스로 결정하므로 짜증을 일으키는 상사나 불편한 동료들 때문에 스트레스를 받을 일도 없어졌다. 운전 시간이 길어졌지만 일하는 시간은 30퍼센트나 줄었고 수입은 거의 두 배로 늘었다. 그리고 당신도 이미 눈치챘겠지만 번아웃에서도 완전히 벗어났다.

취미가 직업이자 소명이 된다

직업에 불만을 가지고 있다면 스트레스를 받지 않는 건 불가능하다. 스트레스가 길어지면 정신적 문제가 생긴다. 방금 사례에서처럼 번아웃이 찾아오거나 강박증, 불안증, 우울증이 생기는 일도 드물지 않다. 우리는 대체로 인생에서 가장 많은 시간을 일을 하면서 보낸다. 직업을 제대로 선택하는 것은 몸과 정신의 건강에 아주 중요하다.

나는 일요일이면 열 문장 요법을 일상에 잘 통합하는 방식에 대한 세미나를 열곤 하는데, 그럴 때마다 직업이 소명이 될 수 있느냐는 질문을 자주 받는다. 일로 생계를 이어가는 것만이 아니라 큰 만족감과 삶의 의미를 느낀다면 직업이 소명이 되었다고 할 수 있다. 세미나 참가자 중에는 취미가 소명이 된 사람도 있지만 대부분은 그렇지 못하다. 대개 이런 믿음 문장 때문이다. "이 취미도 계속하다 보면 즐겁지 않을 거야."

하지만 '작업'으로 이 믿음 문장을 철저히 조사해보면 아주 다른 결과를 얻게 될 것이다. 이 문장을 뒤집어 보면 이런 문장이 나온다. "이 취미로 생계를 이어갈 수 있다면 내 인생은 많은 면에서 더 좋을 것이다." 그리고 이것은 이 책의 목표기도 하다. 나는 당신의 삶이 많은 면에서 더 좋아지기를 바란다. 강박증만 사라지면 다 좋아질 거라고 생각하는가? 그렇다면 그건 착각이다. 당신의 인생에서 강박증이 생겨난 이유가 있을 것이다. 그 이유가 잘못된 믿음 문장인지, 스스로 만든 스트레스인지, 실패한 목표인지, 트라우마를 남긴 경험인지, 틀린 생각 때문인지, 혹은 이 모든 것들의 종합인지는 당신만이 안다. 하지만 이 책을 지금까지 다 읽었으니 당신은 이제 어떤 원인에 의한 강박증이든 그에 맞는 요법이 있고, 그 요법을 쓰면 자력으로 많은 일을 할 수 있다는 사실을 잘 알 것이다. 그런 의미에서 다음 장에서는 자가 치유에도 적합한 이 모든 요법들을 한 번 더 요약해보고, 각각의 요법을 이 책 어느 부분에서 설명했는지도 덧붙여두겠다. 다시 읽고 익히다 보면 강박적 생각과 행동에서 더 빨리 벗어날 수 있을 것이다.

7장

혼자서도 가능한
자가 치료 요법

독자들이 지루하지 않기를 바라는 마음에서 나는 다양한 치료법들을 여러 장에 나누고 각각의 사례들과 함께 설명했다. 하지만 청각적·시각적 자리 바꿈 요법이나 천사·악마 자리 바꿈 요법이 사례에서처럼 숫자 강박에만 효과가 있다는 뜻은 아니다. 어떤 강박이든 내면의 대화가 동반된다면 언제든 이 요법들을 쓸 수 있다. 다른 요법들도 마찬가지다. 이 장에서는 독자들이 어떤 요법이 어디에서 어떻게 소개되었는지 편하게 찾아볼 수 있도록 모든 요법을 한 번 더 개관하려 한다. 각각의 요법들이 소개된 장도 덧붙여두었다. 이 요법들은 모두 자가 치료에 매우 적합하다.

지금까지 소개한
자가 치료 요법들

청각적 · 시각적 자리 바꿈

청각적·시각적 자리 바꿈 요법은 강박적인 행동을 하게 만드는 내면의 장면과 대화를 단지 깜짝 놀라게 하는 것으로 그 힘을 빼는 요법이다. 우리 생각의 내용이 아니라 형식에 주목하는 것이다. 이게 정확히 무슨 뜻인지, 지금 당장 강박 행동을 그만두려면 구체적으로 어떻게 해야 하는지는 76쪽에서 확인할 수 있다.

열 문장 요법

2013년, 아내와 나는 불안증 환자들을 위한 치료법을 하나 개발했다. 우리는 불안증이 시작된 우리 뇌의 신경 연결에서부터 불안증을 없애고 싶었다. 그렇게 하려면 불안한 생각을 제대로 잊게 하는 일에 우리가 가진 감각 기관들을 가능한 한 모두 이용해야 했다. 그래서 우리는 열 문장 요법과 다섯 감각 채널 요법을 개발했다. 뇌 전체의 신경 네트워크를 긍정적으로 활성화하는 것이 우리의 목표였다. 우리는 과거 불안을 유발했던 경험에 대한 환자의 기억을 효율적으로 덮고 싶었고, 그 일이 다시 일어날 수 있다는 생각 자체를 처음부터 일어나지 않게 만들고 싶었다.

그 후 9년이 지난 지금 매사추세츠공학대학MIT의 과학자들이 지금까지 통용됐던 학설과 달리 기억이 대뇌피질에서만 일어나는 것이 아님을 증명하는 것으로 우리의 이러한 접근법이 옳았음을 확인해주었다.[50,51] 기억에는 우리 뇌의 네트워크 전체가 관여한다. 그러므로 열 문장 요법은 정신적 문제를 뿌리부터 근절하는 데 가장 좋은 방법이라고 할 수 있다. 이것은 우리가 지금까지 환자 수천 명을 치료하면서 내린 결론이기도 하다. 정확한 설명은 106쪽과 267쪽에서 확인할 수 있다.

다시 왼손잡이 되기

ADHD, 번아웃, 강박증 같은 정신적 문제가 다른 사람들보다 일어나기 쉬운 사람들이 있다. 예를 들어 공식적으로 왼손잡이로 집계된 10~15퍼센트의 독일인이 그렇다. 교육을 통해 오른손잡이가 된 사람들까지 합치면 정확한 자료는 없지만 이보다 훨씬 더 많을 것이다. 1970년대 중반까지만 해도 학교에서 글을 쓸 때는 '바른 손'으로 써야 한다고 강조했다. 따라서 현재 50세 이상이라면 왼손잡이였더라도 오른손잡이로 자랐을 가능성이 크다. 통계를 보면 독일에서 왼손잡이였다가 오른손잡이가 된 인구가 400만 명에서 500만 명에 달할 것으로 추측된다.[52] 그런데 대부분 너무 이른 나이에 재교육이 이루어졌으므로 자신이 원래 왼손잡이였다는 사실을 모를 수도 있다.

오른손잡이로 재교육받은 것이 당신 강박증의 원인으로 의심된다면 다시 왼손을 쓰는 것에 대해 고려해봐야 할 것이다. 118쪽에서 살펴본 S씨의 경우 다시 왼손잡이로 돌아간 것이 강박증에서 마침내 벗어나는 데 결정적인 역할을 했다. 하지만 서두르지는 말자. 다시 왼손을 쓰는 연습은 불쾌하지 않은 선에서만 해야 한다. 우리 뇌가 무리 없이 원래 태어난 대로 돌아갈 수 있도록 시간을 넉넉히 주길 바란다. 다른 방식으로 쓰도록 또 한 번 강요받는 것이 당신에게도 당신의 뇌세포에도 결코 기분 좋은 일은 아닐 테니까 말이다.

슬로모션 요법

슬로모션 요법 또한 생각의 내용에 집중하는 것이 아니라 생각의 형식을 바꾸는 것이다. 이 요법은 내면의 대화나 장면들이 실제처럼 빨리 흘러갈 때만 부담으로 작용한다는 사실에서 착안한 것이다. 머릿속으로 속도를 줄이면 생각은 즉시 힘을 잃게 되고 강박 행동을 하고 싶은 충동도 줄어든다. 정확한 작용 방식은 138쪽에서 확인할 수 있다.

가치·목표 순위 정하기를 통한 내면의 질서 찾기

무언가를 결정해야 하는 일이 복잡하고 어렵게만 느껴진다면 139쪽에서 소개된 가치·목표 순위 정하기를 좀 더 자세히 살펴보기를 바란다. 이것은 집에서 혼자 하기에도 좋은 멋진 코칭 기술로, 자신이 정말 무엇을 원하고 원하지 않는지를 놀랍도록 빠르고 분명히 알게 한다. 나는 결정을 내릴 때 '이거다!'라는 생각이 들지 않으면 꼭 이 방법을 쓰는데, 결과가 언제나 좋다.

'작업'으로 부정적인 믿음 문장 해결하기

부정적인 믿음 문장의 실체를 깨닫고 인생을 더 이상 거짓으로 살지 않는 것이 왜 중요한지는 이 책의 많은 부분에서 자세히 설명했다. '작업'으로 어떻게 해로운 자기 프로그래밍에서 벗어날 수 있는지 다시 제대로 알고 싶다면 201쪽에서 확인하자.

미신적 사고 역이용하기

미신적 사고 자체는 나쁜 것이 아니다. 다만 이제는 당신 인생의 '마술사'로서 더 나은 언어를 몇 가지 생각해낼 필요가 있다. 신약을 개발할 때면 이중맹검* 연구로 플라세보보다 좋은 효과를 낼 수 있는지 검증해야 한다. 수많은 신약이 이 장벽을 넘지 못하고 사라질 만

---

* 실험이 끝날 때까지 실험자나 피실험자에게 특정 정보를 공개하지 않음으로써 편향의 작용을 막는 방식.

큼 플라세보는 상당히 강력한 약이다. 진짜 약을 먹었다고 믿는 것만으로도 병세가 좋아진다. 이 요법은 치료를 부르는 요인이 작용 물질이 아니라 미신적 사고인 것이다. 관련한 자세한 설명은 167쪽에서 확인할 수 있다.

부정적인 닻 스스로 지우기

이 책을 읽기 전까지 부정적인 닻이 우리에게 얼마나 강력한 영향을 주는지 몰랐던 사람도 많을 것이다. 부정적인 닻을 알아차리고 그것을 긍정적인 닻으로 바꾸는 일은 좋은 정신 요법 의사나 코치에게는 어렵지 않지만, 자가 치유 중이라면 즉시 성공하기가 쉽지 않다. 부정적인 닻을 알아차리고 제대로 처리하면 당신 자신뿐만 아니라 주변의 모든 사람에게 좋은 일이므로 부담 없이 가족이나 친구에게 도움을 요청하자. 당신이 강박증을 극복하는 데 가족이나 친구가 어떻게 도움을 줄 수 있는지는 187쪽에서 설명했다.

알아차림 훈련

이제 앞에서 가볍게 언급만 하고 지나간 요법을 설명하면서 자가 치유 요법 개관을 마치려고 한다. 바로 '알아차림' 요법이다. 의식적으로 주의를 집중하는 아름다운 상태를 말하며, 이 상태를 제대로 이용한다면 우리 뇌를 크고 작게 재설정Reset할 수 있다.

알아차린다는 것은 자신의 몸과 주변 그리고 현재 순간을 모든 감각으로 온전히 인식한다는 뜻이다. 알아차림은 자기 조절 능력과 스트레스 대처 능력을 높인다. 정신적으로 지금 여기에 머물 수 있고 자신과 좋은 관계를 만들어갈 수 있다면 당신에게 해로운 쪽으로 생각이나 행동이 넘어가려 할 때 금방 알아챌 수 있다. 그러면 강박 충동이 걷잡을 수 없어져 그 행동을 하지 않을 수 없는 상태가 되기 전에 방향 전환이 가능해진다.

동전 다섯 개와 알아차림

더 잘 알아차리며 사는 것은 생각만큼 그렇게 어렵지 않다. 내가 개인적으로 쓰는 간단한 방법을 당신도 배워보면 정말 좋을 것이다. 아침이면 나는 동전 다섯 개를 왼쪽 바지 주머니에 넣고 하루를 시작한다. 만약 어떤 이유에서든 스트레스를 받으면 그 동전 중 하나를 왼쪽 주머니에서 오른쪽 주머니로 옮긴다. 그리고 3분 동안 아무 일도 하지 않는다. 움직이지도 않고 생각도 하지 않는다. 정말로 아무것도 하지 않은 채, 의식적으로 '지금 여기'만 인지한다. 불평도 하지 않고 무언가나 누군가를 바꾸려 하지도 않는다. 생각도 하지 않는다. 계획을 짜지도 과거를 곱씹지도 않는다. '어떻게 하면 이 모든 일을 금방 해치우지?' 혹은 '아, 정말 하기 싫다!'라고 생각하지 않는다. 단지 멈추고 방향을 전환한다. 무언가를 하는 사람이 아닌 관조하는 사람이 된다. 그리고 모든 주의력을 현재에 집중하고 일어나는 일을 있는 그대로 본다. 하루 중 바로 그때 당신의 무의식이 그 동전들을 떠올렸다면 그럴 만한 이유가 있기 때문이다. 그렇게 2분에서 3분 정도 지나면, 당신 안의 무언가가 풀리면서 편안해지는 것을 느낄 것이다. 그 순간에도 판단하지 않고 그냥 보기만 한다.

비판 없이 '지금 여기'에 있기

그렇게 약 3분 후 다시 스트레스를 준 그 일로 돌아간다. 하지만 이제부터는 모든 움직임을 최대한 알아차리며 실행한다. 모든 감각을 열어놓고 지금 하는 일을 인식한다. 1분 정도는 슬로모션으로 움직이는 것도 도움이 된다. 예를 들어 지금 손을 씻고 있다면 마음을 고요히 한 다음 손 씻는 동작을 세세히 다 알아차린다. 어느 손으로 수도꼭지를 여는가? 수도꼭지는 어떤 느낌인가? 물이 나오는 소리는 어떤가? 물이 뜨거운가, 차가운가, 적당한가? 비누는 어떤 향기가 나는가? 손만 느끼지 말고 팔, 어깨, 목도 느껴본다. 호흡은 어떤가? 천천히 차분하게 손을 씻으며 그렇게 온몸을 알아차린다. 그 순간 머릿속을 지나가는 생각도 모두 알아차린다. 여기서도 평가하거나 판단하지 않고 그냥 보기만 한다.

하늘의 구름과 악마

자신의 생각을 평가하지 않으려면 그 생각이 하늘에 잠깐 나타났다가 사라지는 작은 구름이라고 생각하면 꽤 도움이 된다. 무슨 생각을 하고 있든 다 괜찮다. 그것은 그냥 생각일 뿐 그 이상이 아니다. 그 생각은 우연히 찰칵 찍히는, 큰 의미 없는 스냅사진 같은 것이다.

알아차림 연습에 옳고 그름은 없다. 단지 당신과 그 순간이 있을 뿐이다.

알아차림 연습을 처음 하는 사람이라면 내면의 비평가가 너무 시끄럽게 떠들어서 초연한 자세를 유지하며 관찰하기가 불가능할 수도 있다. 그 틈을 타 당신의 작은 악마가 이게 얼마나 멍청한 연습인지 모르겠다고 불평하거나 심지어 거친 욕을 퍼붓는다면, 머릿속으로 그 악마 녀석의 손을 묶고 입에 재갈을 물리자. 그 다음 그 악마가 발버둥치며 뭐라고 하는지 다시 관찰한다.

바지 주머니 계좌

방금 설명한 알아차림 연습을 하는 데는 다 해야 8~10분밖에 걸리지 않는다. 밤에 보니 동전 다섯 개가 모두 오른쪽 바지 주머니에 가 있다면 당신은 얼마든지 뿌듯해 해도 좋다. 그날 하루 40~50분 동안 당신의 뇌에게 건강한 재설정을 선물한 것이니 말이다. 알아차림 연습은 바로 그런 일이다. 우리 뇌가 또다시 자동운전장치처럼 돌진하고 스트레스가 우리를 깔아뭉갤 것 같을 때 우리 뇌를 재설정하는 과정이다. 참고로 동전이 세 개나 네 개, 여섯 개나 일곱 개인 게 더 좋을 것 같으면 그렇게 하면 된다. 숫자가 마음에 안 든다고 그만두기에는 알아차림 연습의 효과가 너무 크다. 옷이 동전을 넣기에 적합하지 않으면 구슬이나 단추 같은 다른 '알아차림 단위'를 선택할 수도 있다. 그리고 바지 주머니 대신 물컵 두 개를 쓸 수도 있다. 유리잔 두 개를 당신 집에서 지금까지 강박증이 특히 자주 엄습했던 곳에 두라. 그리고 알아차림 연습을 한번 할 때마다 동전이나 구슬 혹은 단추를 한쪽 유리잔에서 다른 유리잔으로 옮긴다. 당신만의 알아차림 연습을 어떻게 할지는 마음가는 대로 결정하면 된다. 중요한 것은 이 연습을 최소한 3주 동안 매일 하는 것이다. 우리 뇌가 새로운 루틴을 체화하고 유지하고 나아가 인생의 다른 부분들에 영향을 주려면 평균적으로 3주는 필요하기 때문이다.

어쩌면 당신은 이런 알아차림 연습도 강박증을 일으키지는 않을지 걱정할지도 모르겠다. 나의 대답은 "그렇다"다. 하지만 이 강박은 양치질처럼 극도로 도움이 되는 강박이다. 루틴이라고 다 나쁜 것은 아니고, 반복할수록 더 좋은 루틴도 있다. 예를 들어 키스와 웃음이 그렇고 사랑 가득한 칭찬이 그렇다.

8장

강박증 환자의 가족을
위한 조언

강박증은 당사자뿐만 아니라 당사자의 가족에게도 힘든 병이다. 강박 행동을 끝까지 마치려 할 때도, 위험하다고 생각하는 상황을 피하려 할 때도 오랜 시간이 걸리므로 정상적인 생활이 거의 불가능하고 가정이 편안하기 어렵다. 강박증 환자가 다른 가족 구성원들에게 터무니없는 위생 조치를 똑같이 하기를 강요할 때는 더 말할 것도 없다. 따라서 나는 강박증 환자의 가족과 친구들에게 도움이 될 몇 가지 팁을 정리하는 것으로 이 책을 마무리하려 한다. 강박증 환자(적어도 아직은)와 함께 사는 삶을 조금은 수월하게 해줄 팁들이다.

• 함께 보내는 시간을 조금이라도 더 늘리겠다는 생각에 환자의 강박 행동 루틴을 함께하거나 도와주지는 말아라. 환자의 강박 행동이 더 심해지고 심지어 치

료 기간이 더 길어질 수도 있다.

- 강박증 환자가 조금이라도 노력하면 꼭 칭찬해준다. 강박증 환자는 완벽주의자 경향이 강하므로 아주 잘 해냈더라도 만족하기 쉽지 않다. 이때 적절하게 칭찬해주면 환자가 강박증에서 벗어나기 위해 더 노력하고 싶은 마음이 들 것이다.

- 강박증 환자와 함께 자신을 고립시키지 않는다. 예전처럼 손님도 초대하고, 당신이 행복하게 사는데 필요한 일을 모두 하라. 그래야 환자도 자신의 두려움과 힘듦이 망상이라는 사실을 깨닫는 기회를 좀 더 많이 갖게 된다. 이는 섣부른 이해로 강박증 환자의 불안감을 가중시키지 말라는 뜻이기도 하다.

- 인내심이 바닥난다고 해도 괜찮다. 분노나 화 또한 인간 감정 상태의 계단에서 위로 올라가는 데 도움이 되는 중요한 요소다. 단, 환자 자체를 거부하는 것이 아니라 환자의 강박 행동을 거부하는 것임을 분명히 한다.

- 환자의 강박 행동이 얼마나 쓸데없는 짓인지 논쟁하지 않는다. 강박증 환자들은 자신이 얼마나 무의미한 행동을 반복하고 있는지 이미 잘 알고 있다. 자꾸 그 사실을 상기시키면 맹목적인 저항을 증폭시키고 강박 루틴을 처음부터 다시 되풀이하게 만들 뿐이다.

이제 '맹목적인 저항'이 정확하게 무엇인지 살펴보고, 가족뿐만 아니라 환자 자신도 좀 더 수월한 삶을 살 수 있도록 이 저항을 어떻게 이용하면 좋을지 알아보자.

맹목적 저항을
역이용하는 방법

맹목적인 저항 혹은 리액턴스Reactance*는 누군가가 나를 가르치려 들 때 혹은 스트레스 상황이라서 쏟아지는 충고를 받아들일 수 없을 때 일어나는 심리 현상이다. 이때 반사적으로 강하게 저항하고 일단 무조건 모든 것을 거부하는 사람이 적지 않다. 사춘기 자녀를 둔 부모라면 무슨 말인지 잘 이해할 것이다. 몇 시간이고 핸드폰만 보면서 해야 할 일들을 쌓아두는 아이에게 참다못해 한 소리 하면, 질풍노도의 시기인 아이들은 정색하고 쿵쾅거리며 자기 방으로 사라져버리곤 한다. 방해받지 않고 계속 핸드폰만 들여다보려고 말이다. 그렇다고 아이가 자신이 시간을 낭비하고 있음을 모르는 것

---

* 심리적 반항, 일명 '청개구리 심리'를 뜻한다.

은 결코 아니다. 아이들은 자신이 숙제를 전혀 하지 않았고 그렇게 시간을 헛되이 보내다가는 나중에 힘들어질 것을 잘 알고 있다. 하지만 리액턴스 효과 때문에 어쩔 수 없이 좀 더 핸드폰을 보고 있을 수밖에 없다. 그래야 자신이 주체적이라고 느낄 수 있기 때문이다.

이런 리액턴스가 청소년기에만 나타나는 현상은 아니다. 특정 조건들만 충족되면 성인들도 맹목적으로 저항할 수 있다. 예를 하나 들어 보자. 회사의 팀장이 회사를 이직하게 되어 송별회가 열렸다. 직원들은 이제 다시 볼 일 없을 팀장에게 그가 아주 좋은 상사였고 너무 아쉽다며 새 직장에서도 승승장구하기를 빌어준다. 하지만 그렇게 말할수록 마음속 저항은 점점 더 커진다. '솔직히 그렇게 좋은 상사는 아니었지. 부하 직원이 조금만 실수해도 아주 야단이었고 자기 잘못은 절대 인정하지 않았잖아.' 좋은 말을 해줘야 한다고 생각할수록 그러고 싶지 않은 이유가 자꾸 떠오른다. 악의가 있어서도, 그 상사가 정말 나쁜 사람이어서도 아니다. 즉흥적으로 일어나는 이런 완고함은 '내가 왜 그래야 하는데?' 하는 어린아이 같은 생각과 함께 오는 리액턴스 혹은 자신의 자율성을 위한 보호 기제다.

맹목적 저항을 역이용하라

이렇듯 리액턴스는 바른 행동을 하지 않음으로써 스트레스를 처리하려는 무의식적인 방어기제다. 이것을 역이용하면 스트레스를 느끼는 사람에게도 충고할 수 있고, 심지어 그 충고를 따르게 만들 수도 있다. 우리가 해야 할 일은 단지 소통 기술을 조금 바꾸는 것뿐이다. "이제 제발 핸드폰 좀 치우고 숙제 시작해!"라고 할 때 어떤 반응이 나올지는 쉽게 예측할 수 있다. 다르게 말한다고 해서 다른 결과가 나올 것 같지 않다고 생각할지도 모른다. 하지만 그래도 이렇게 한번 말해보길 바란다.

너 지금 세 시간째 스마트폰만 보고 있네. 그 정도론 부족하지 않니? 좀 더 노력하면 네 시간이나 다섯 시간도 채울 수 있을 거야. 너는 밤에 숙제하는 걸 좋아하잖아. 그래야 기분도 좋고 말이야.

이렇게 말하면 대부분의 가정에서는 열띤 토론이 시작될 것이다. 하지만 자녀의 리액턴스를 이용해 당신이 원하는 효과를 얻으려면 토론은 피하는 게 좋다. 더 말하고 싶더라도 웃으면서 즉시 현장을 떠나자.

마이너스 곱하기 마이너스는 플러스

수학적으로 마이너스에 마이너스를 곱하면 플러스가 된다. 대화에도 이를 적용하면 상대방의 거부가 자발적인 행동으로 바뀐다. 심리역학적으로 보면 이렇다. 당신은 의도적으로 나쁜 충고를 한다(마이너스1). 그러면 상대의 나쁜 태도(마이너스2)가 저절로 사라지고 긍정적인 일(플러스)이 일어난다. 리액턴스가 가동되는 한 대답은 늘 '내가 왜 그래야 하는데?'가 되기 때문이다.

당신이 자녀에게 핸드폰을 치우라고 할 때는 자녀 내면의 '내가 왜 그래야 하는데?'라는 생각이 핸드폰을 더 오래 들여다보게 한다. 반대로 "더 오래 봐, 너는 밤에 숙제하는 걸 좋아하잖아"라고 말할 때, 그 리액턴스 반응인 '내가 왜 그래야 하는데?'는 결론적으로 '왜? 나는 핸드폰을 더 보고 싶지 않아', '밤늦게 숙제하는 것만큼 멍청한 짓이 어딨어?'로 바뀐다. 한번 해보길 바란다. 나는 강박증 환자의 가족이나 청소년기 아이들 때문에 속상해하는 부모들에게 이 속임수를 자주 알려주는데, 다들 아이가 금방 핸드폰을 내려놓고 숙제를 하기 시작했다며 감탄하곤 한다.

혹시 이런 소통의 전환이 낯익은가? 제대로 보았다. 리액턴스 역이용은 역설적 간섭과 도발적 치료는 물론이고 ABS 요법에서도 중요하고 결정적인 역할을 한다.

강박증 환자를 위한 표현법

항상 스트레스를 받는 강박증 환자는 그만큼 맹목적인 저항도 많이 한다. 따라서 이때도 "서른 번으로는 안 될 것 같아. 그 스위치, 백 번은 점검해야 할 것 같은데?" 같은 말이 "어휴, 참. 서른 번이나 점검했으면 충분하고도 남아"라는 말보다 더 효과적이다. 어느 쪽이든 환자는 '내가 왜 그래야 하는데?'라고 생각할 가능성이 크니까 말이다. 전자는 상황에 도움이 되는 내면의 대화가 일어날 수 있으므로 이상적이다. '왜? 백 번은 정말 심하잖아. 서른 번도 벌써 짜증 나' 같은 생각을 할 수 있기 때문이다. 후자의 경우 '왜? 몇 번이 충분한지는 내가 결정해. 중요한 것은 네 생각이 아니라 내 생각이잖아' 같은 생각이 이어질 테니 상황을 더 악화시킬 것이다.

다만 짜증을 내는 듯한 말투나 비난조를 쓰지 않도록 조심해야 한다. 미소와 윙크를 곁들인 약간의 풍자는 사랑이 바탕이 되었을 때 환자가 제대로 이해할 수 있다. 그렇게 되면 저항의 에너지가 옳은 방향으로 유도됐기 때문에 리액턴스는 수그러든다. 다음은 우리 클리닉의 강박증 환자들에게 효과가 아주 좋았던 몇 가지 말들이다.

지금까지 했던 말 그러지 마. 이거 완전히 깨끗해.
바람직한 리액턴스를 부르는 말 그래. 너 그거 만지면 오늘 죽을지도 몰라.

지금까지 했던 말 이제 제발 이 잡동사니들 좀 다 치워버려.
바람직한 리액턴스를 부르는 말 음, 여전히 부족해. 집 전체를 책장으로 채워 봐. 그럼 좋은 것들을 훨씬 더 많이 쟁여놓을 수 있잖아.

지금까지 했던 말 다른 사람들도 다 이 벤치에 앉았지만 죽지 않고 살아 있어.
바람직한 리액턴스를 부르는 말 작년에 이 벤치에 앉았던 사람들 모두 고통스럽게 죽었을 게 분명해. 생각해 봐, 너처럼 조심하지 않아서 만 명도 넘는 사람이 죽었을 거야.

정말로 중요한 점이라서 한 번 더 강조한다. 절대로 화를 내거나 경멸감을 담으면 안 된다. 우리는 유머로 환자를 도와주려는 것이지 상처를 주려는 것이 아니다. 좋은 의도에서 하는 반어적이고 극단적인 말임을 분명히 보여줘야 한다. 약간의 미소와 상냥한 윙크 정도면 환자는 그 의미를 알아들을 것이고, 리액턴스가 더 좋은 방향으로 유도될 것이다. 물론 환자가 짜증이나 분노를 표출할 수도 있다. 그럴 때는 환자가 지금 막 감정 상태의 두 번째 단계, 즉 분노의 단계로 올라갔고 당신이 그렇게 만들었음을 깨닫길 바란다. 강박증을 오래 앓았다면 분노의 에너지가 아주 많이 필요할 것이다.

혹시 환자가 당신 덕분에 아주 빠르게 감정 상태의 세 번째 단계인 초월의 단계까지 올라가는 데 성공했다면 나는 당신에게 감탄과 존경심을 보낸다. 아직 그 단계에 이르지 못해 환자가 분노를 드러내는 중이라면 부정적으로 반응하지 말고 애정을 갖고 지켜봐주길 바란다. 어렵긴 하지만 충분히 할 수 있는 일이다. 환자가 무난하게 감정의 두 번째 단 혹은 세 번째 단으로 올라가는 데는 다정한 말 몇 마디나 귀여운 제스처, 친절한 도움만으로 충분할 때도 많다. 일단 그렇게 한 번 올라가고 나면 환자와 당신 모두 한결 수월해질 것이다. 환자는 세 번째 단계부터 자신의 강박증과 싸우기가 훨씬 수월해지고, 가족은 그런 환자를 대하기가 한결 편해진다.

감사의 말

책은 절대로 혼자 쓰는 것이 아니다. 사랑하는 아내와 멋진 동료들의 도움이 없었다면 내가 강박증이라는 주제에 이렇게 깊이 전념하지는 못했을 것이다. 이 책을 쓰는 동안 나는 종종 내가 공기를 마시려고 잠깐 수면으로 올라왔다가 다시 깊이 잠수하는 진주잡이 잠수부 같다는 생각을 했다. 14개월 동안 나는 거의 쉬지 않고 환자들이 강박증 없는 삶을 사는 데 도움이 될 더 많은 '진주'를 캐는 일에 골몰해왔다. 다시 말하지만 감탄스러운 우리 팀의 도움이 없었다면 절대 하지 못했을 일이다. 모든 분들께 진심으로 감사드린다.

내가 자료를 조사하는 동안 참을성 있게 질문에 답해주고 좋은 의견들을 내어준 사람들에게도 감사의 마음을 전한다. 나의 모든 환자분들께도 감사드린다. 그들의 허락이 있었기에 개인정보를 보

356

호하면서 그들의 이야기를 책에 실을 수 있었다.

책을 쓰기 전 조금 고민했다는 사실을 고백해야겠다. 나는 강박증 환자들의 고통이 얼마나 큰지 알리고 싶었고, 다른 한편으로는 그 고통에 우리 인간이 이미 갖고 있으며 어쩌면 가장 강력한 무기일지도 모를 유머로 대처하기를 촉구하고 싶었다. 고통과 유머라는 이 두 극단 사이에서 내가 균형을 잘 잡았는지는 독자 여러분만이 판단할 수 있을 것이다. 모든 사람이 이 책에서 소개한 환자들이 그랬던 것처럼 강박증을 금방 극복할 수 있는 것은 아니라는 사실을 나는 잘 알고 있다. 하지만 최소한 내 환자들에게는 효과가 있었으므로 당신도 용기를 내보기를 권하고 싶다. 이 책으로 강박증은 빠른 치료가 가능한 병이라고 생각하게 되었다면 내가 바라던 목적 이상을 달성한 셈이다. 만약 그렇다면 당신은 다시 강박증 없는 아름다운 삶을 사는데 필요한 '사고 방식'을 갖게 되었으니 말이다. 당신이 강박증 없는 아름다운 삶을 사는 것, 이것이 내가 진심으로 바라는 일이다.

주

1 https://www.dgppn.de/presse/pressemitteilungen/pressemitteilun-gen-2015/leitlinie-zwangsstoerungen.html

2 https://www.frontiersin.org/articles/10.3389/fpsyg.2021.640518/full

3 https://www.nature.com/articles/s41598-020-75888-8

4 https://psycnet.apa.org/record/1987-16313-001

5 https://www.jneurosci.org/content/37/25/6125

6 https://pubmed.ncbi.nlm.nih.gov/21920973/

7 https://www.sciencedirect.com/science/article/abs/pii/S0002962915361929

8 https://www.scielo.br/j/anp/a/s9yGxW7pfJcTZKYCdsyjcbT/?lang=en

9 C. Eggers, R. Lempp, G. Nissen, P. Strunk, Kinder und Jugendpsychi-atrie, 6. Auflage, Springer-Verlag 1993, S. 410

10 Marina Neumann, Natürlich mit links–Zurück zur Linkshändigkeit–Bef-reiter Leben mit der starken Hand, Ariston Verlag 2014

11 https://www1.wdr.de/stichtag/stichtag-erstes-antidepres-sivum-vorge-stellt-100.html

12 https://www.psychotherapeutenjournal.de/ptk/web.nsf/gfx/E3E-176973112B607C1258363002F1403/$file/PTJ_4_2018_online.pdf

13 https://www.deutsche-apotheker-zeitung.de/news/artikel/2018/07/04/de-pressionen-und-schlaflosigkeit-sind-antidepressiva-schuld/chapter:2

14 https://www.psychotherapeutenjournal.de/ptk/web.nsf/gfx/E3E-176973112B607C1258363002F1403/$file/PTJ_4_2018_online.pdf

15 https://www.nature.com/articles/npp2011132

358

16 https://de.statista.com/infografik/16707/verordnungen-von-antidepressiva-in-deutschland/

17 https://de.statista.com/statistik/daten/studie/153178/umfrage/kon-sum-von-antidepressiva-in-ausgwaehlten-laendern/

18 https://www.scinexx.de/dossierartikel/mehr-bakterien-als-eigenezellen/

19 https://www.welt.de/gesundheit/article202045704/Mikrobiom-Wie-Bakterien-im-Darm-Koerper-und-Psyche-steuern.html

20 https://www.wissenschaft.de/technik-digitales/forscher-beobachtenphotonen-an-zwei-orten-gleichzeitig/

21 https://journals.aps.org/prl/abstract/10.1103/PhysRevLett.123.080401

22 https://psyarxiv.com/mn2je/

23 Deutsches Ärzteblatt 2002; 99: PP 419–420 [Heft 9]

24 https://www.nature.com/articles/s41467-020-17255-9

25 https://www.dasgehirn.info/grundlagen/anatomie/der-frontallappen

26 https://www.nature.com/articles/s41386-021-01130-2

27 https://www.sciencedirect.com/science/article/pii/S2213158220302692

28 https://www.aerzteblatt.de/archiv/60493/Behandlung-von-Zwangsstoerungen-State-of-the-art-und-Trends

29 https://www.pandasppn.org/german/

30 https://www.health.harvard.edu/blog/can-an-infection-suddenly-cause-ocd-201202274417

31 https://www.frontiersin.org/articles/10.3389/fneur.2021.702356/full

32 https://www.dasgehirn.info/grundlagen/pubertaet/pubertaet-wenn-dasgehirn-gross-wird

33 https://onlinelibrary.wiley.com/doi/abs/10.1111/j.1369-1600.2008.00110.x

34 https://bpspubs.onlinelibrary.wiley.com/doi/full/10.1111/j.1476-5381.2010.00721.x

35 https://www.rsph.org.uk/about-us/news/instagram-ranked-worst-foryoung-people-s-mental-health.html

36 https://www.dak.de/dak/download/forsa-ergebnisse-2508250.pdf

37 Lucas the Spider: https://www.youtube.com/watch?v=s8xc7ML4Dg4

38 https://www.ncbi.nlm.nih.gov/pubmed/24151000

39 https://onlinelibrary.wiley.com/doi/abs/10.1080/00050060310001707147

40 https://www.researchgate.net/publication/316569741_1128_LATER_
BEDTIME_IS_ASSOCIATED_WITH_DECREMENTS_IN_PER-
CEIVED_CONTROL_OF_OBSESSIONS_AND_COMPULSIONS

41 https://pubmed.ncbi.nlm.nih.gov/21058750/

42 https://pubmed.ncbi.nlm.nih.gov/8875519/

43 https://www.jneurosci.org/content/37/25/6125

44 Zwangsstörungen (Leitfaden Kinder- und Jugendpsychotherapie), Hogrefe
Verlag, 1. Auflage 2018

45 https://www.pharmazeutische-zeitung.de/raus-aus-dem-seelentief-124022/

46 https://www.nature.com/articles/s41467-020-16734-3

47 https://www.sciencedirect.com/science/article/abs/pii/
S0165032709003346?via%3Dihub

48 https://www.annualreviews.org/doi/10.1146/annurev.neuro.24.1.677

49 https://www.nature.com/articles/374450a0

50 https://www.nature.com/articles/s41467-022-29384-4

51 https://www.scinexx.de/news/psychologie/erinnerungen-sind-hirn-
weite-netzwerke/

52 https://www.bpb.de/kurz-knapp/zahlen-und-fakten/soziale-situation-in-
deutschland/61538/bevoelkerung-nach-altersgruppen-und-geschlecht/